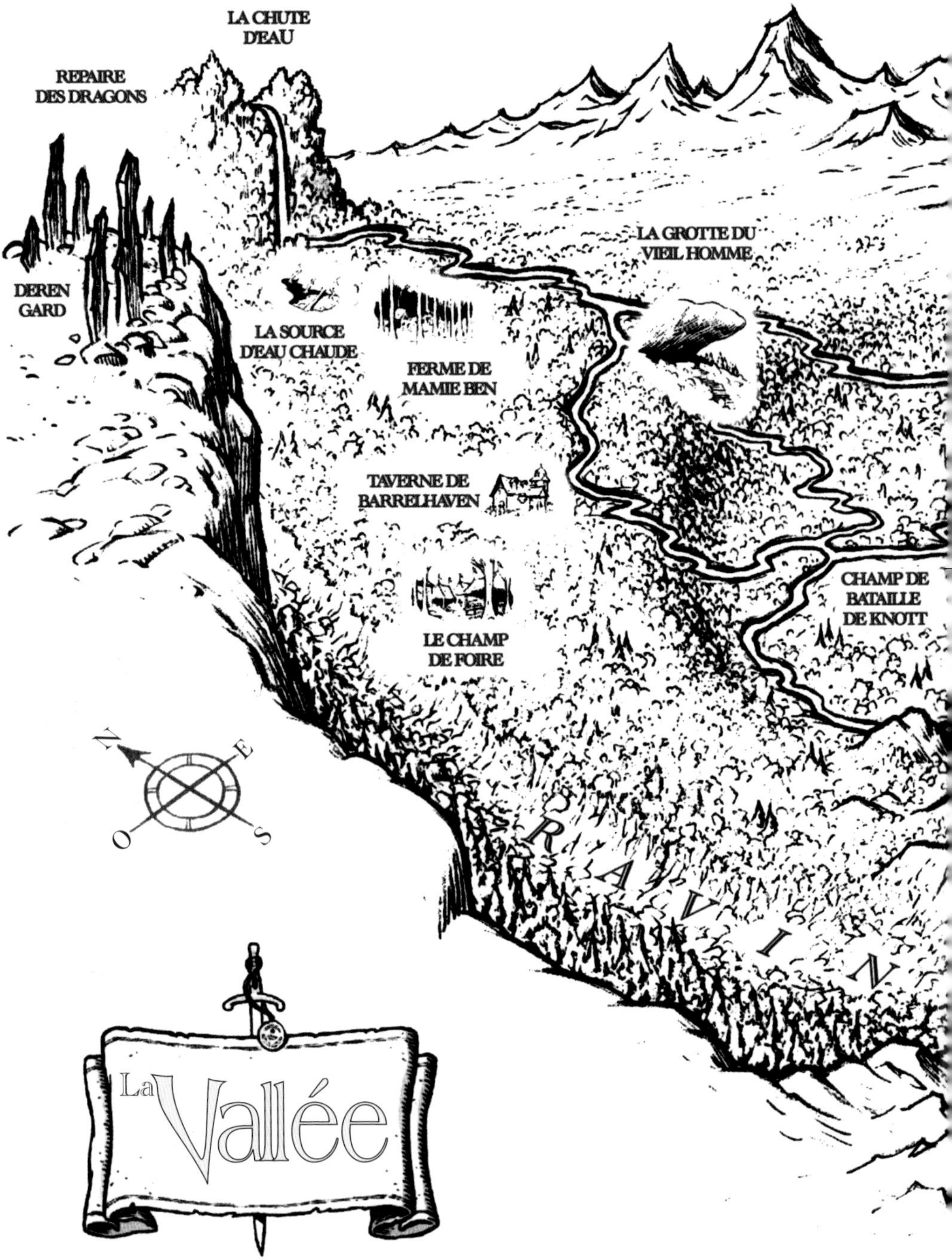
LA CHUTE D'EAU
REPAIRE DES DRAGONS
DEREN GARD
LA SOURCE D'EAU CHAUDE
FERME DE MAMIE BEN
LA GROTTE DU VIEIL HOMME
TAVERNE DE BARRELHAVEN
LE CHAMP DE FOIRE
CHAMP DE BATAILLE DE KNOTT
RAVIN
N
E
S
O
La Vallée

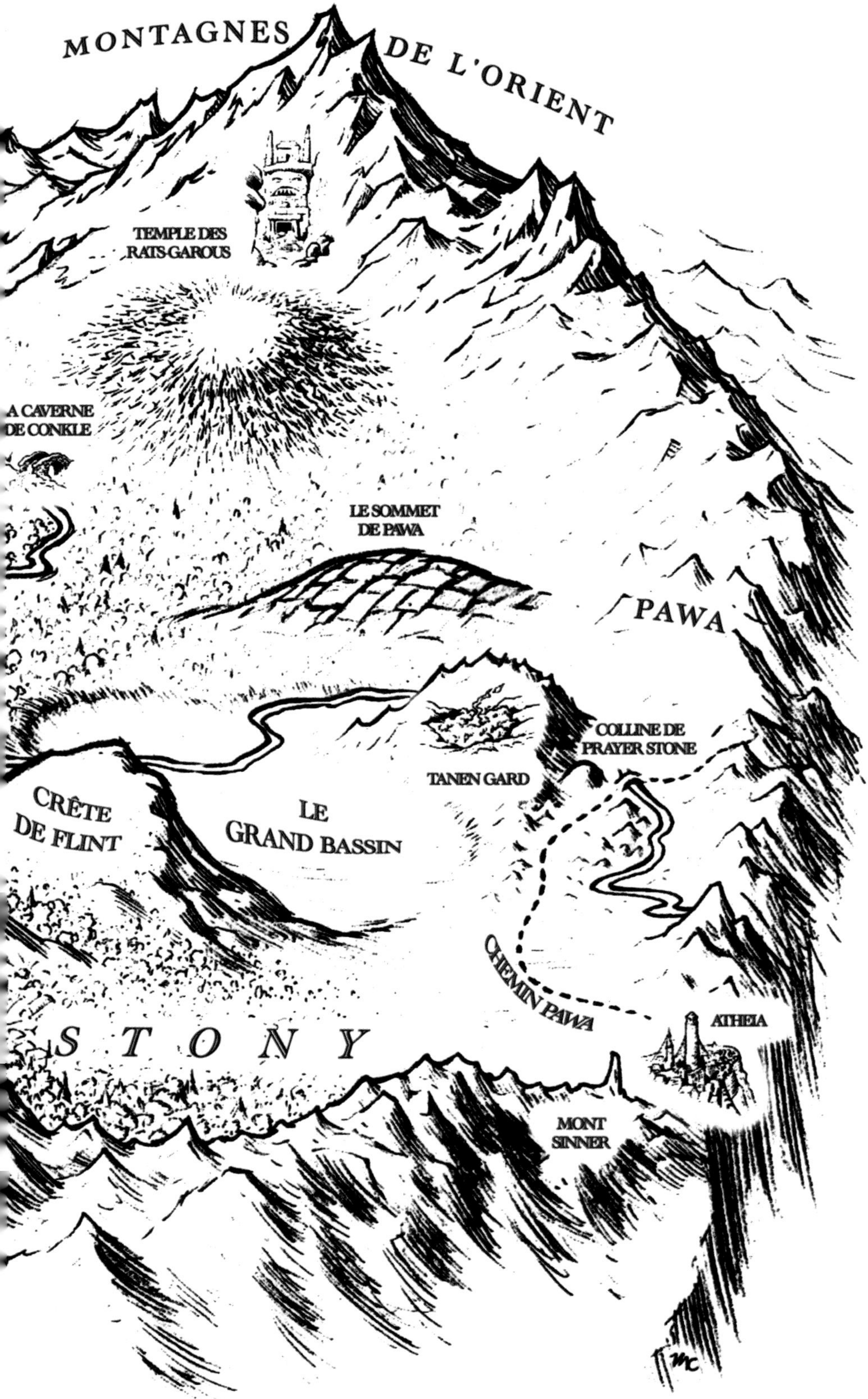
MONTAGNES DE L'ORIENT
TEMPLE DES RATS GAROUS
A CAVERNE DE CONKLE
LE SOMMET DE PAWA
PAWA
COLLINE DE PRAYER STONE
TANEN GARD
CRÊTE DE FLINT
LE GRAND BASSIN
CHEMIN PAWA
ATHEIA
S T O N Y
MONT SINNER
MC

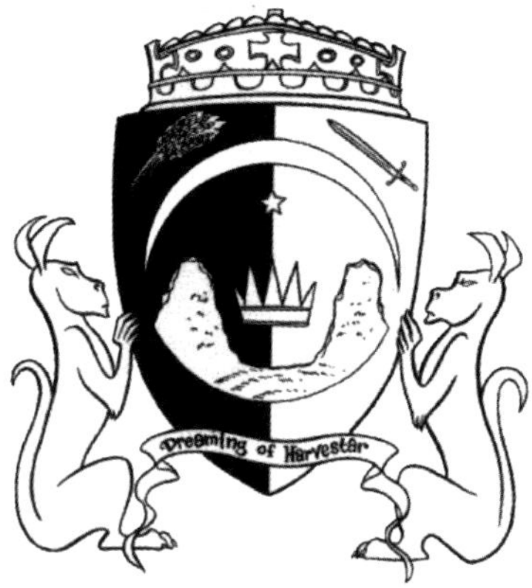
Dreaming of Harvestar

L'ŒIL DE LA TEMPÊTE

PAR JEFF SMITH
ENCRÉ PAR STEVE HAMAKER

TRADUIT DE L'ANGLAIS PAR JEAN-ROBERT SAUCYER

Bone® et © Jeff Smith. Tous droits réservés.
© 2007 Presses Aventure, pour la traduction en langue française.
© 1994 et 1995 Jeff Smith pour l'édition originale.

Publié pour la première fois en version couleur en 2007 par Scholastic, Graphix Inc.
sous le titre *Eyes of the Storm*

PRESSES AVENTURE, une division de
LES PUBLICATIONS MODUS VIVENDI INC.
55, rue Jean-Talon Ouest, 2ᵉ étage
Montréal (Québec) H2R 2W8

Dépôt légal - Bibliothèque et Archives nationales du Québec, 2007
Dépôt légal - Bibliothèque et Archives Canada, 2007

ISBN 978-2-89543-566-2

Nous reconnaissons l'aide financière du gouvernement du Canada par l'entremise du Programme
d'aide au développement de l'industrie de l'édition (PADIÉ) pour nos activités d'édition.

Gouvernement du Québec — Programme de crédit d'impôt pour l'édition de livres — Gestion SODEC

Imprimé en Chine

TABLE DES MATIÈRES

LES PERSONNAGES PRINCIPAUX

FONE BONE

PHONCIBLE P. BONE,
COMMUNÉMENT APPELÉ
PHONEY BONE

SMILEY BONE

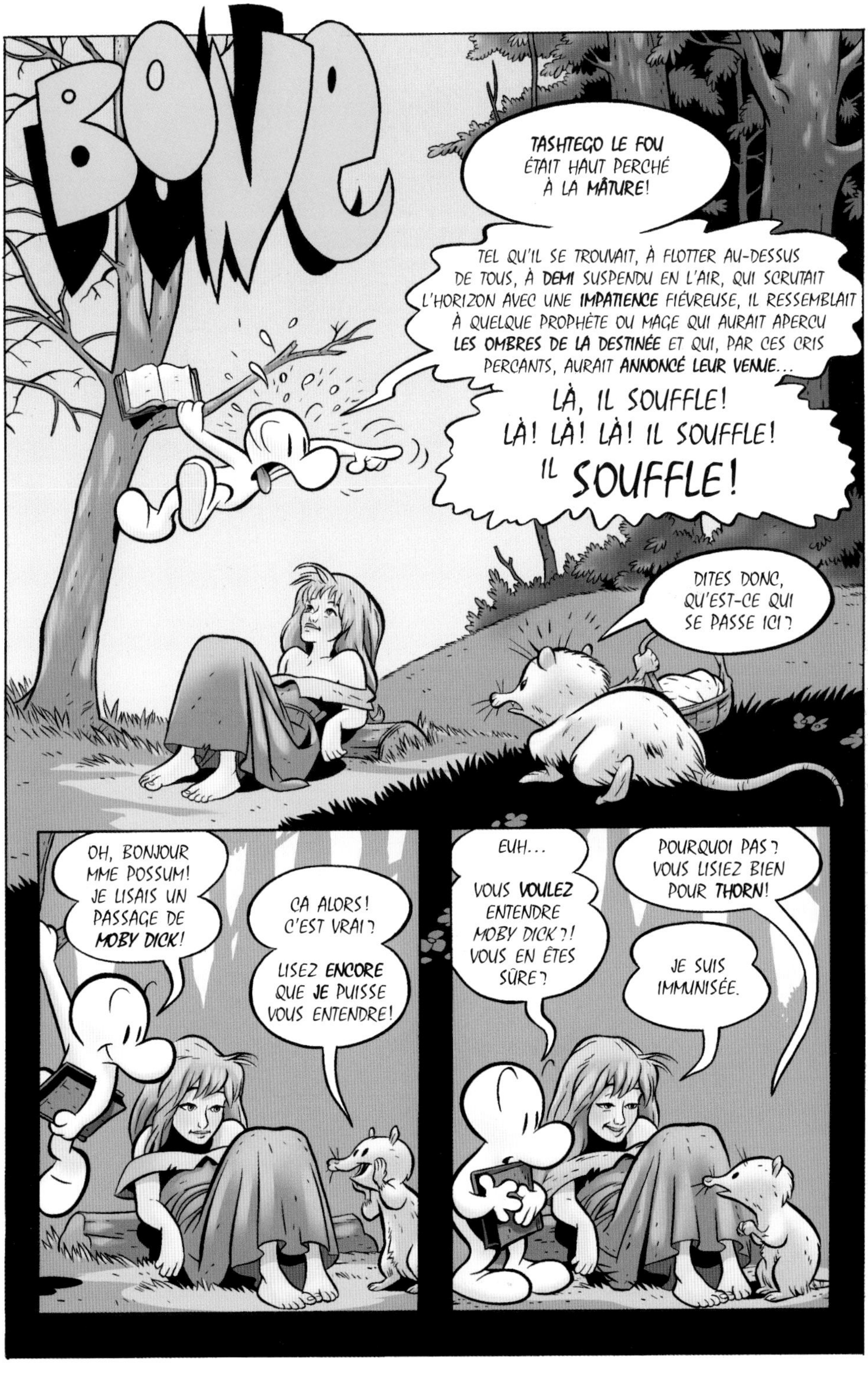
BONE
TASHTEGO LE FOU ÉTAIT HAUT PERCHÉ À LA MÂTURE!
TEL QU'IL SE TROUVAIT, À FLOTTER AU-DESSUS DE TOUS, À DEMI SUSPENDU EN L'AIR, QUI SCRUTAIT L'HORIZON AVEC UNE IMPATIENCE FIÉVREUSE, IL RESSEMBLAIT À QUELQUE PROPHÈTE OU MAGE QUI AURAIT APERCU LES OMBRES DE LA DESTINÉE ET QUI, PAR CES CRIS PERCANTS, AURAIT ANNONCÉ LEUR VENUE...
LÀ, IL SOUFFLE! LÀ! LÀ! LÀ! IL SOUFFLE! IL SOUFFLE!
DITES DONC, QU'EST-CE QUI SE PASSE ICI?
OH, BONJOUR MME POSSUM! JE LISAIS UN PASSAGE DE MOBY DICK!
ÇA ALORS! C'EST VRAI?
LISEZ ENCORE QUE JE PUISSE VOUS ENTENDRE!
EUH...
VOUS VOULEZ ENTENDRE MOBY DICK?! VOUS EN ÊTES SÛRE?
POURQUOI PAS? VOUS LISIEZ BIEN POUR THORN!
JE SUIS IMMUNISÉE.

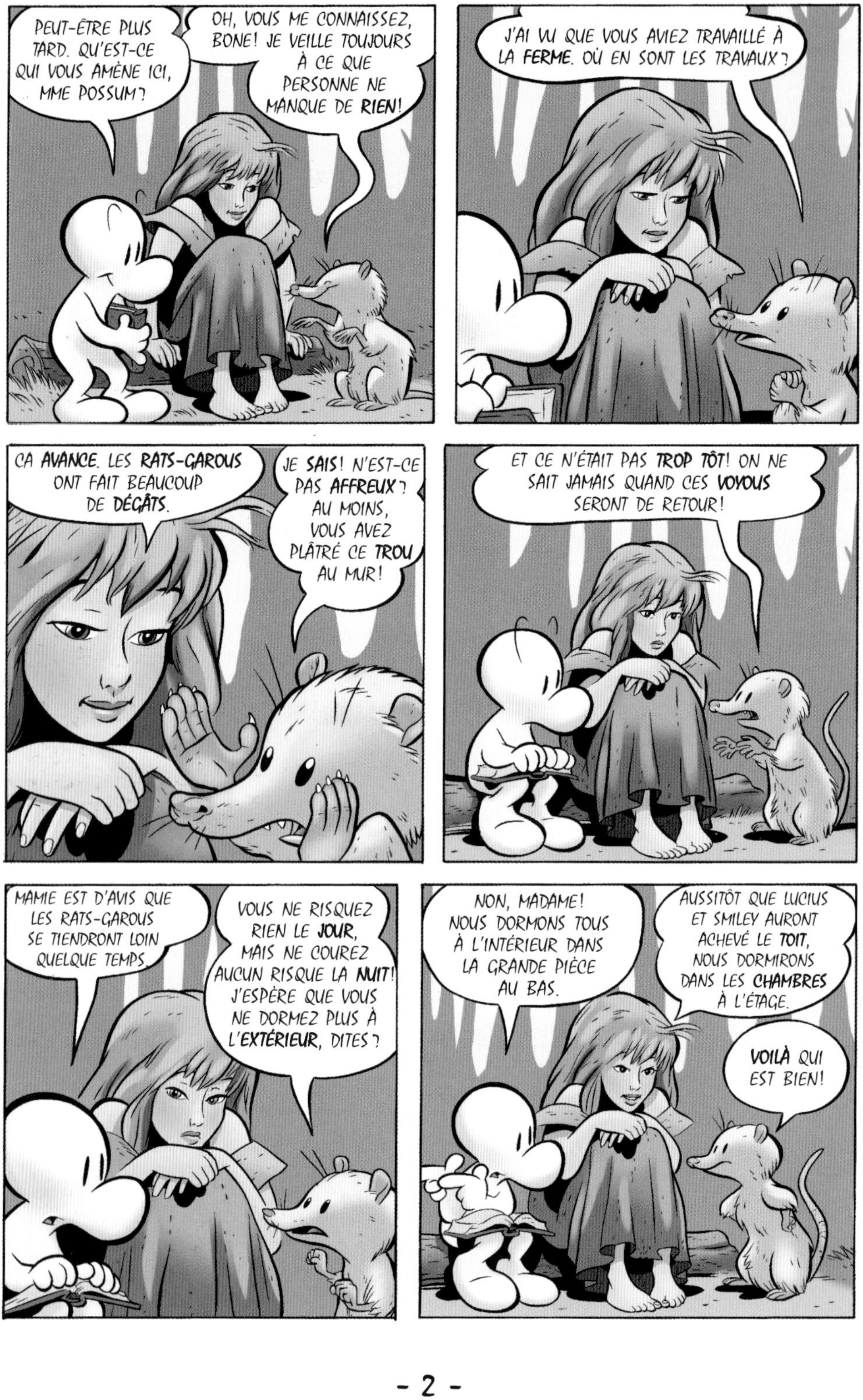
PEUT-ÊTRE PLUS TARD. QU'EST-CE QUI VOUS AMÈNE ICI, MME POSSUM?
OH, VOUS ME CONNAISSEZ, BONE! JE VEILLE TOUJOURS À CE QUE PERSONNE NE MANQUE DE RIEN!
J'AI VU QUE VOUS AVIEZ TRAVAILLÉ À LA FERME. OÙ EN SONT LES TRAVAUX?
ÇA AVANCE. LES RATS-GAROUS ONT FAIT BEAUCOUP DE DÉGÂTS.
JE SAIS! N'EST-CE PAS AFFREUX? AU MOINS, VOUS AVEZ PLÂTRÉ CE TROU AU MUR!
ET CE N'ÉTAIT PAS TROP TÔT! ON NE SAIT JAMAIS QUAND CES VOYOUS SERONT DE RETOUR!
MAMIE EST D'AVIS QUE LES RATS-GAROUS SE TIENDRONT LOIN QUELQUE TEMPS.
VOUS NE RISQUEZ RIEN LE JOUR, MAIS NE COUREZ AUCUN RISQUE LA NUIT! J'ESPÈRE QUE VOUS NE DORMEZ PLUS À L'EXTÉRIEUR, DITES?
NON, MADAME! NOUS DORMONS TOUS À L'INTÉRIEUR DANS LA GRANDE PIÈCE AU BAS.
AUSSITÔT QUE LUCIUS ET SMILEY AURONT ACHEVÉ LE TOIT, NOUS DORMIRONS DANS LES CHAMBRES À L'ÉTAGE.
VOILÀ QUI EST BIEN!

TOUR DE GARDE

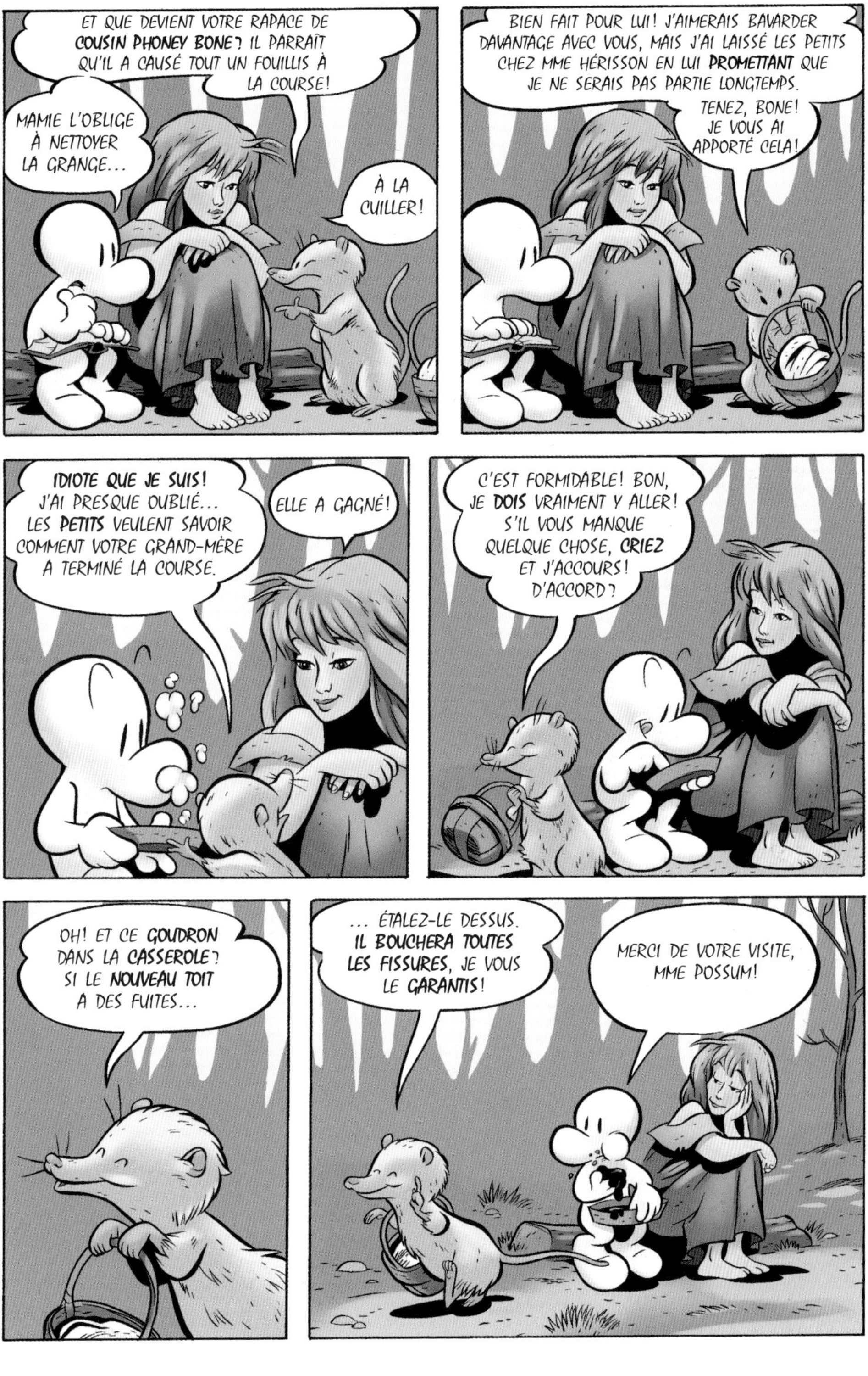
ET QUE DEVIENT VOTRE RAPACE DE COUSIN PHONEY BONE? IL PARRAÎT QU'IL A CAUSÉ TOUT UN FOUILLIS À LA COURSE!
MAMIE L'OBLIGE À NETTOYER LA GRANGE...
À LA CUILLER!
BIEN FAIT POUR LUI! J'AIMERAIS BAVARDER DAVANTAGE AVEC VOUS, MAIS J'AI LAISSÉ LES PETITS CHEZ MME HÉRISSON EN LUI PROMETTANT QUE JE NE SERAIS PAS PARTIE LONGTEMPS.
TENEZ, BONE! JE VOUS AI APPORTÉ CELA!
IDIOTE QUE JE SUIS! J'AI PRESQUE OUBLIÉ... LES PETITS VEULENT SAVOIR COMMENT VOTRE GRAND-MÈRE A TERMINÉ LA COURSE.
ELLE A GAGNÉ!
C'EST FORMIDABLE! BON, JE DOIS VRAIMENT Y ALLER! S'IL VOUS MANQUE QUELQUE CHOSE, CRIEZ ET J'ACCOURS! D'ACCORD?
OH! ET CE GOUDRON DANS LA CASSEROLE? SI LE NOUVEAU TOIT A DES FUITES...
... ÉTALEZ-LE DESSUS. IL BOUCHERA TOUTES LES FISSURES, JE VOUS LE GARANTIS!
MERCI DE VOTRE VISITE, MME POSSUM!

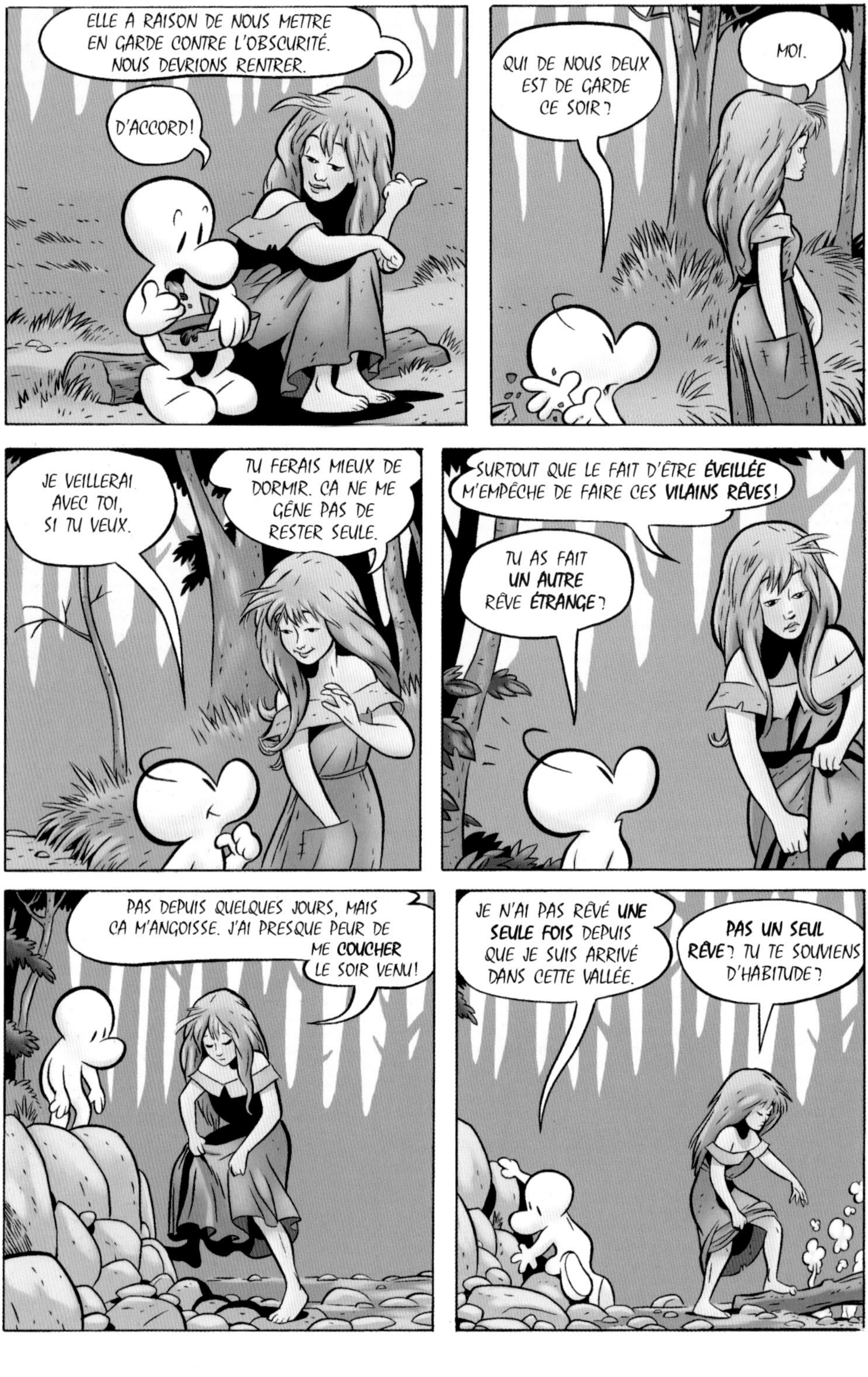
ELLE A RAISON DE NOUS METTRE EN GARDE CONTRE L'OBSCURITÉ. NOUS DEVRIONS RENTRER.
D'ACCORD!
QUI DE NOUS DEUX EST DE GARDE CE SOIR?
MOI.
JE VEILLERAI AVEC TOI, SI TU VEUX.
TU FERAIS MIEUX DE DORMIR. ÇA NE ME GÊNE PAS DE RESTER SEULE.
SURTOUT QUE LE FAIT D'ÊTRE **ÉVEILLÉE** M'EMPÊCHE DE FAIRE CES **VILAINS RÊVES**!
TU AS FAIT **UN AUTRE** RÊVE **ÉTRANGE**?
PAS DEPUIS QUELQUES JOURS, MAIS ÇA M'ANGOISSE. J'AI PRESQUE PEUR DE ME **COUCHER** LE SOIR VENU!
JE N'AI PAS RÊVÉ **UNE SEULE FOIS** DEPUIS QUE JE SUIS ARRIVÉ DANS CETTE VALLÉE.
PAS UN SEUL RÊVE? TU TE SOUVIENS D'HABITUDE?

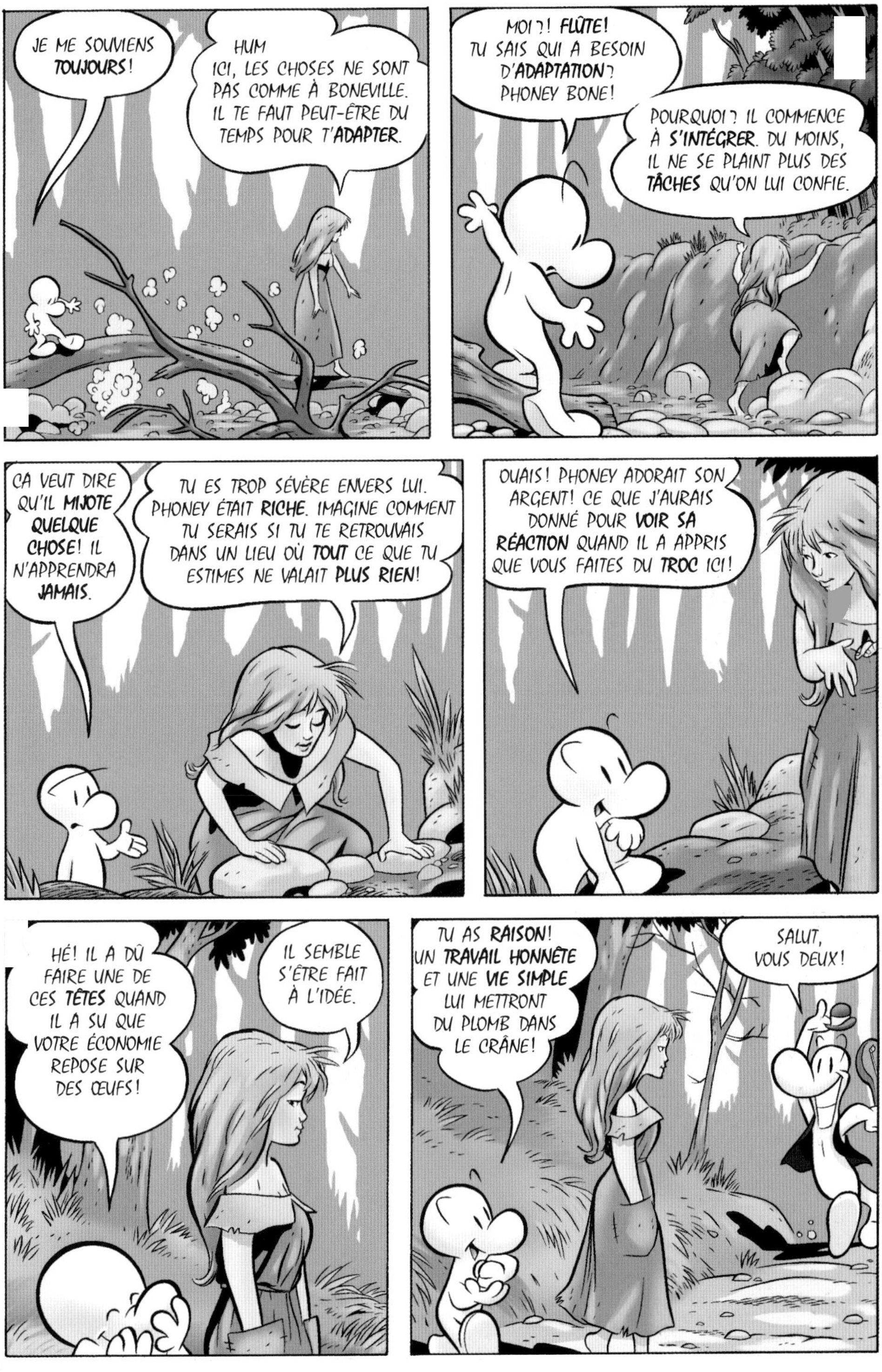
JE ME SOUVIENS TOUJOURS!
HUM
ICI, LES CHOSES NE SONT PAS COMME À BONEVILLE. IL TE FAUT PEUT-ÊTRE DU TEMPS POUR T'ADAPTER.
MOI?! FLÛTE! TU SAIS QUI A BESOIN D'ADAPTATION? PHONEY BONE!
POURQUOI? IL COMMENCE À S'INTÉGRER. DU MOINS, IL NE SE PLAINT PLUS DES TÂCHES QU'ON LUI CONFIE.
ÇA VEUT DIRE QU'IL MIJOTE QUELQUE CHOSE! IL N'APPRENDRA JAMAIS.
TU ES TROP SÉVÈRE ENVERS LUI. PHONEY ÉTAIT RICHE. IMAGINE COMMENT TU SERAIS SI TU TE RETROUVAIS DANS UN LIEU OÙ TOUT CE QUE TU ESTIMES NE VALAIT PLUS RIEN!
OUAIS! PHONEY ADORAIT SON ARGENT! CE QUE J'AURAIS DONNÉ POUR VOIR SA RÉACTION QUAND IL A APPRIS QUE VOUS FAITES DU TROC ICI!
HÉ! IL A DÛ FAIRE UNE DE CES TÊTES QUAND IL A SU QUE VOTRE ÉCONOMIE REPOSE SUR DES ŒUFS!
IL SEMBLE S'ÊTRE FAIT À L'IDÉE.
TU AS RAISON! UN TRAVAIL HONNÊTE ET UNE VIE SIMPLE LUI METTRONT DU PLOMB DANS LE CRÂNE!
SALUT, VOUS DEUX!

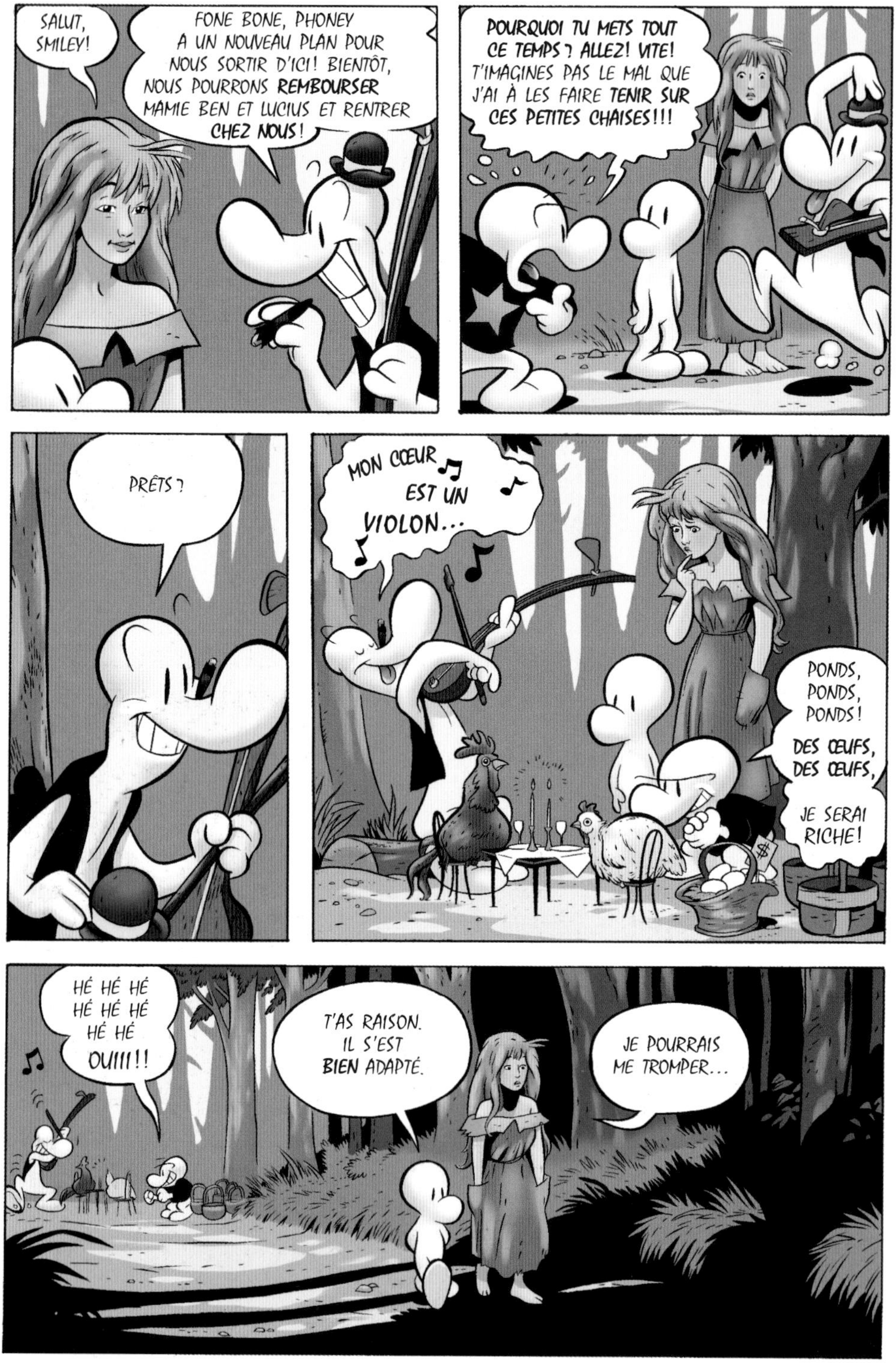
SALUT, SMILEY!
FONE BONE, PHONEY A UN NOUVEAU PLAN POUR NOUS SORTIR D'ICI! BIENTÔT, NOUS POURRONS **REMBOURSER** MAMIE BEN ET LUCIUS ET RENTRER **CHEZ NOUS**!
POURQUOI TU METS TOUT CE TEMPS? ALLEZ! VITE! T'IMAGINES PAS LE MAL QUE J'AI À LES FAIRE **TENIR SUR CES PETITES CHAISES!!!**
PRÊTS?
MON CŒUR EST UN VIOLON...
PONDS, PONDS, PONDS!
DES ŒUFS, DES ŒUFS,
JE SERAI RICHE!
HÉ HÉ HÉ HÉ HÉ HÉ HÉ HÉ OUIII!!
T'AS RAISON. IL S'EST **BIEN** ADAPTÉ.
JE POURRAIS ME TROMPER...

TOUR DE GARDE

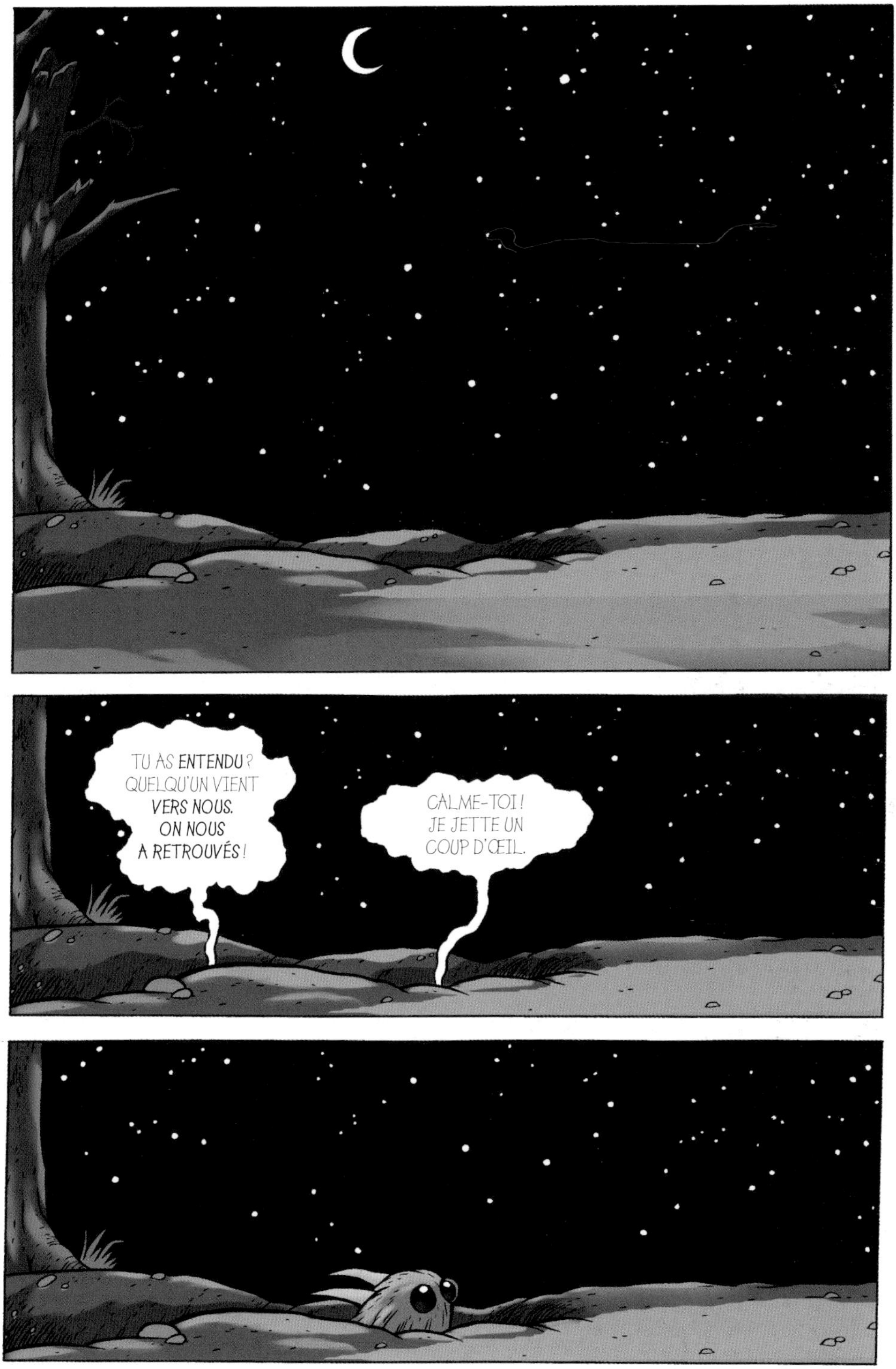
TU AS ENTENDU ? QUELQU'UN VIENT VERS NOUS. ON NOUS A RETROUVÉS !
CALME-TOI ! JE JETTE UN COUP D'ŒIL.

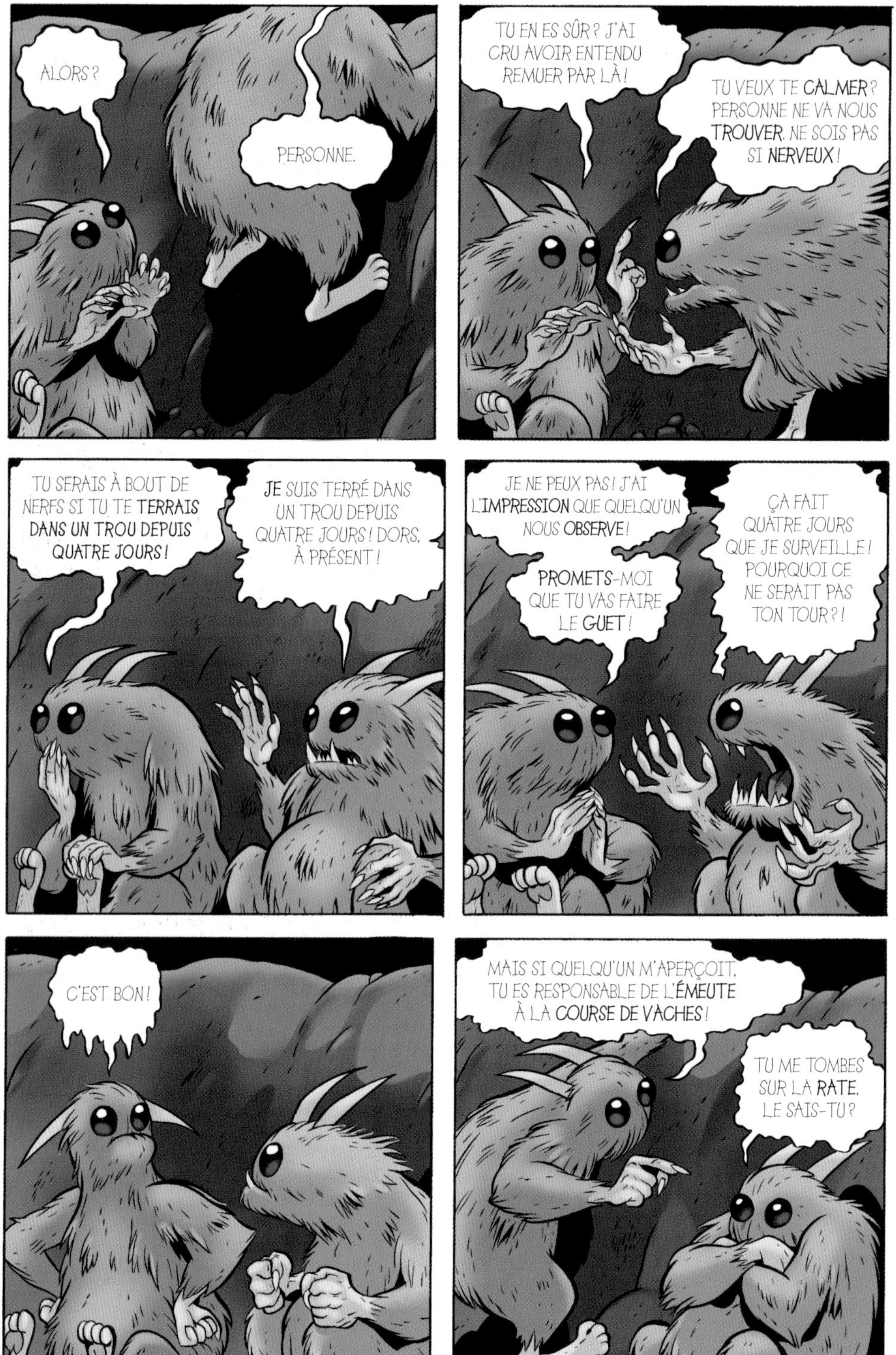
ALORS ?
PERSONNE.
TU EN ES SÛR ? J'AI CRU AVOIR ENTENDU REMUER PAR LÀ !
TU VEUX TE **CALMER** ? PERSONNE NE VA NOUS **TROUVER**. NE SOIS PAS SI **NERVEUX** !
TU SERAIS À BOUT DE NERFS SI TU TE **TERRAIS DANS UN TROU DEPUIS QUATRE JOURS** !
JE SUIS TERRÉ DANS UN TROU DEPUIS QUATRE JOURS ! DORS, À PRÉSENT !
JE NE PEUX PAS ! J'AI L'**IMPRESSION** QUE QUELQU'UN NOUS **OBSERVE** !
PROMETS-MOI QUE TU VAS FAIRE LE **GUET** !
ÇA FAIT QUATRE JOURS QUE JE SURVEILLE ! POURQUOI CE NE SERAIT PAS TON TOUR ?!
C'EST BON !
MAIS SI QUELQU'UN M'APERÇOIT, TU ES RESPONSABLE DE L'**ÉMEUTE** À LA **COURSE DE VACHES** !
TU ME TOMBES SUR LA **RATE**, LE SAIS-TU ?

TOUR DE GARDE

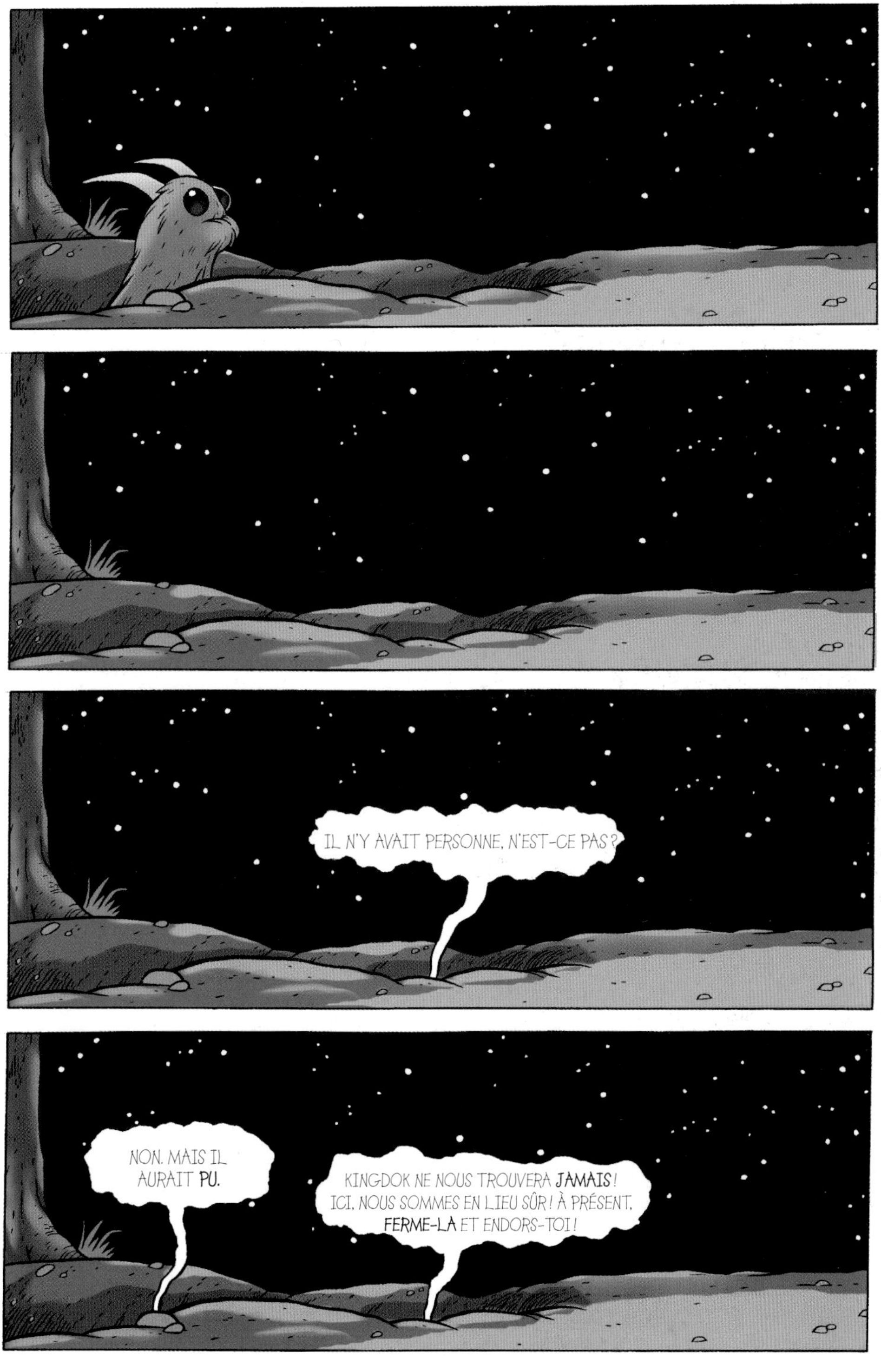
IL N'Y AVAIT PERSONNE, N'EST-CE PAS ?
NON. MAIS IL AURAIT PU.
KINGDOK NE NOUS TROUVERA JAMAIS ! ICI, NOUS SOMMES EN LIEU SÛR ! À PRÉSENT, FERME-LÀ ET ENDORS-TOI !

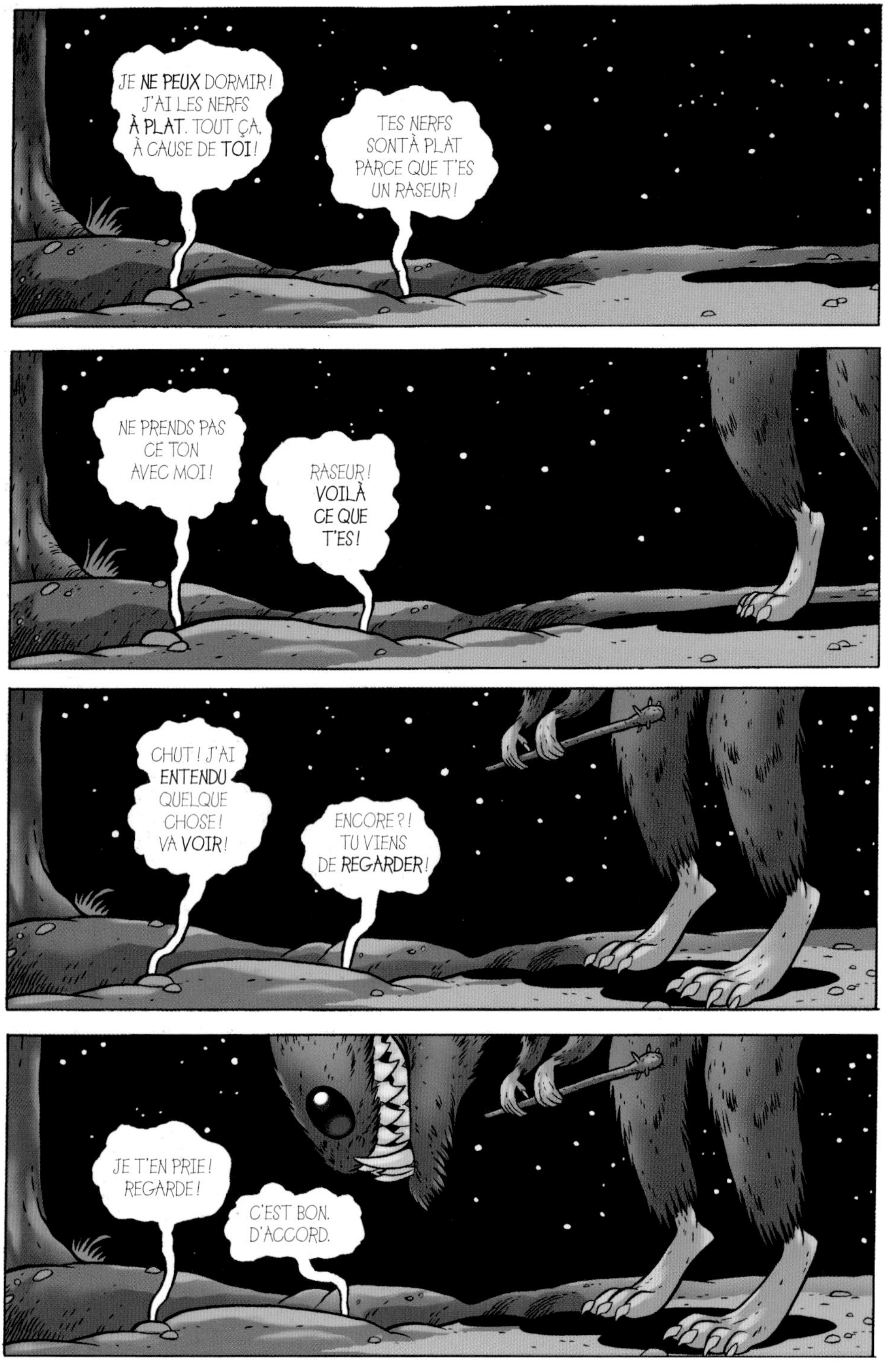
JE NE PEUX DORMIR ! J'AI LES NERFS À PLAT. TOUT ÇA, À CAUSE DE TOI !
TES NERFS SONT À PLAT PARCE QUE T'ES UN RASEUR !
NE PRENDS PAS CE TON AVEC MOI !
RASEUR ! VOILÀ CE QUE T'ES !
CHUT ! J'AI ENTENDU QUELQUE CHOSE ! VA VOIR !
ENCORE ?! TU VIENS DE REGARDER !
JE T'EN PRIE ! REGARDE !
C'EST BON. D'ACCORD.

TOUR DE GARDE

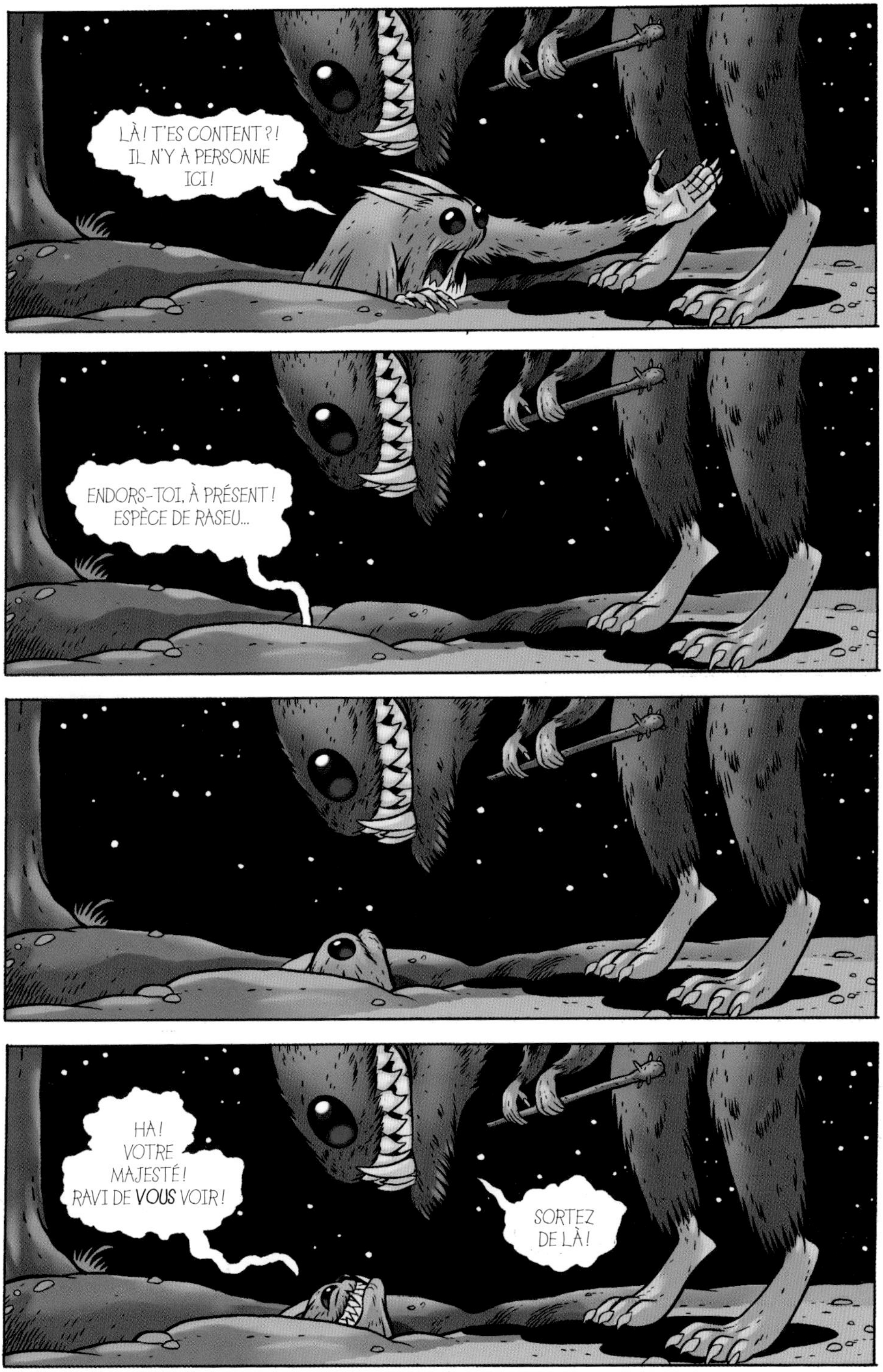
LÀ ! T'ES CONTENT ?! IL N'Y A PERSONNE ICI !
ENDORS-TOI, À PRÉSENT ! ESPÈCE DE RASEU...
HA ! VOTRE MAJESTÉ ! RAVI DE VOUS VOIR !
SORTEZ DE LÀ !

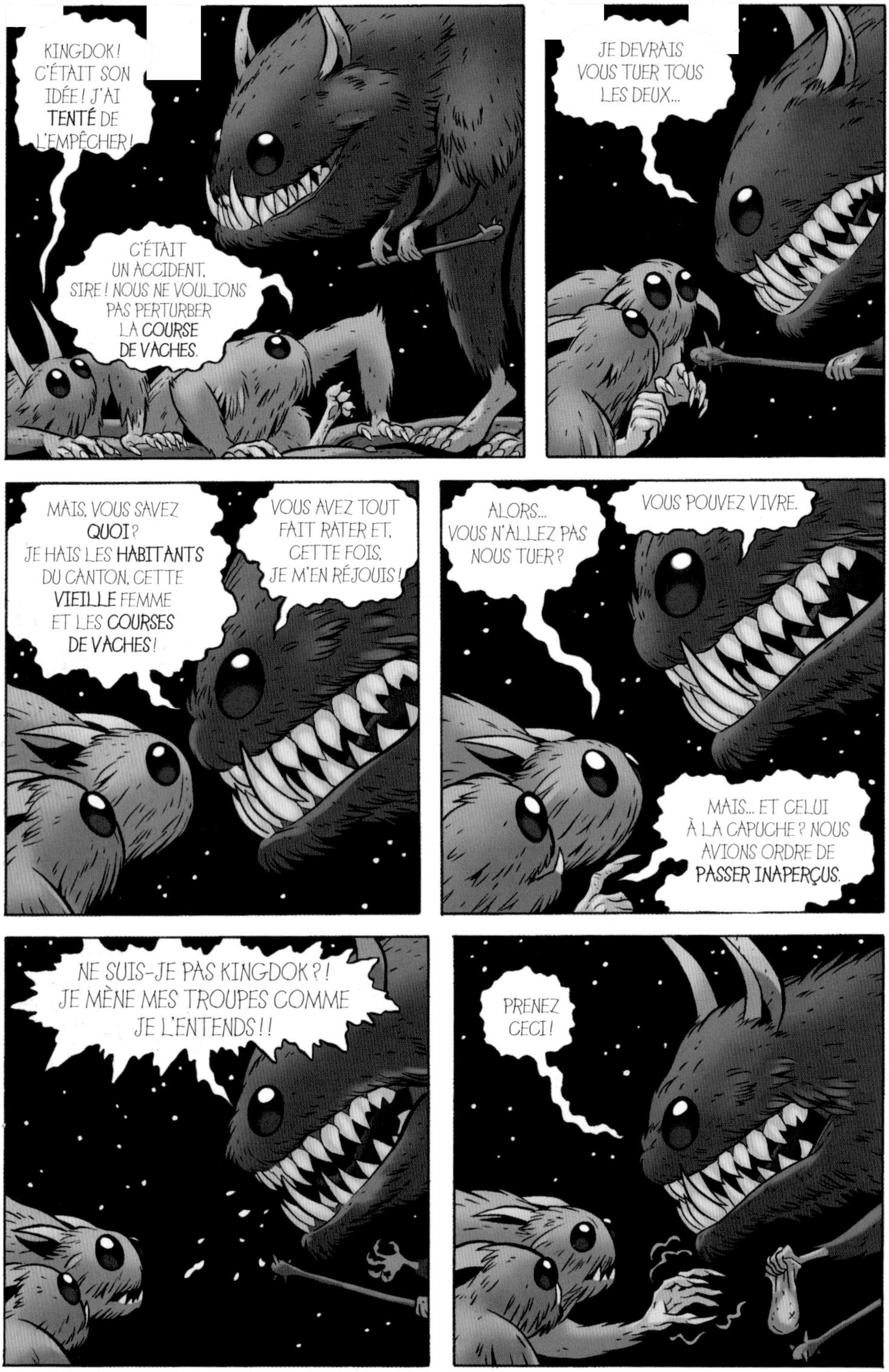
KINGDOK ! C'ÉTAIT SON IDÉE ! J'AI TENTÉ DE L'EMPÊCHER !
C'ÉTAIT UN ACCIDENT, SIRE ! NOUS NE VOULIONS PAS PERTURBER LA COURSE DE VACHES.
JE DEVRAIS VOUS TUER TOUS LES DEUX...
MAIS, VOUS SAVEZ QUOI ? JE HAIS LES HABITANTS DU CANTON, CETTE VIEILLE FEMME ET LES COURSES DE VACHES !
VOUS AVEZ TOUT FAIT RATER ET, CETTE FOIS, JE M'EN RÉJOUIS !
ALORS... VOUS N'ALLEZ PAS NOUS TUER ?
VOUS POUVEZ VIVRE.
MAIS... ET CELUI À LA CAPUCHE ? NOUS AVIONS ORDRE DE PASSER INAPERÇUS.
NE SUIS-JE PAS KINGDOK ?! JE MÈNE MES TROUPES COMME JE L'ENTENDS !!
PRENEZ CECI !

TOUR DE GARDE

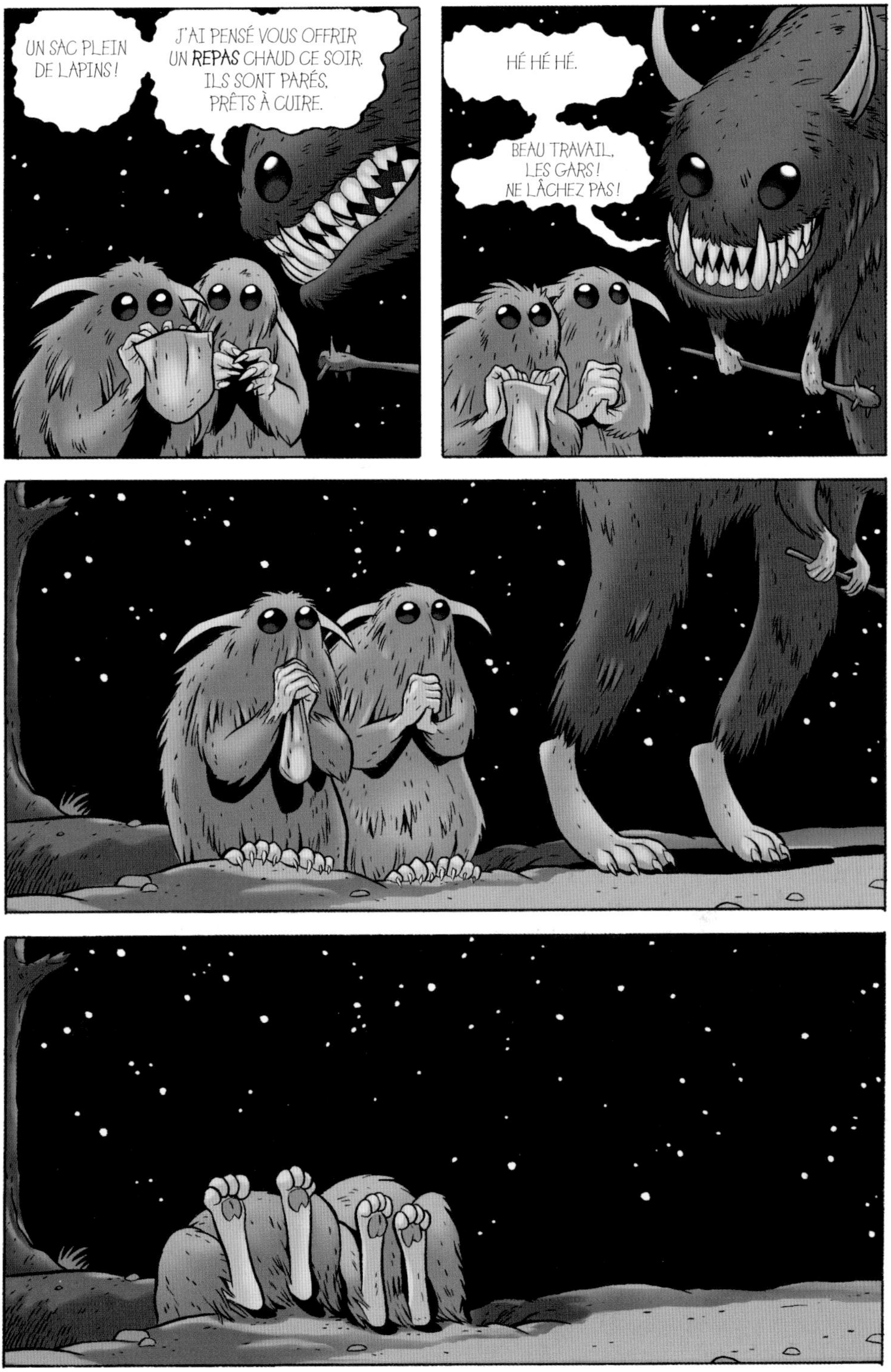
UN SAC PLEIN DE LAPINS !
J'AI PENSÉ VOUS OFFRIR UN **REPAS** CHAUD CE SOIR. ILS SONT PARÉS, PRÊTS À CUIRE.
HÉ HÉ HÉ.
BEAU TRAVAIL, LES GARS ! NE LÂCHEZ PAS !

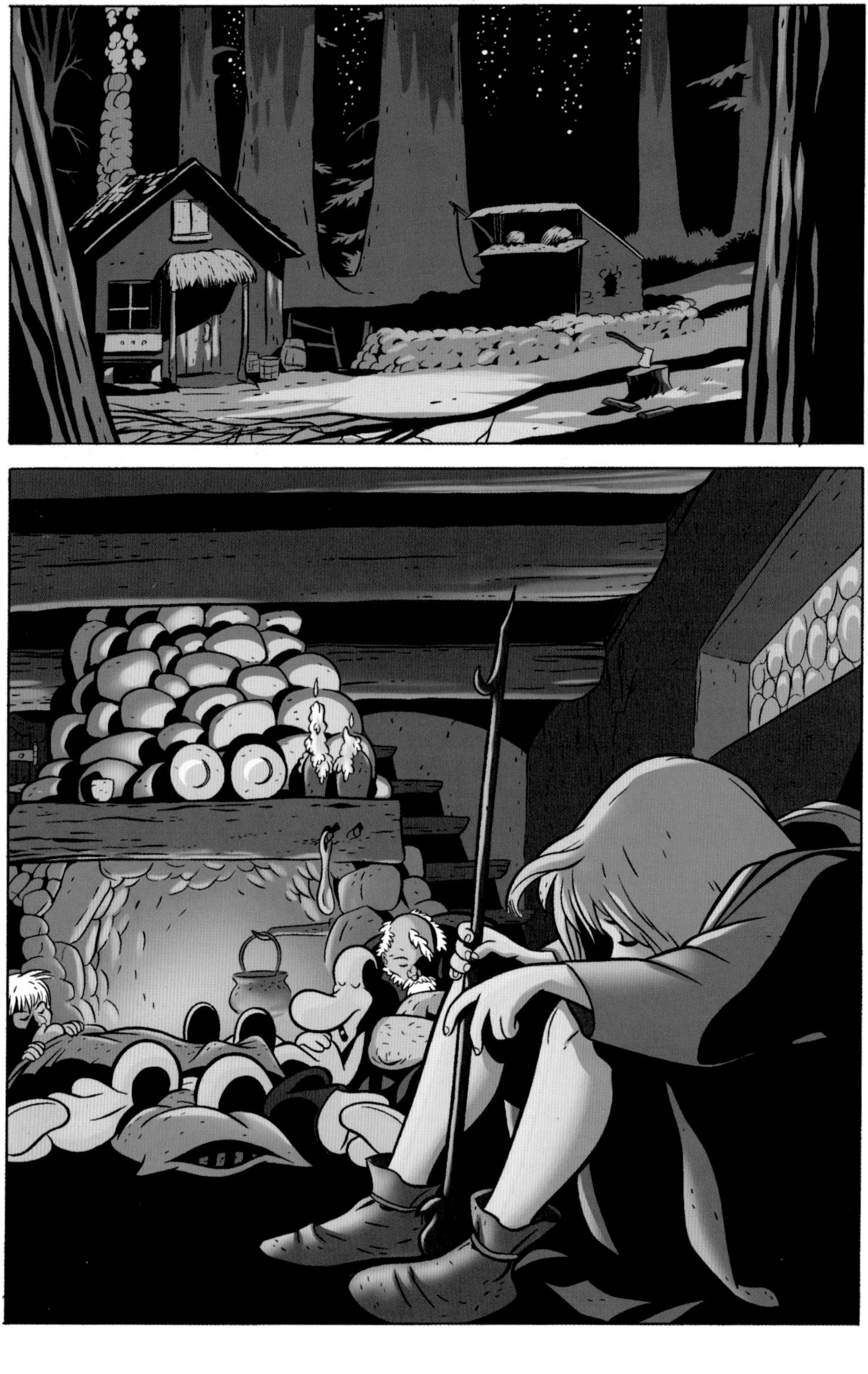

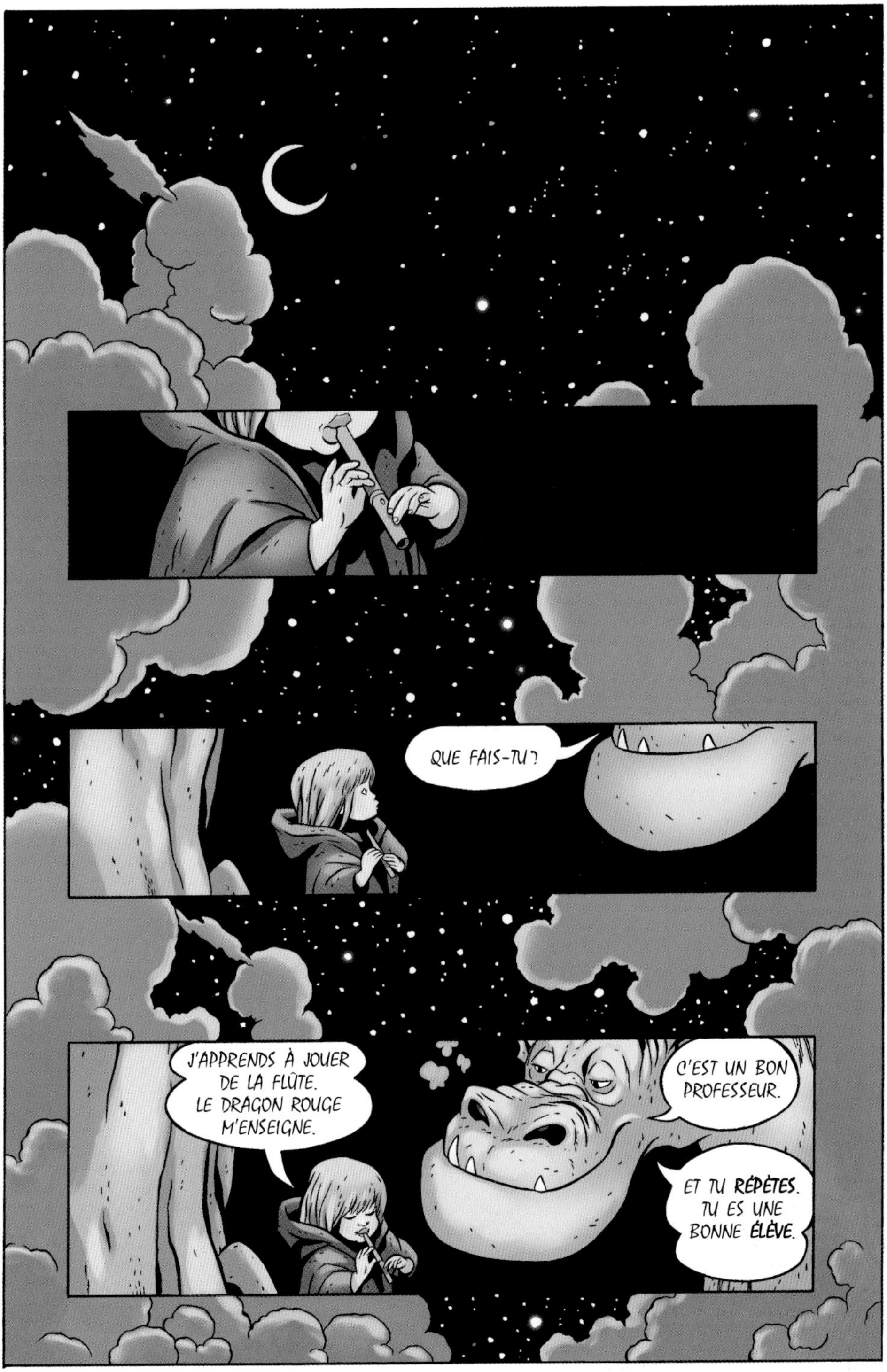
QUE FAIS-TU?
J'APPRENDS À JOUER DE LA FLÛTE. LE DRAGON ROUGE M'ENSEIGNE.
C'EST UN BON PROFESSEUR.
ET TU RÉPÈTES. TU ES UNE BONNE ÉLÈVE.

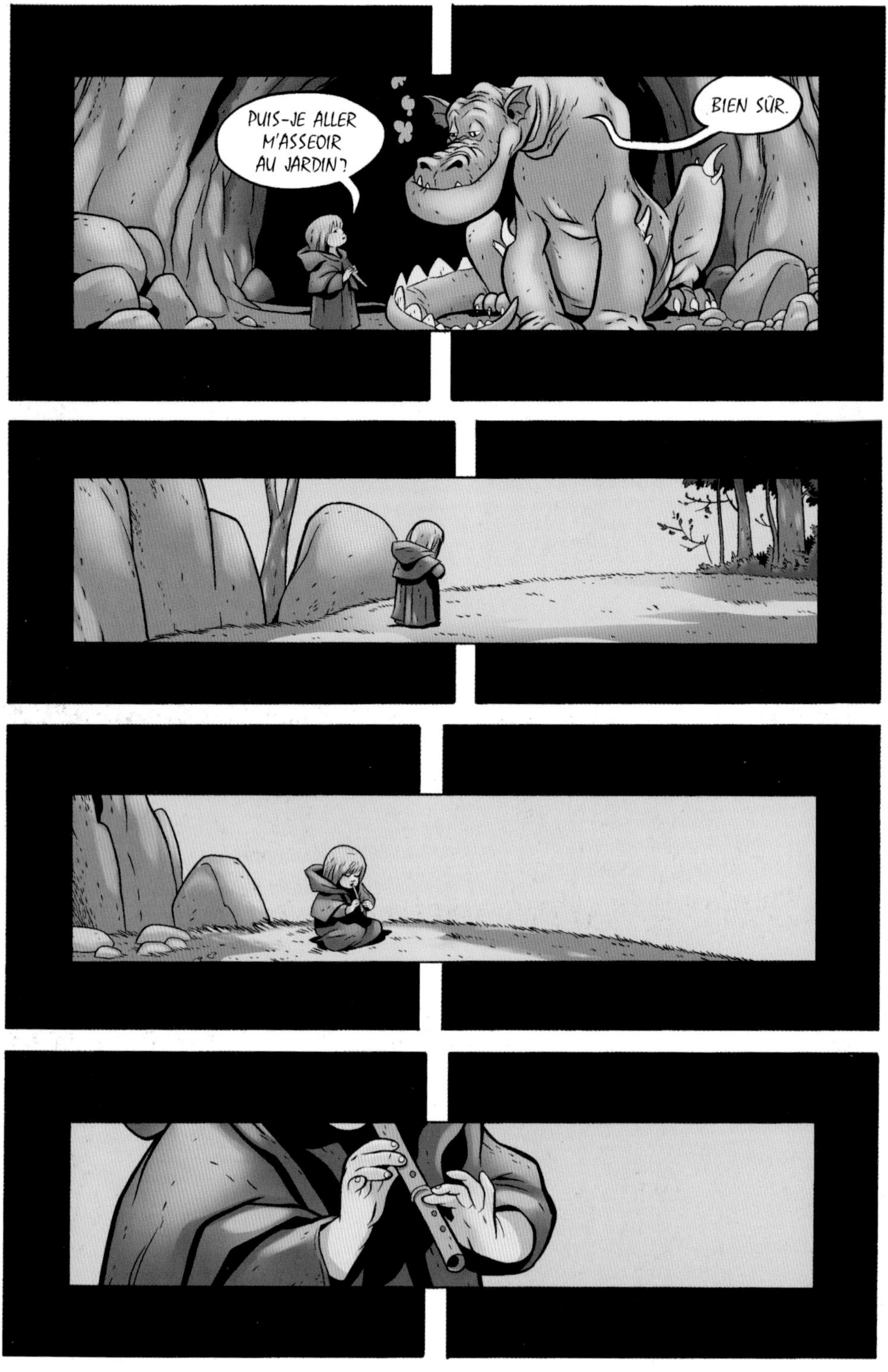
PUIS-JE ALLER M'ASSEOIR AU JARDIN?
BIEN SÛR.

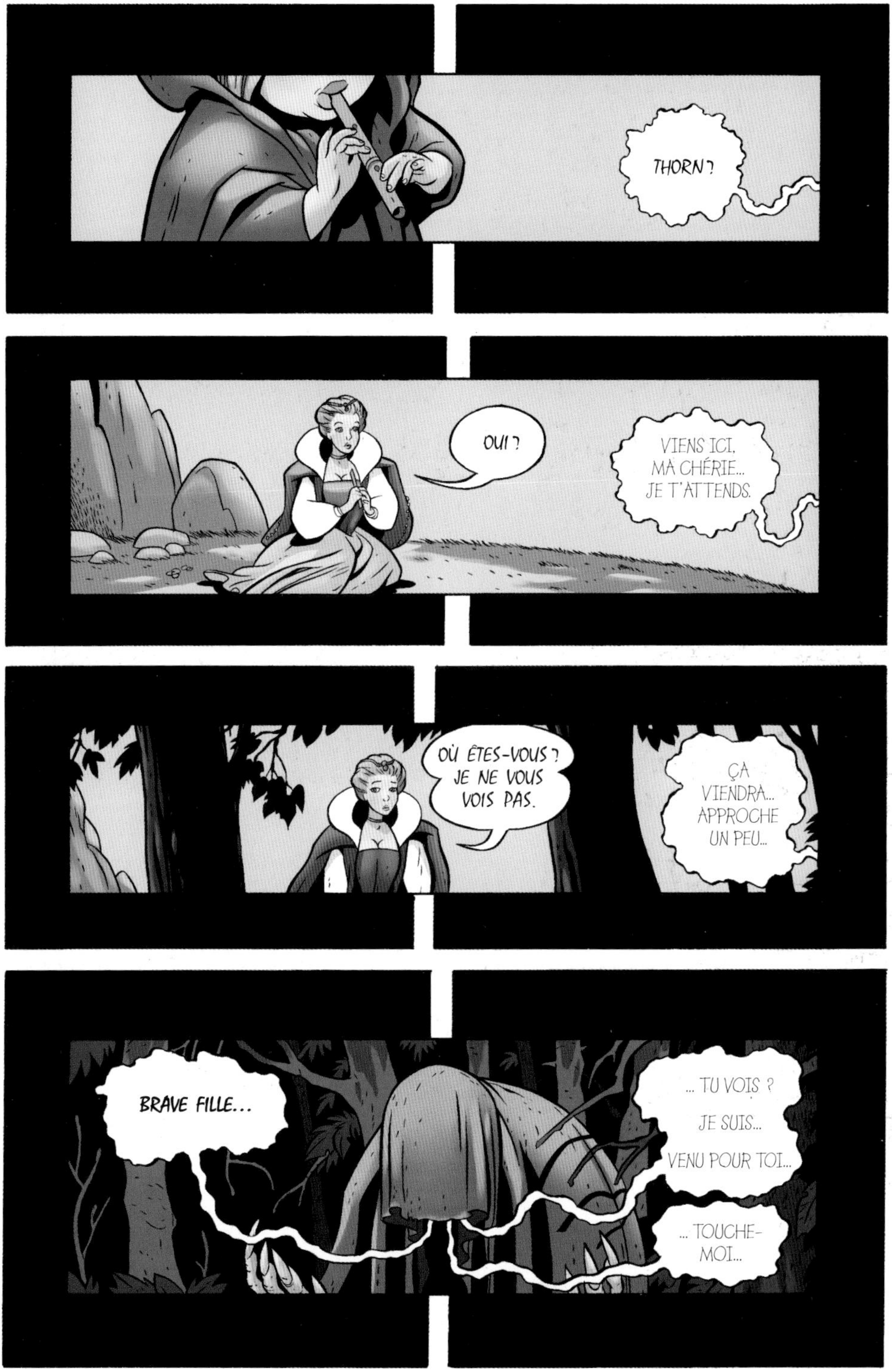
THORN ?
OUI ?
VIENS ICI, MA CHÉRIE... JE T'ATTENDS.
OÙ ÊTES-VOUS ? JE NE VOUS VOIS PAS.
ÇA VIENDRA... APPROCHE UN PEU...
BRAVE FILLE...
... TU VOIS ?
JE SUIS...
VENU POUR TOI...
... TOUCHE-MOI...

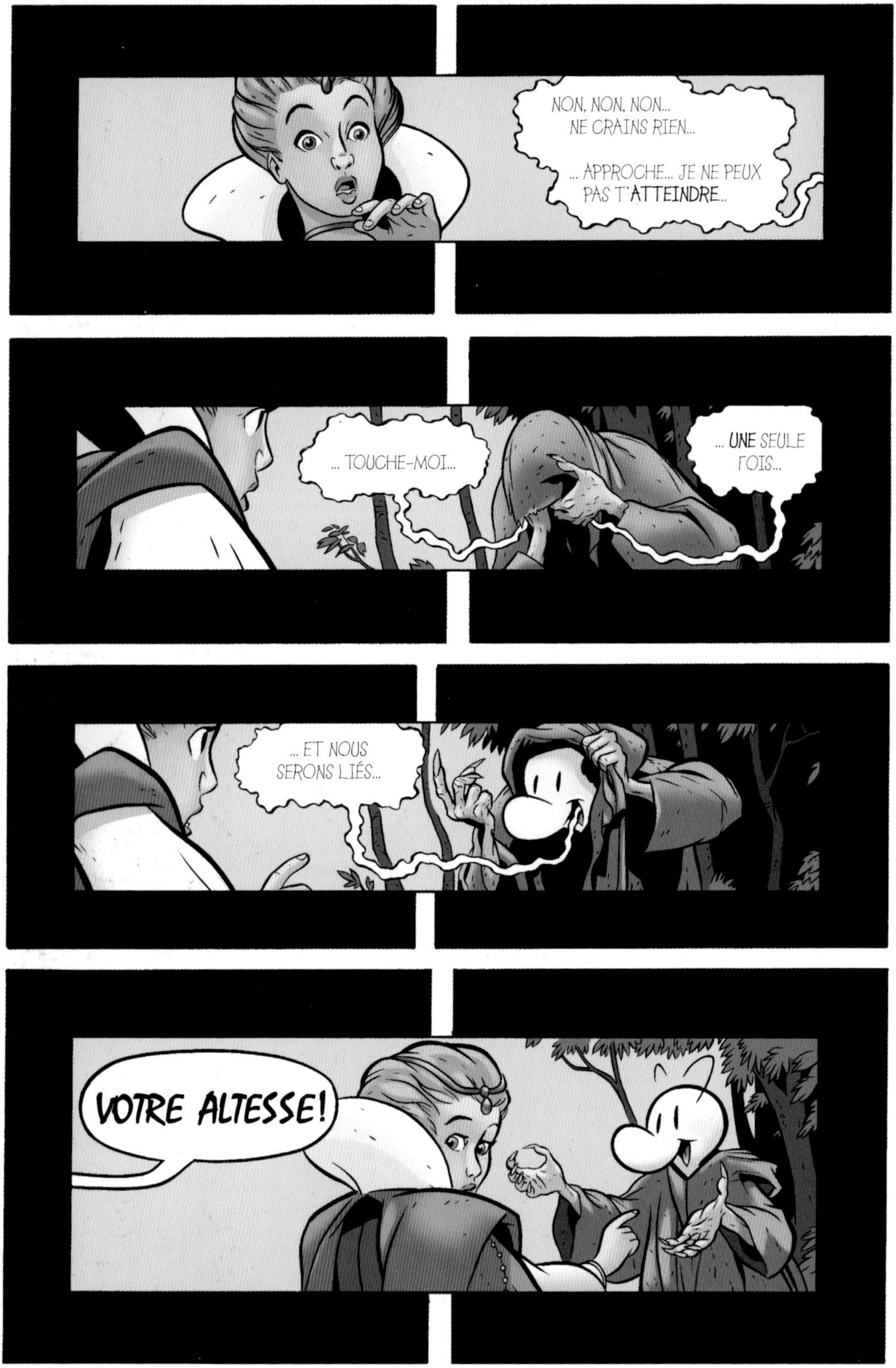
NON, NON, NON... NE CRAINS RIEN...
... APPROCHE... JE NE PEUX PAS T'ATTEINDRE...
... TOUCHE-MOI...
... UNE SEULE FOIS...
... ET NOUS SERONS LIÉS...
VOTRE ALTESSE!

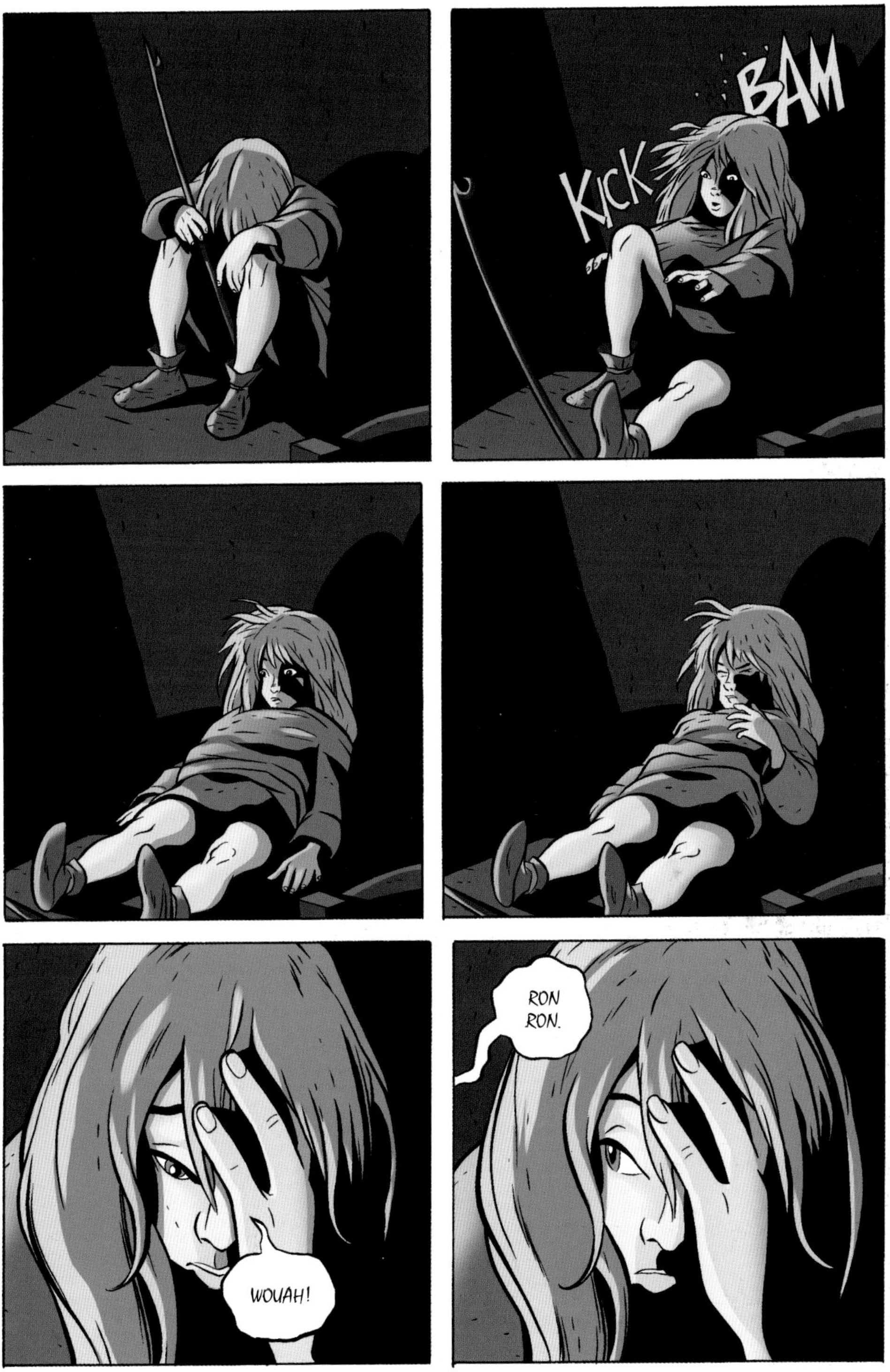
KICK
BAM
WOUAH!
RON RON.

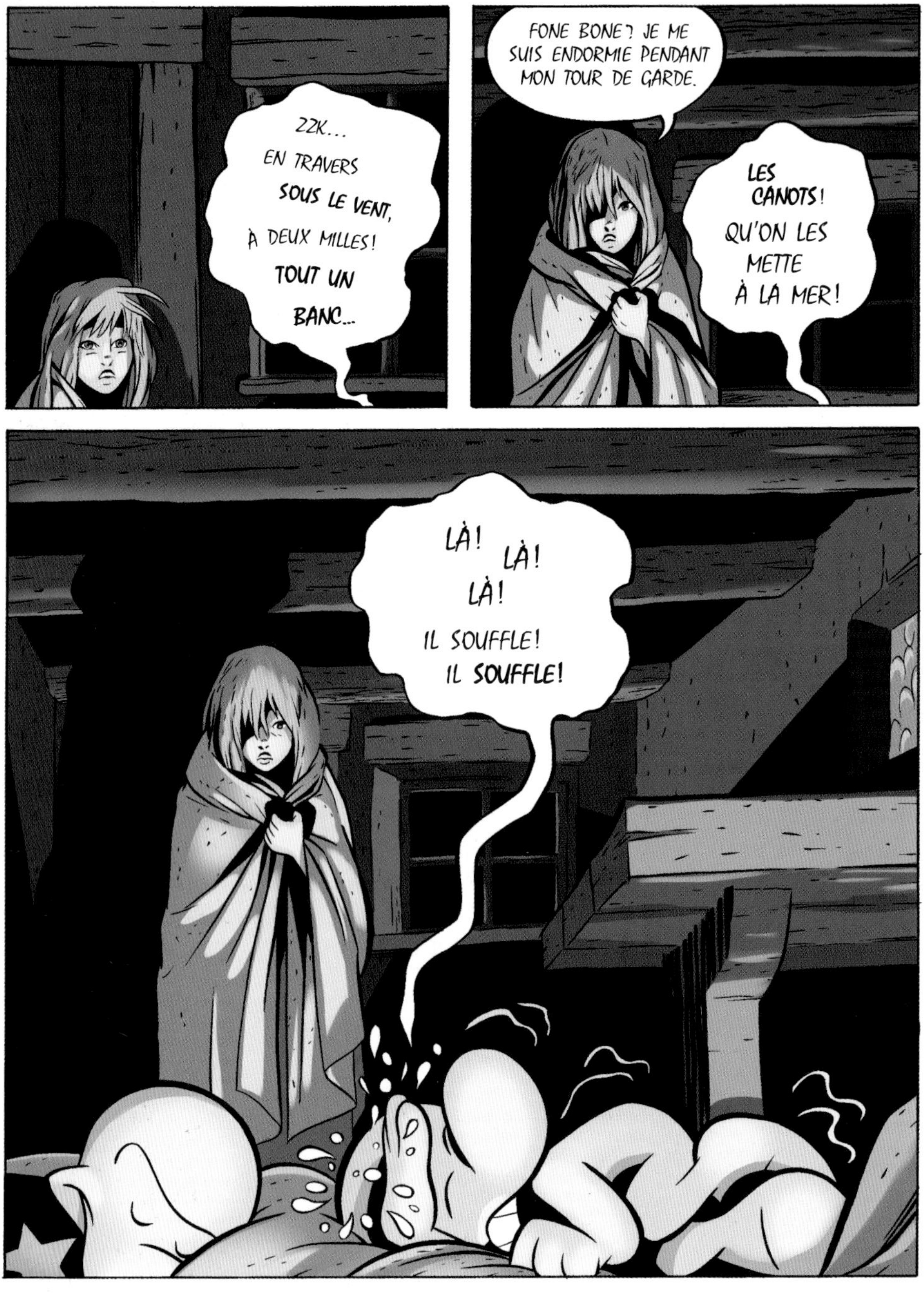
ZZK... EN TRAVERS SOUS LE VENT, À DEUX MILLES! TOUT UN BANC...
FONE BONE? JE ME SUIS ENDORMIE PENDANT MON TOUR DE GARDE.
LES CANOTS! QU'ON LES METTE À LA MER!
LÀ! LÀ! LÀ! IL SOUFFLE! IL SOUFFLE!

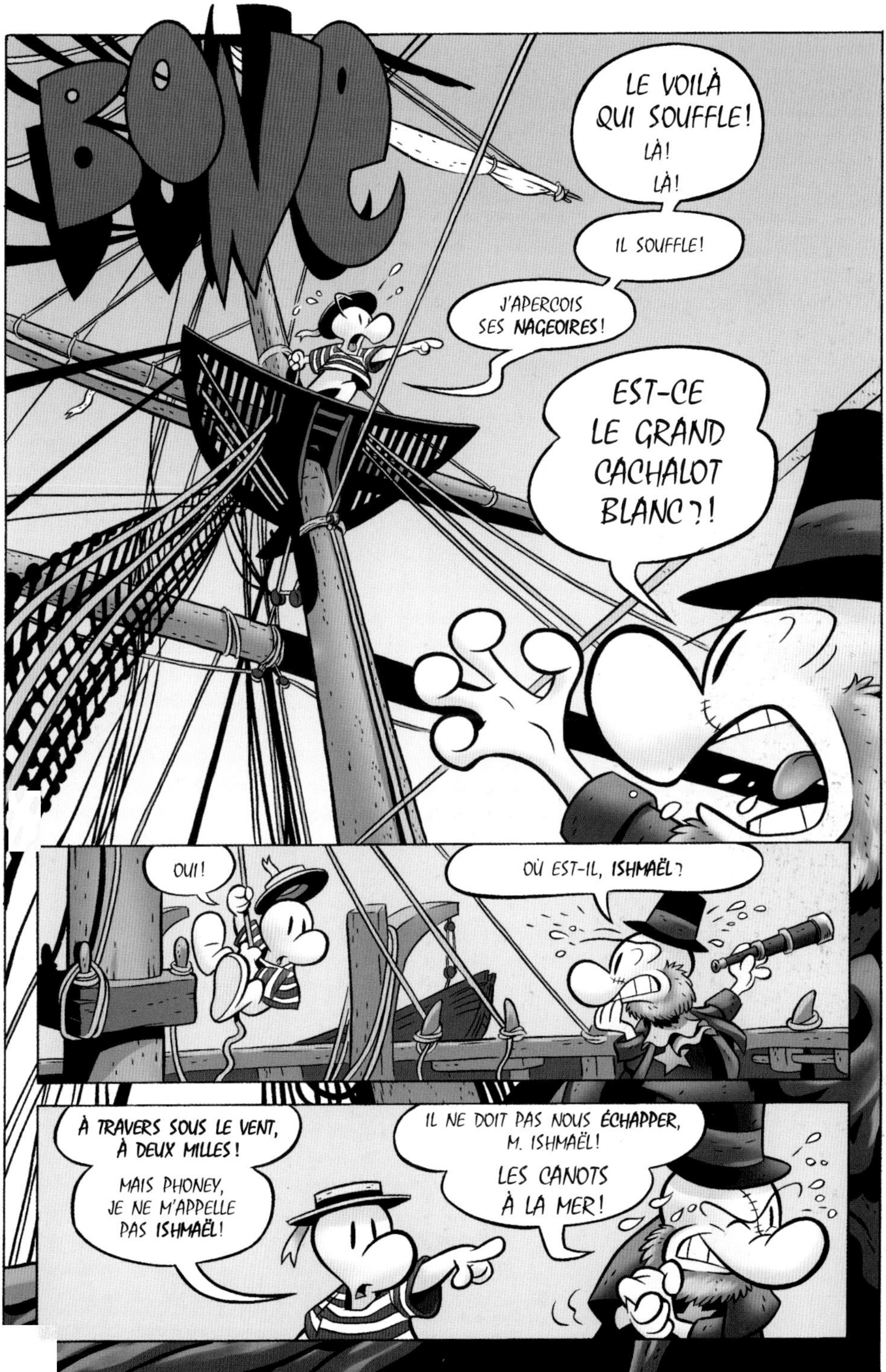
BONE
LE VOILÀ QUI SOUFFLE! LÀ! LÀ!
IL SOUFFLE!
J'APERCOIS SES NAGEOIRES!
EST-CE LE GRAND CACHALOT BLANC?!
OUI!
OÙ EST-IL, ISHMAËL?
À TRAVERS SOUS LE VENT, À DEUX MILLES!
MAIS PHONEY, JE NE M'APPELLE PAS ISHMAËL!
IL NE DOIT PAS NOUS ÉCHAPPER, M. ISHMAËL!
LES CANOTS À LA MER!

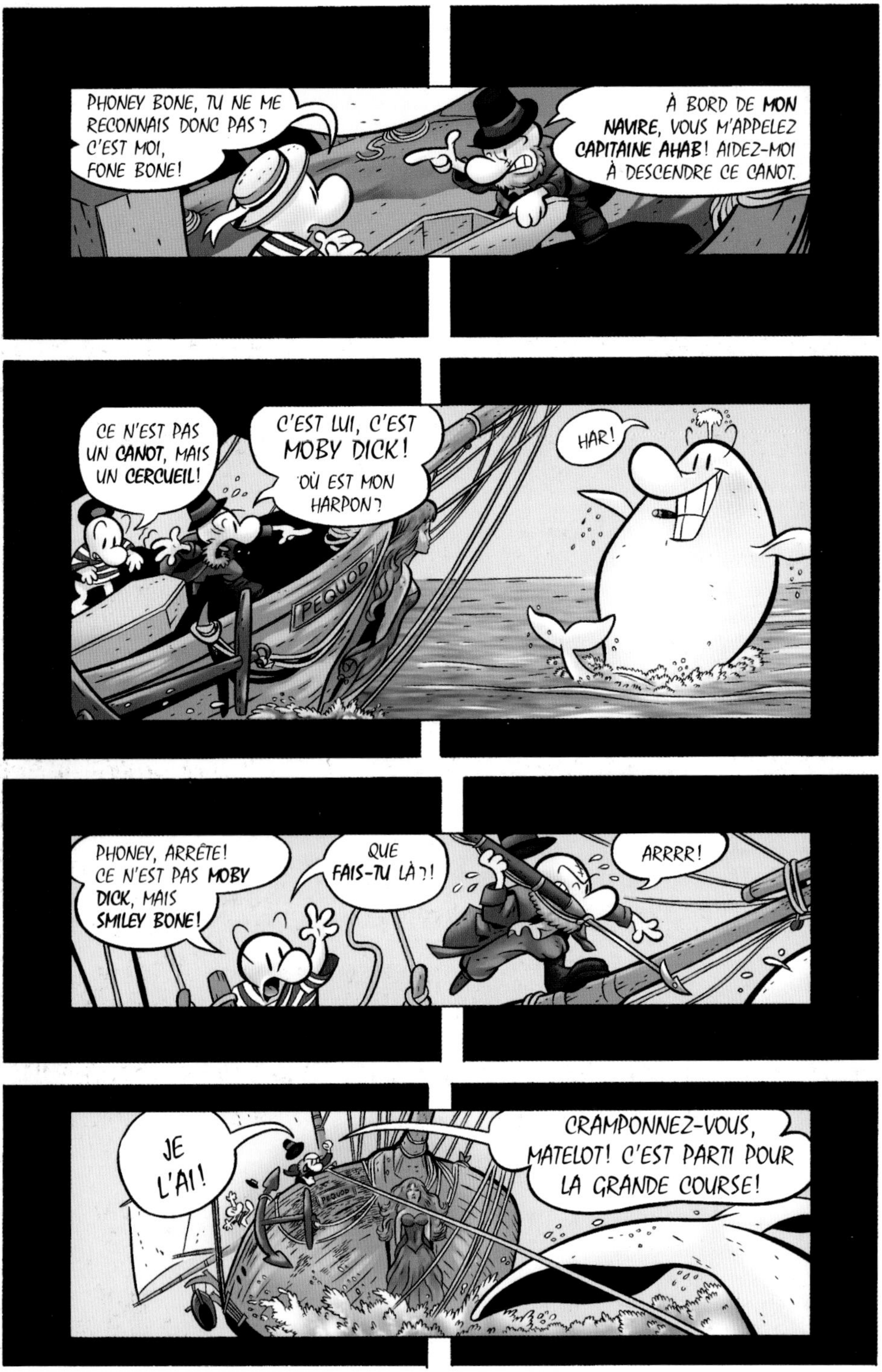
PHONEY BONE, TU NE ME RECONNAIS DONC PAS ? C'EST MOI, FONE BONE!
À BORD DE MON NAVIRE, VOUS M'APPELEZ CAPITAINE AHAB! AIDEZ-MOI À DESCENDRE CE CANOT.
CE N'EST PAS UN CANOT, MAIS UN CERCUEIL!
C'EST LUI, C'EST MOBY DICK! OÙ EST MON HARPON ?
PEQUOD
HAR!
PHONEY, ARRÊTE! CE N'EST PAS MOBY DICK, MAIS SMILEY BONE!
QUE FAIS-TU LÀ ?!
ARRRR!
JE L'AI!
CRAMPONNEZ-VOUS, MATELOT! C'EST PARTI POUR LA GRANDE COURSE!
PEQUOD

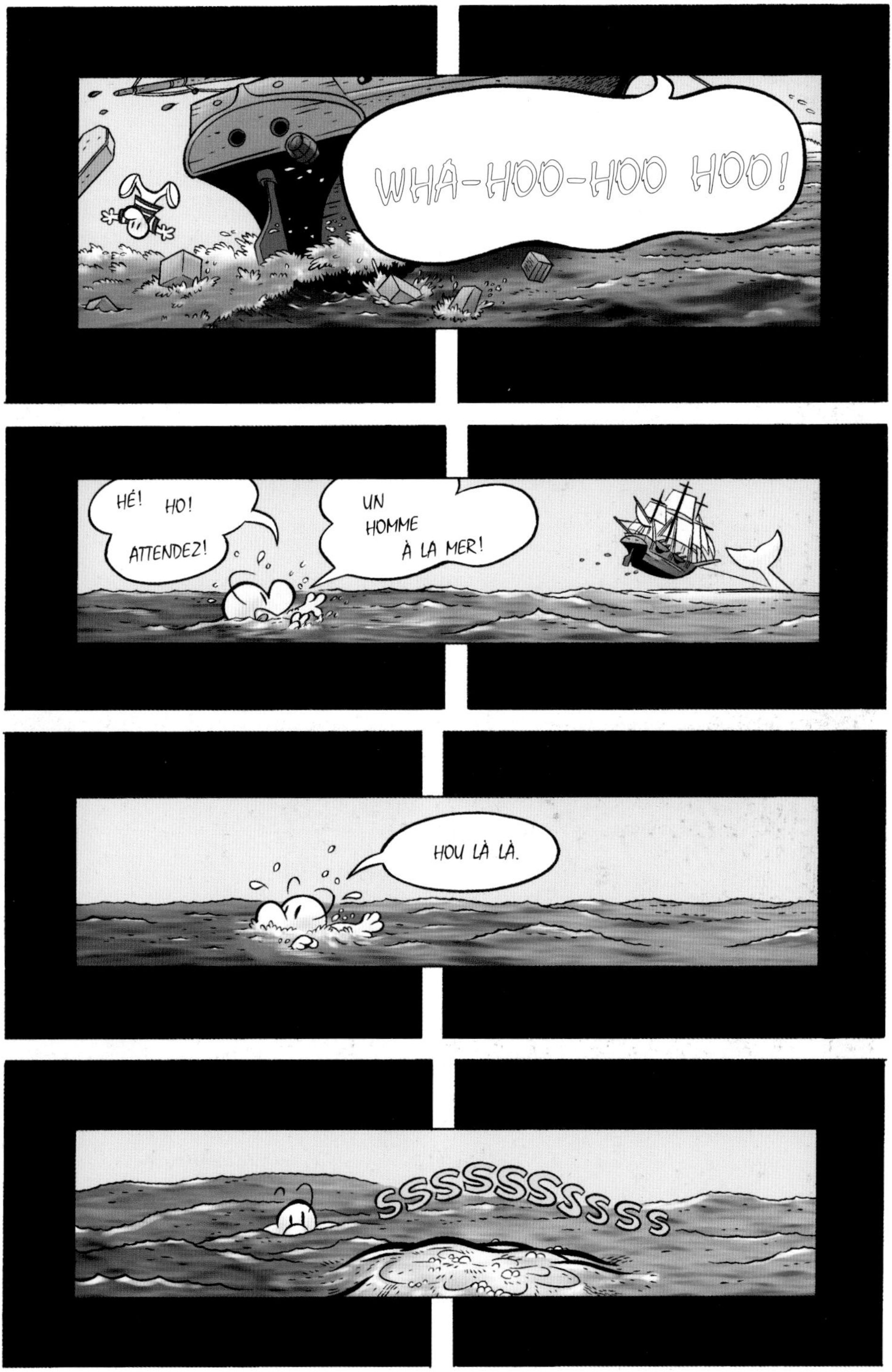
WHA-HOO-HOO HOO!
HÉ! HO! ATTENDEZ!
UN HOMME À LA MER!
HOU LÀ LÀ.
SSSSSSSSSSSS

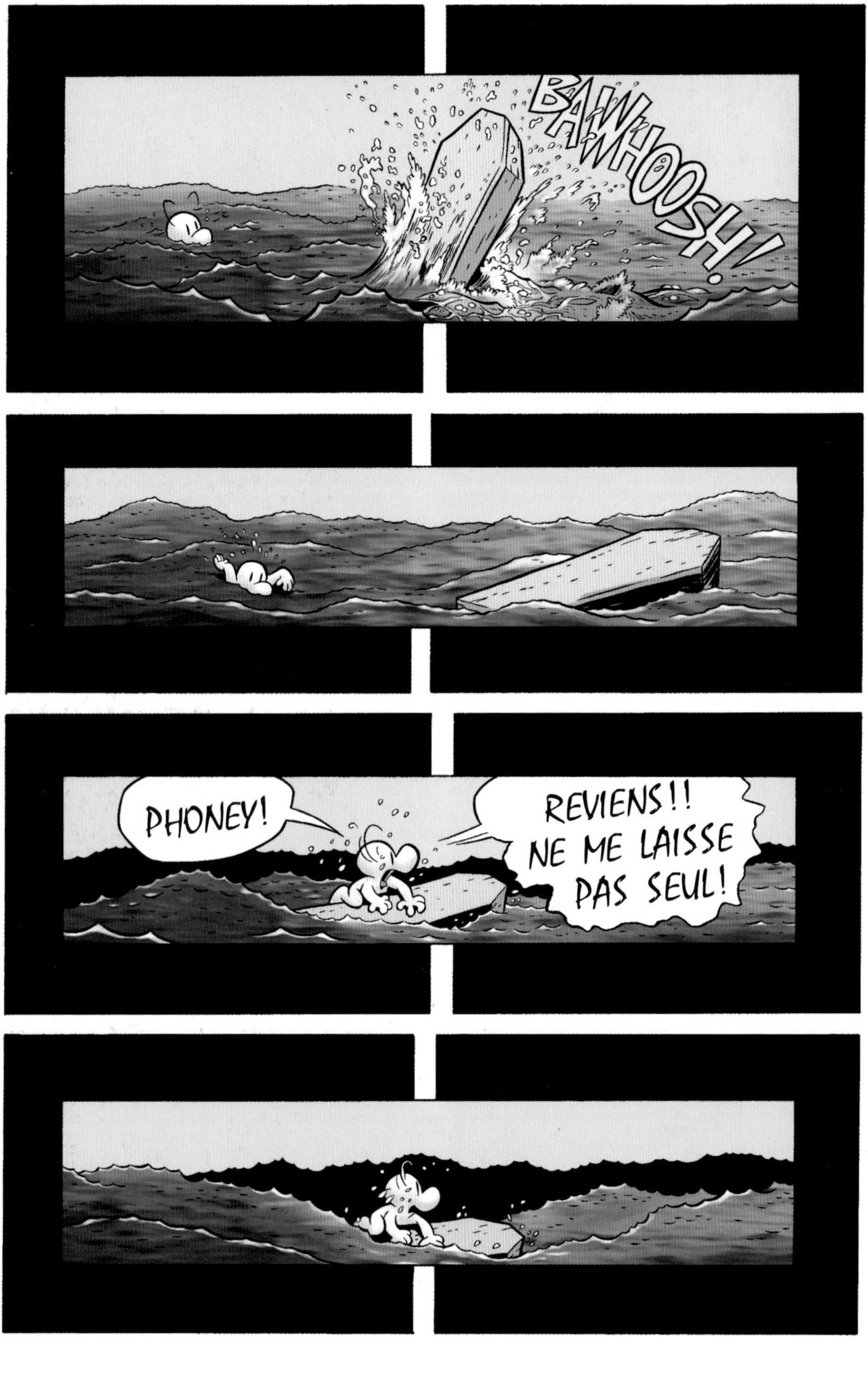
BAWHOOSH!
PHONEY!
REVIENS!! NE ME LAISSE PAS SEUL!

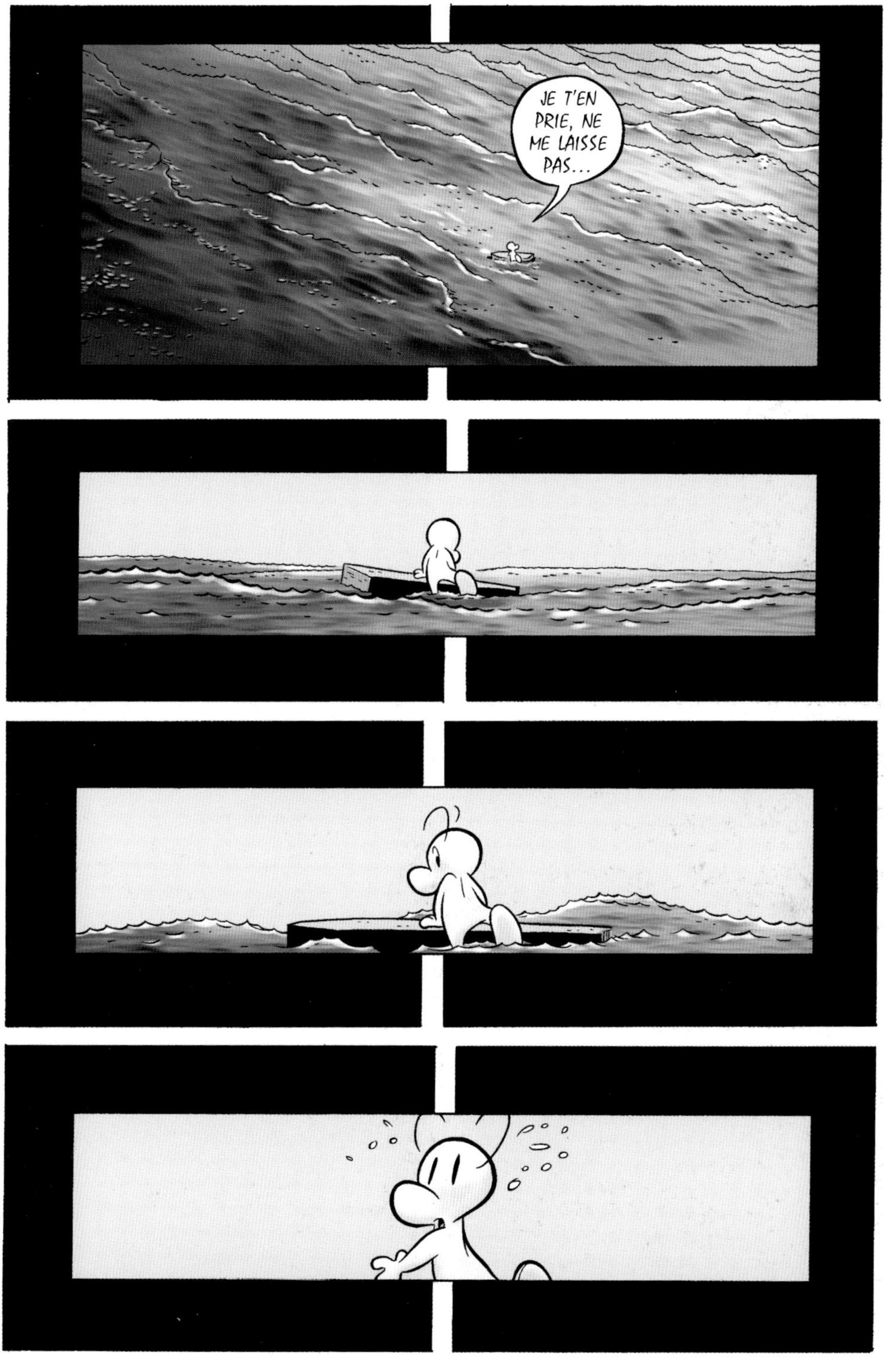
JE T'EN PRIE, NE ME LAISSE PAS...

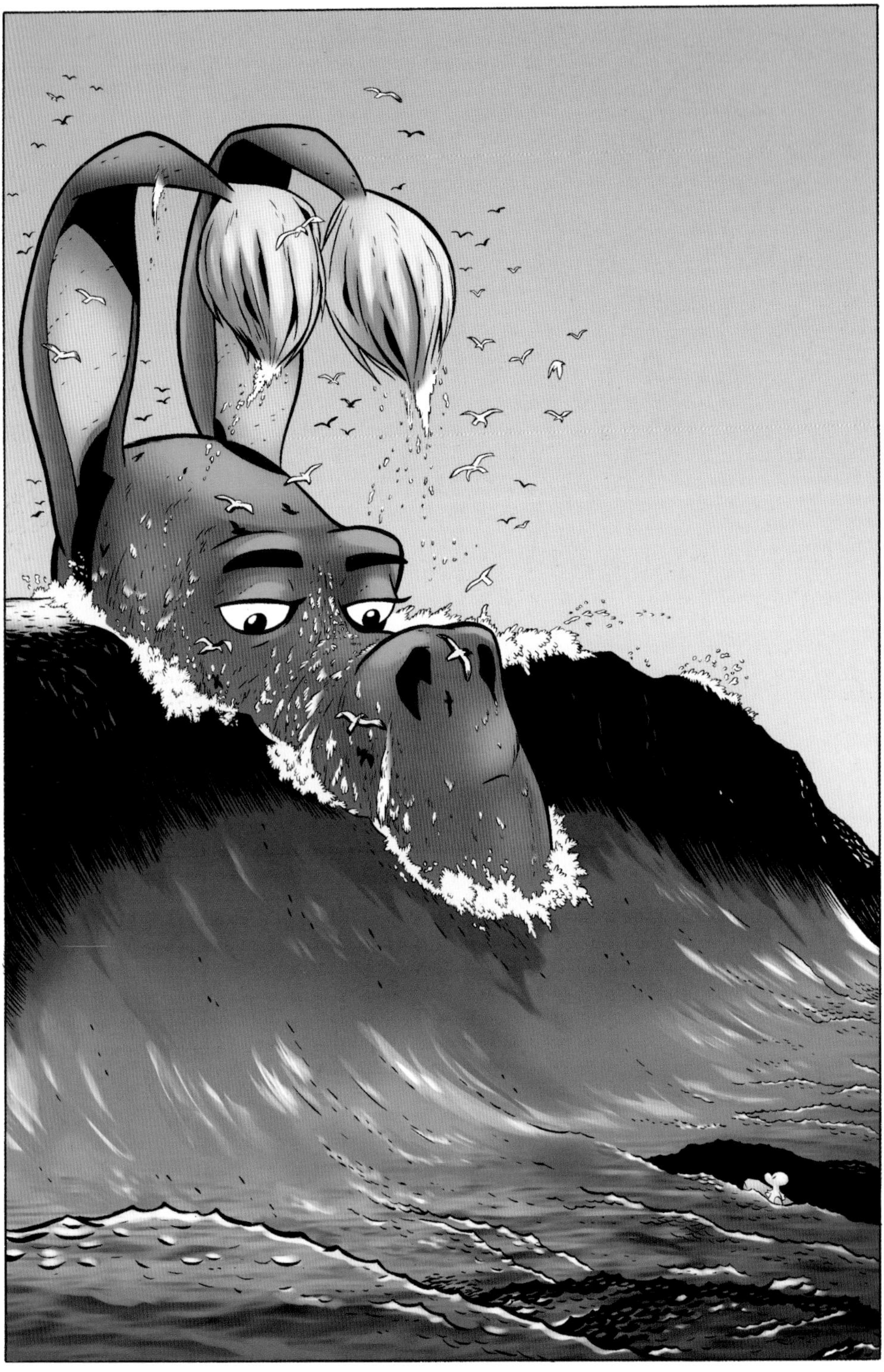

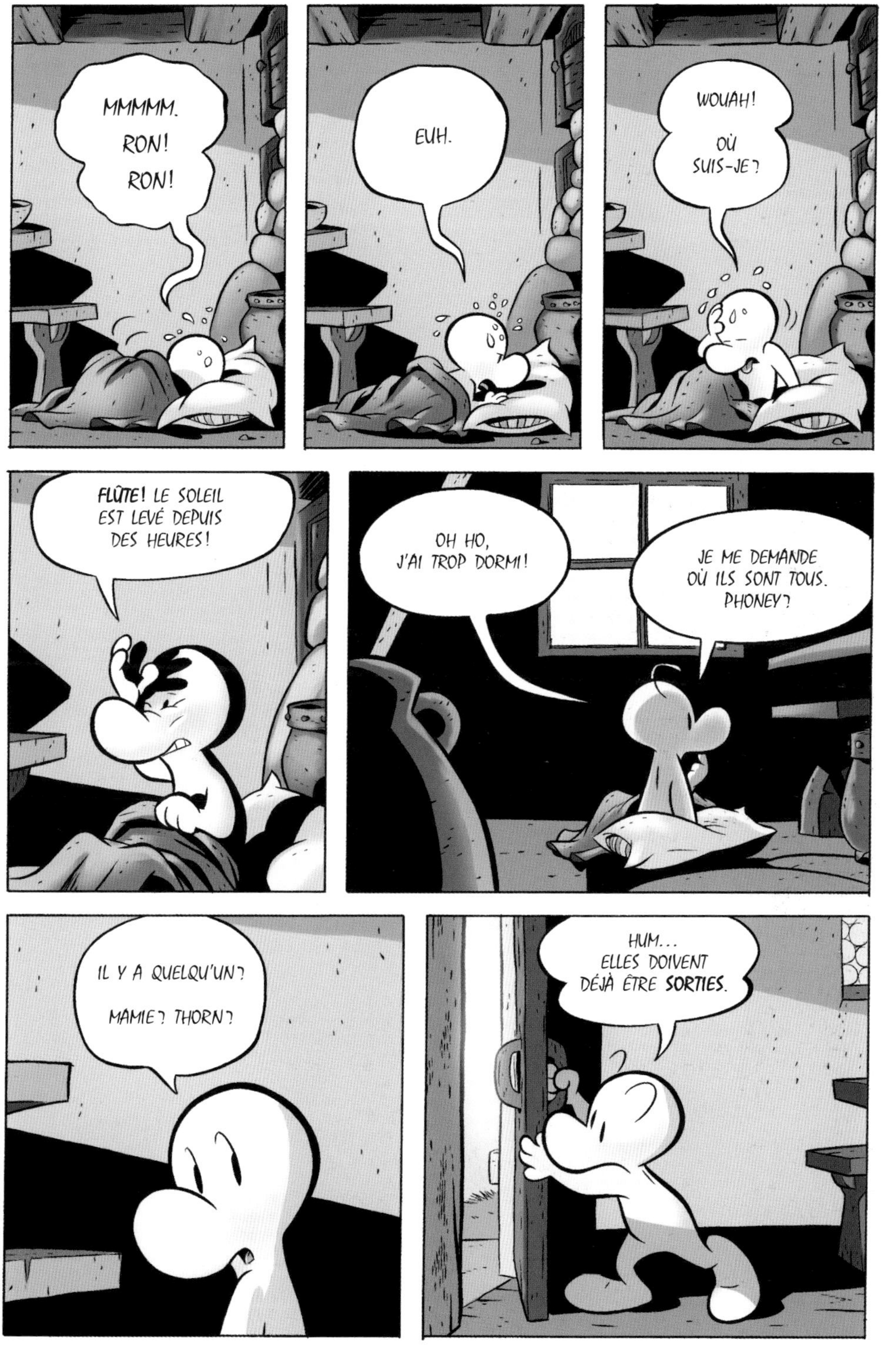
MMMMM. RON! RON!
EUH.
WOUAH! OÙ SUIS-JE?
FLÛTE! LE SOLEIL EST LEVÉ DEPUIS DES HEURES!
OH HO, J'AI TROP DORMI!
JE ME DEMANDE OÙ ILS SONT TOUS. PHONEY?
IL Y A QUELQU'UN? MAMIE? THORN?
HUM... ELLES DOIVENT DÉJÀ ÊTRE SORTIES.

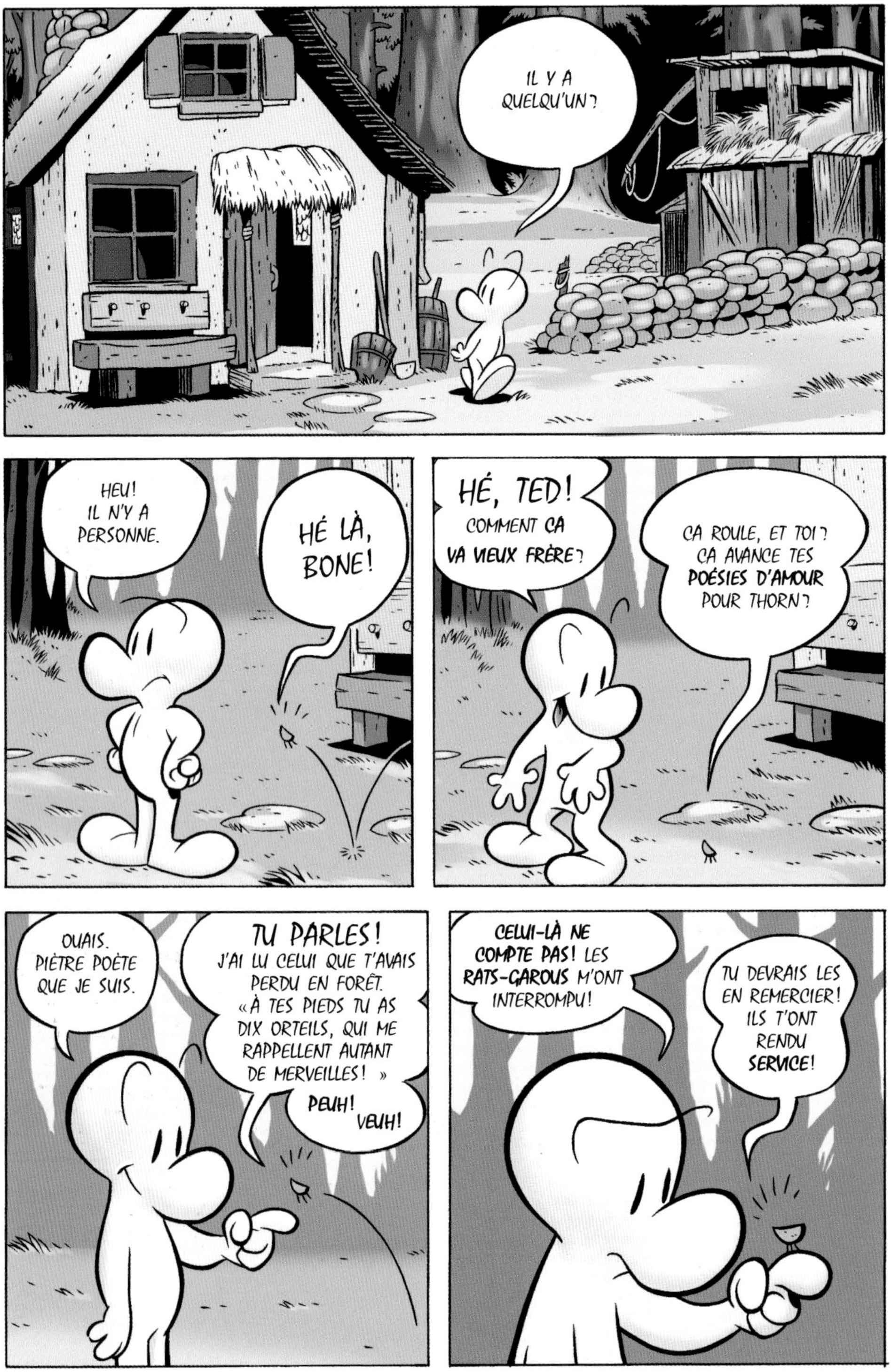
IL Y A QUELQU'UN?
HEU! IL N'Y A PERSONNE.
HÉ LÀ, BONE!
HÉ, TED! COMMENT ÇA VA VIEUX FRÈRE?
ÇA ROULE, ET TOI? ÇA AVANCE TES POÉSIES D'AMOUR POUR THORN?
OUAIS. PIÈTRE POÈTE QUE JE SUIS.
TU PARLES! J'AI LU CELUI QUE T'AVAIS PERDU EN FORÊT. « À TES PIEDS TU AS DIX ORTEILS, QUI ME RAPPELLENT AUTANT DE MERVEILLES! »
PEUH! VEUH!
CELUI-LÀ NE COMPTE PAS! LES RATS-GAROUS M'ONT INTERROMPU!
TU DEVRAIS LES EN REMERCIER! ILS T'ONT RENDU SERVICE!

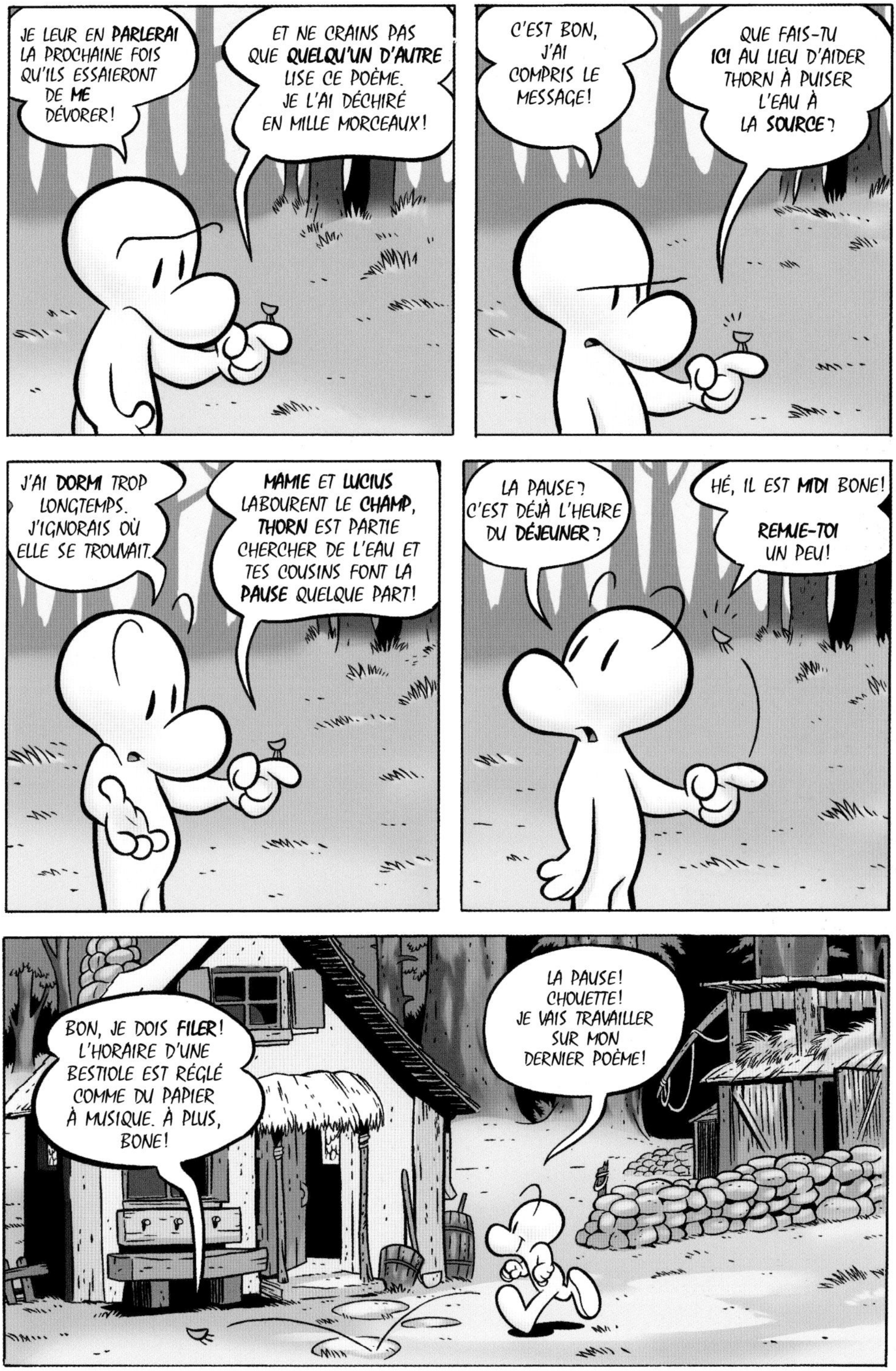
JE LEUR EN PARLERAI LA PROCHAINE FOIS QU'ILS ESSAIERONT DE ME DÉVORER!
ET NE CRAINS PAS QUE QUELQU'UN D'AUTRE LISE CE POÈME. JE L'AI DÉCHIRÉ EN MILLE MORCEAUX!
C'EST BON, J'AI COMPRIS LE MESSAGE!
QUE FAIS-TU ICI AU LIEU D'AIDER THORN À PUISER L'EAU À LA SOURCE?
J'AI DORMI TROP LONGTEMPS. J'IGNORAIS OÙ ELLE SE TROUVAIT.
MAMIE ET LUCIUS LABOURENT LE CHAMP, THORN EST PARTIE CHERCHER DE L'EAU ET TES COUSINS FONT LA PAUSE QUELQUE PART!
LA PAUSE? C'EST DÉJÀ L'HEURE DU DÉJEUNER?
HÉ, IL EST MIDI BONE!
REMUE-TOI UN PEU!
BON, JE DOIS FILER! L'HORAIRE D'UNE BESTIOLE EST RÉGLÉ COMME DU PAPIER À MUSIQUE. À PLUS, BONE!
LA PAUSE! CHOUETTE! JE VAIS TRAVAILLER SUR MON DERNIER POÈME!

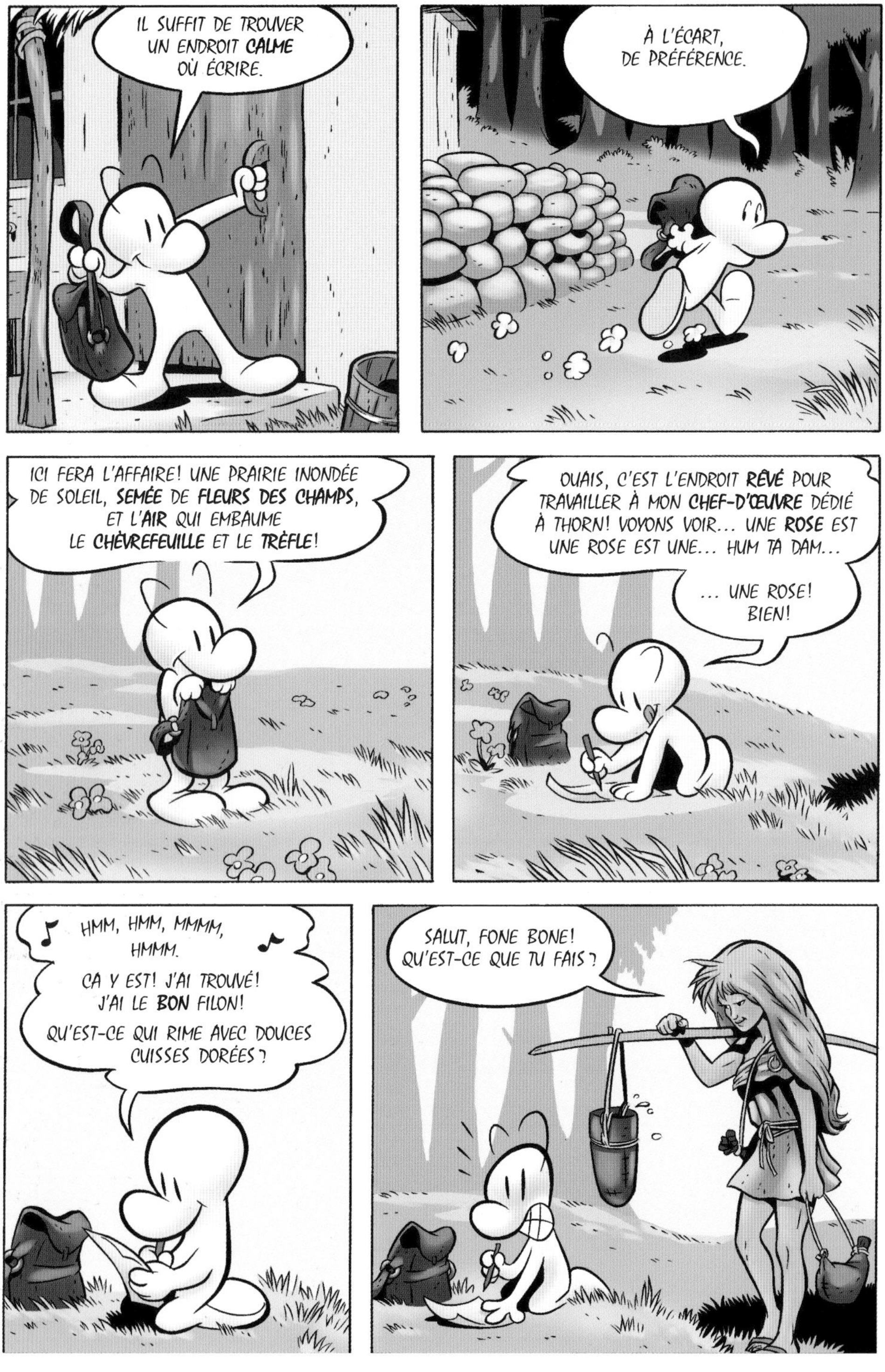
IL SUFFIT DE TROUVER UN ENDROIT **CALME** OÙ ÉCRIRE.
À L'ÉCART, DE PRÉFÉRENCE.
ICI FERA L'AFFAIRE! UNE PRAIRIE INONDÉE DE SOLEIL, **SEMÉE** DE **FLEURS DES CHAMPS**, ET L'**AIR** QUI EMBAUME LE **CHÈVREFEUILLE** ET LE **TRÈFLE**!
OUAIS, C'EST L'ENDROIT **RÊVÉ** POUR TRAVAILLER À MON **CHEF-D'ŒUVRE** DÉDIÉ À THORN! VOYONS VOIR... UNE **ROSE** EST UNE ROSE EST UNE... HUM TA DAM...
... UNE ROSE! BIEN!
HMM, HMM, MMMM, HMMM.
ÇA Y EST! J'AI TROUVÉ! J'AI LE **BON** FILON!
QU'EST-CE QUI RIME AVEC DOUCES CUISSES DORÉES ?
SALUT, FONE BONE! QU'EST-CE QUE TU FAIS ?

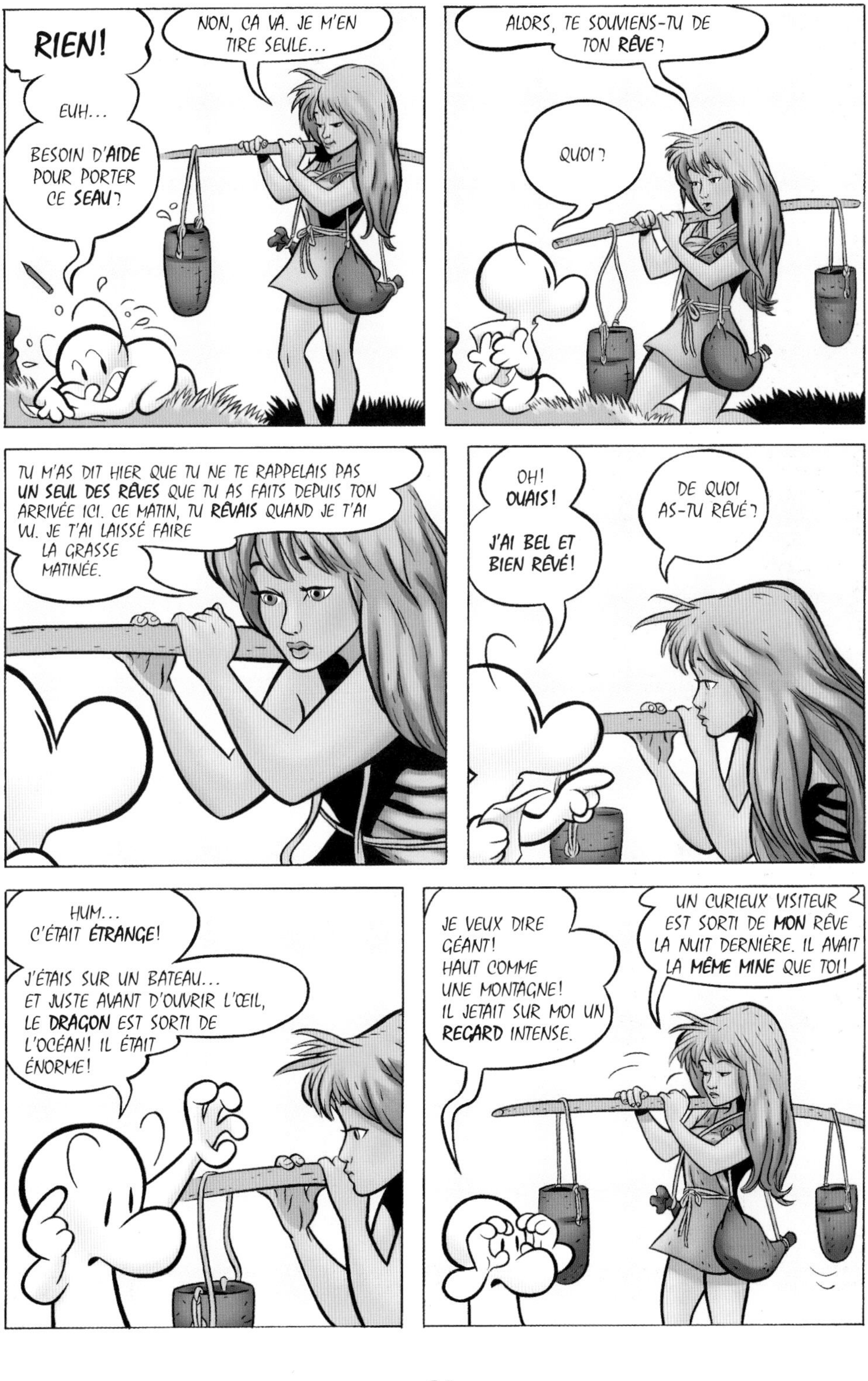
RIEN!
EUH...
BESOIN D'AIDE POUR PORTER CE SEAU?
NON, CA VA. JE M'EN TIRE SEULE...
ALORS, TE SOUVIENS-TU DE TON RÊVE?
QUOI?
TU M'AS DIT HIER QUE TU NE TE RAPPELAIS PAS UN SEUL DES RÊVES QUE TU AS FAITS DEPUIS TON ARRIVÉE ICI. CE MATIN, TU RÊVAIS QUAND JE T'AI VU. JE T'AI LAISSÉ FAIRE LA GRASSE MATINÉE.
OH! OUAIS!
J'AI BEL ET BIEN RÊVÉ!
DE QUOI AS-TU RÊVÉ?
HUM... C'ÉTAIT ÉTRANGE!
J'ÉTAIS SUR UN BATEAU... ET JUSTE AVANT D'OUVRIR L'ŒIL, LE DRAGON EST SORTI DE L'OCÉAN! IL ÉTAIT ÉNORME!
JE VEUX DIRE GÉANT! HAUT COMME UNE MONTAGNE! IL JETAIT SUR MOI UN REGARD INTENSE.
UN CURIEUX VISITEUR EST SORTI DE MON RÊVE LA NUIT DERNIÈRE. IL AVAIT LA MÊME MINE QUE TOI!

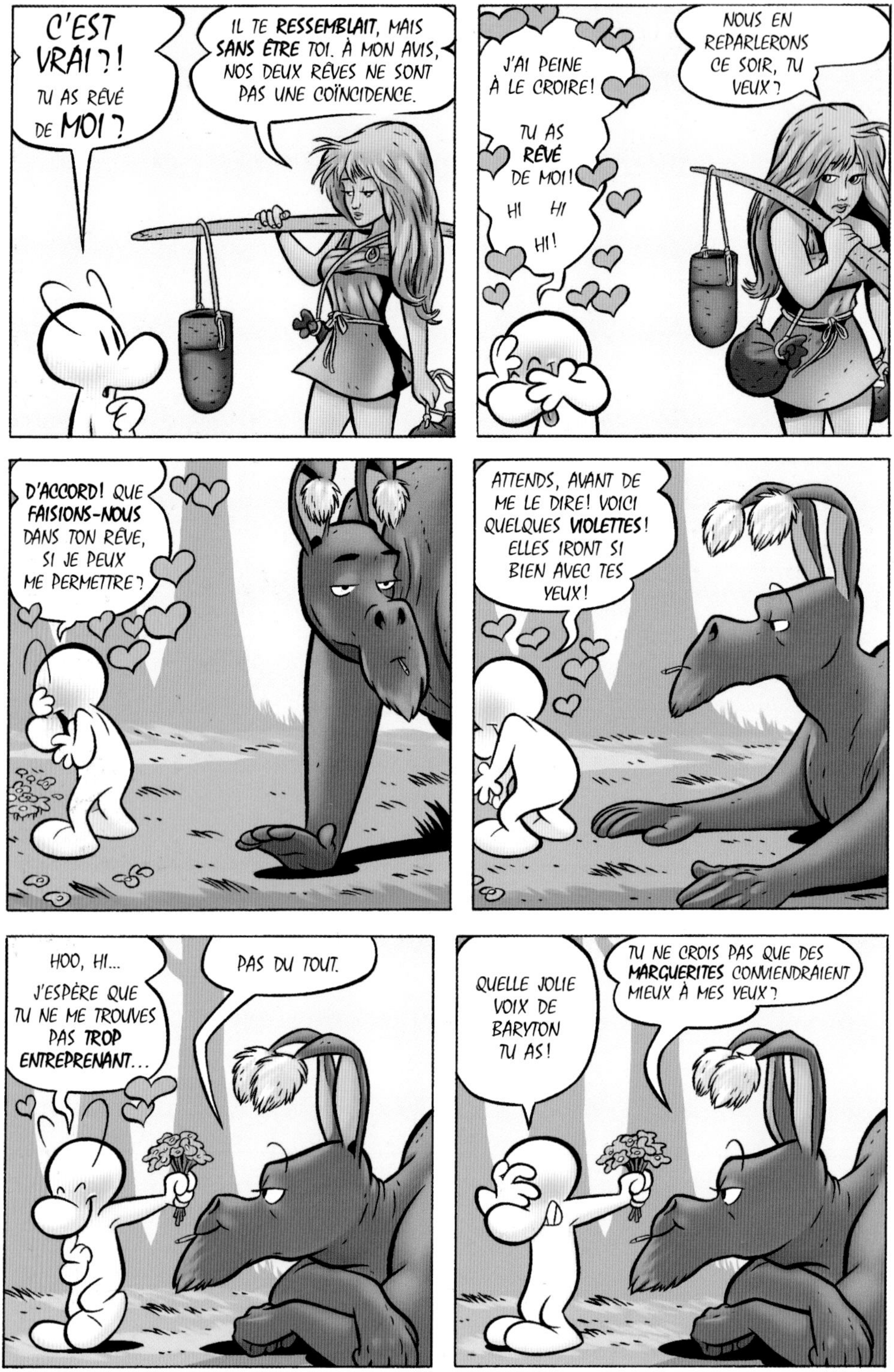
C'EST VRAI ?! TU AS RÊVÉ DE MOI ?
IL TE RESSEMBLAIT, MAIS SANS ÊTRE TOI. À MON AVIS, NOS DEUX RÊVES NE SONT PAS UNE COÏNCIDENCE.
J'AI PEINE À LE CROIRE!
TU AS RÊVÉ DE MOI!
HI HI HI!
NOUS EN REPARLERONS CE SOIR, TU VEUX ?
D'ACCORD! QUE FAISIONS-NOUS DANS TON RÊVE, SI JE PEUX ME PERMETTRE ?
ATTENDS, AVANT DE ME LE DIRE! VOICI QUELQUES VIOLETTES! ELLES IRONT SI BIEN AVEC TES YEUX!
HOO, HI...
J'ESPÈRE QUE TU NE ME TROUVES PAS TROP ENTREPRENANT...
PAS DU TOUT.
QUELLE JOLIE VOIX DE BARYTON TU AS!
TU NE CROIS PAS QUE DES MARGUERITES CONVIENDRAIENT MIEUX À MES YEUX ?

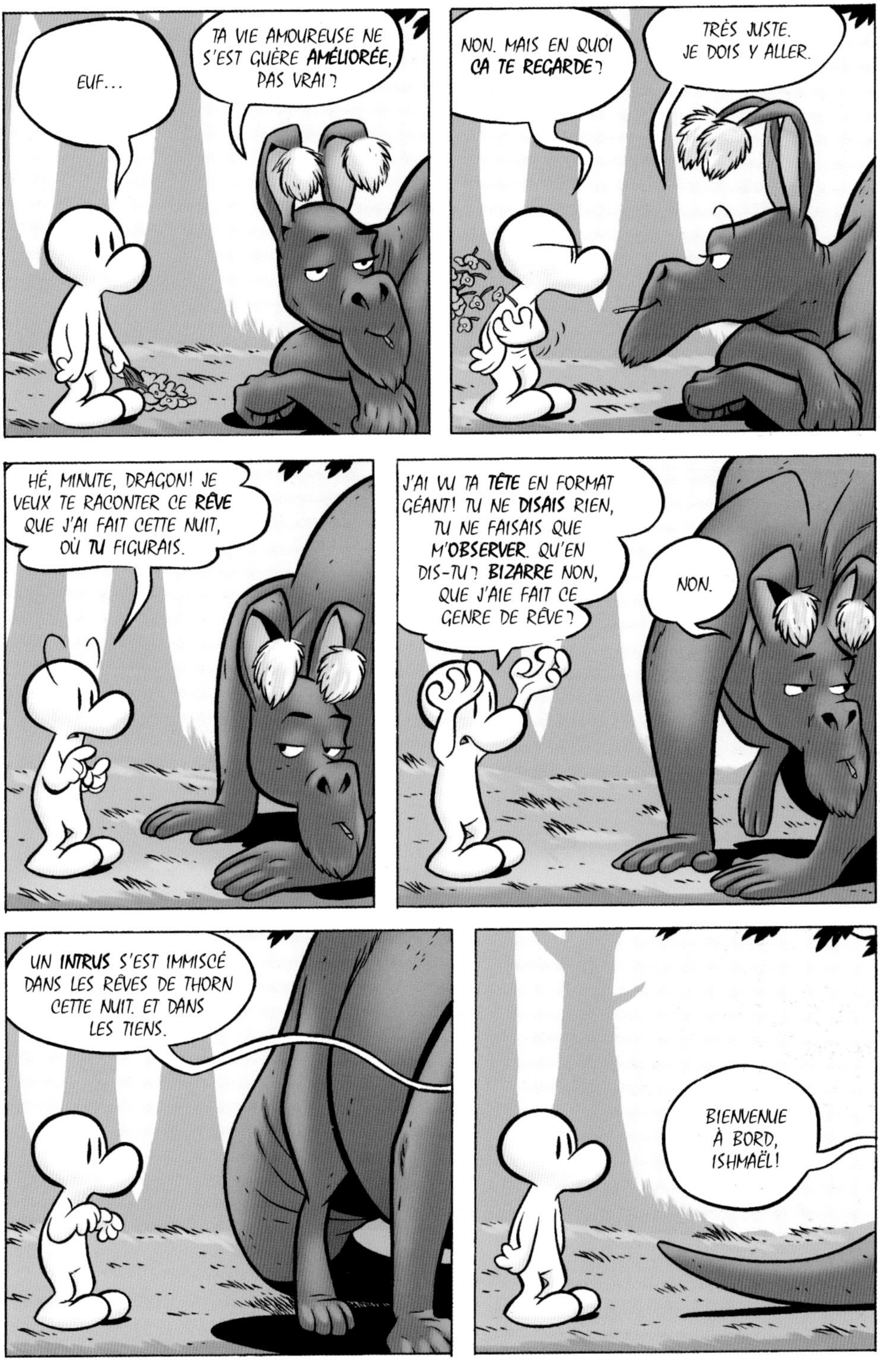
EUF…
TA VIE AMOUREUSE NE S'EST GUÈRE **AMÉLIORÉE**, PAS VRAI?
NON. MAIS EN QUOI **ÇA TE REGARDE**?
TRÈS JUSTE. JE DOIS Y ALLER.
HÉ, MINUTE, DRAGON! JE VEUX TE RACONTER CE **RÊVE** QUE J'AI FAIT CETTE NUIT, OÙ **TU** FIGURAIS.
J'AI VU TA **TÊTE** EN FORMAT GÉANT! TU NE **DISAIS** RIEN, TU NE FAISAIS QUE M'**OBSERVER**. QU'EN DIS-TU? **BIZARRE** NON, QUE J'AIE FAIT CE GENRE DE RÊVE?
NON.
UN **INTRUS** S'EST IMMISCÉ DANS LES RÊVES DE THORN CETTE NUIT. ET DANS LES TIENS.
BIENVENUE À BORD, ISHMAËL!

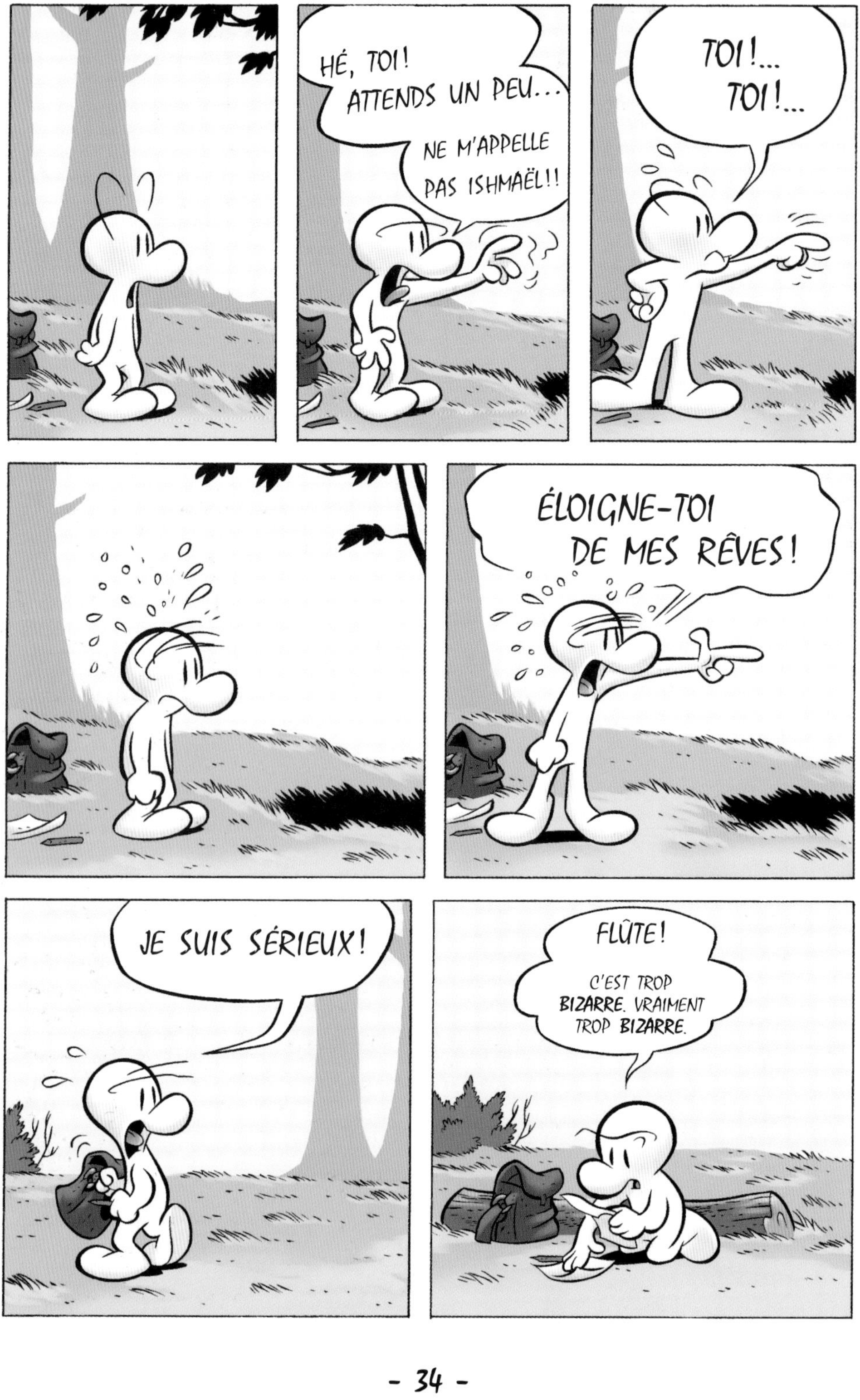
HÉ, TOI!
ATTENDS UN PEU...
NE M'APPELLE PAS ISHMAËL!!
TOI!... TOI!...
ÉLOIGNE-TOI DE MES RÊVES!
JE SUIS SÉRIEUX!
FLÛTE!
C'EST TROP BIZARRE. VRAIMENT TROP BIZARRE.

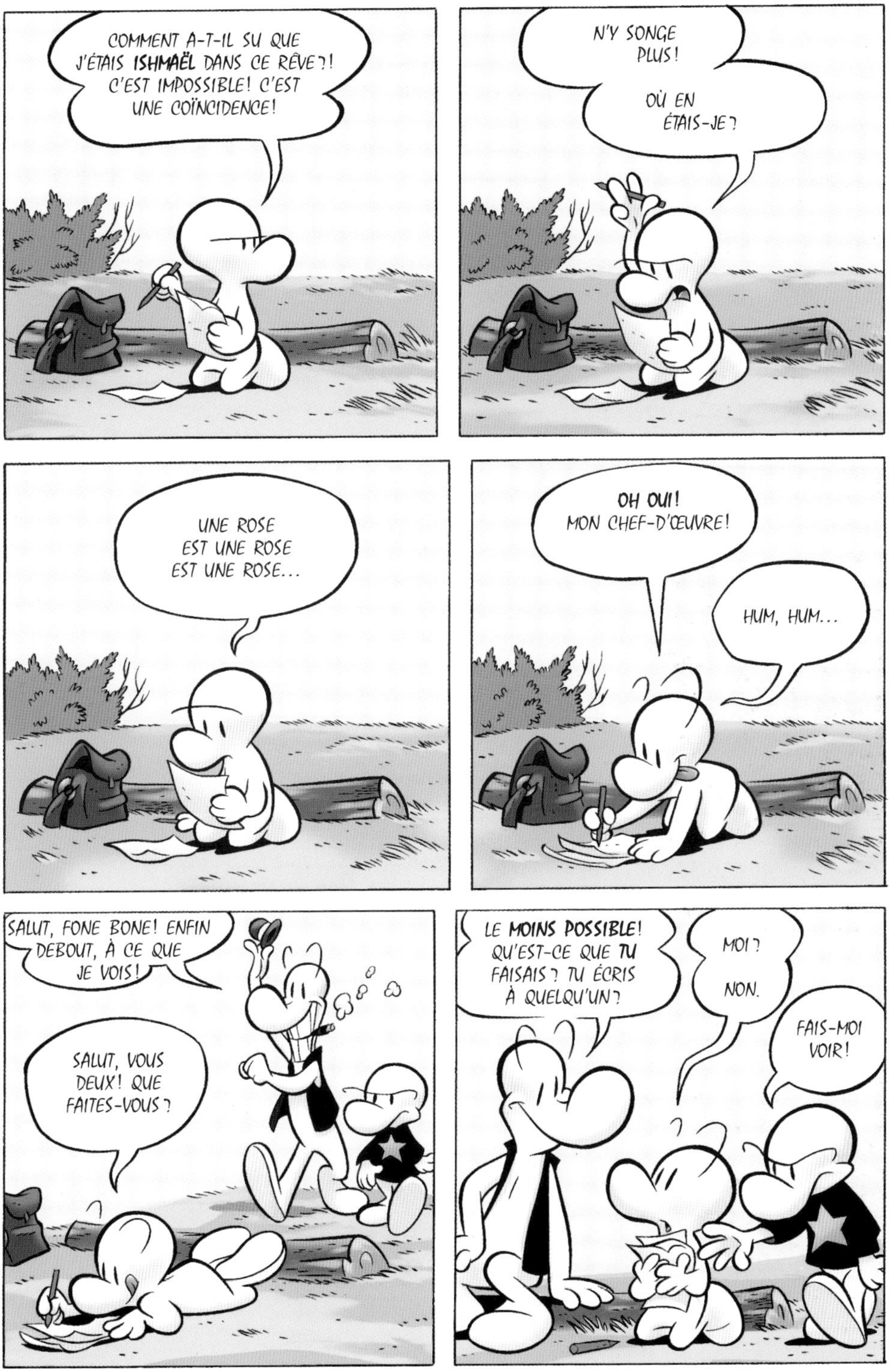
COMMENT A-T-IL SU QUE J'ÉTAIS ISHMAËL DANS CE RÊVE?! C'EST IMPOSSIBLE! C'EST UNE COÏNCIDENCE!
N'Y SONGE PLUS!
OÙ EN ÉTAIS-JE?
UNE ROSE EST UNE ROSE EST UNE ROSE...
OH OUI! MON CHEF-D'ŒUVRE!
HUM, HUM...
SALUT, FONE BONE! ENFIN DEBOUT, À CE QUE JE VOIS!
SALUT, VOUS DEUX! QUE FAITES-VOUS?
LE MOINS POSSIBLE! QU'EST-CE QUE TU FAISAIS? TU ÉCRIS À QUELQU'UN?
MOI?
NON.
FAIS-MOI VOIR!

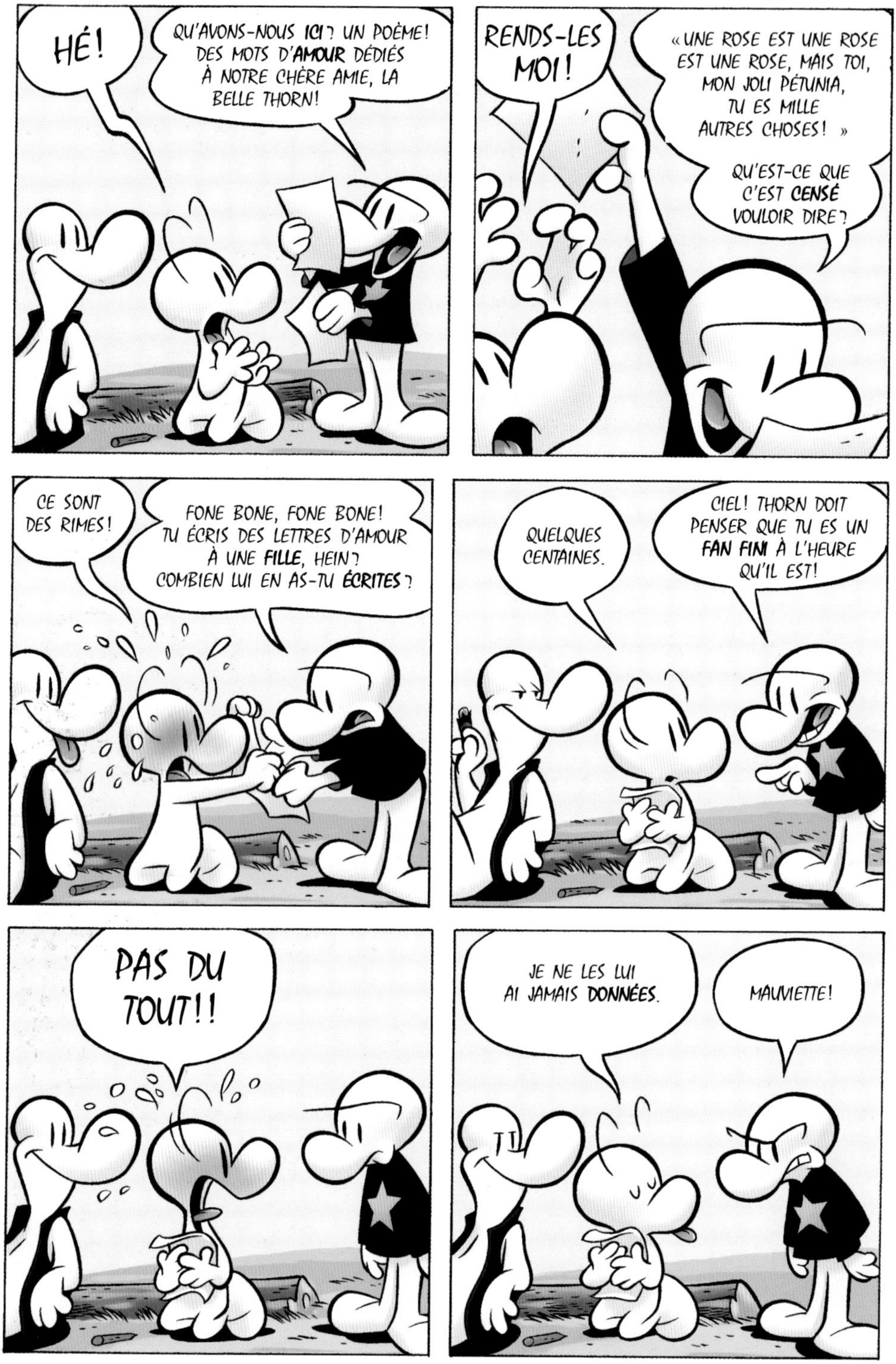
HÉ!
QU'AVONS-NOUS ICI? UN POÈME! DES MOTS D'AMOUR DÉDIÉS À NOTRE CHÈRE AMIE, LA BELLE THORN!
RENDS-LES MOI!
« UNE ROSE EST UNE ROSE EST UNE ROSE, MAIS TOI, MON JOLI PÉTUNIA, TU ES MILLE AUTRES CHOSES! »
QU'EST-CE QUE C'EST CENSÉ VOULOIR DIRE?
CE SONT DES RIMES!
FONE BONE, FONE BONE! TU ÉCRIS DES LETTRES D'AMOUR À UNE FILLE, HEIN? COMBIEN LUI EN AS-TU ÉCRITES?
QUELQUES CENTAINES.
CIEL! THORN DOIT PENSER QUE TU ES UN FAN FINI À L'HEURE QU'IL EST!
PAS DU TOUT!!
JE NE LES LUI AI JAMAIS DONNÉES.
MAUVIETTE!

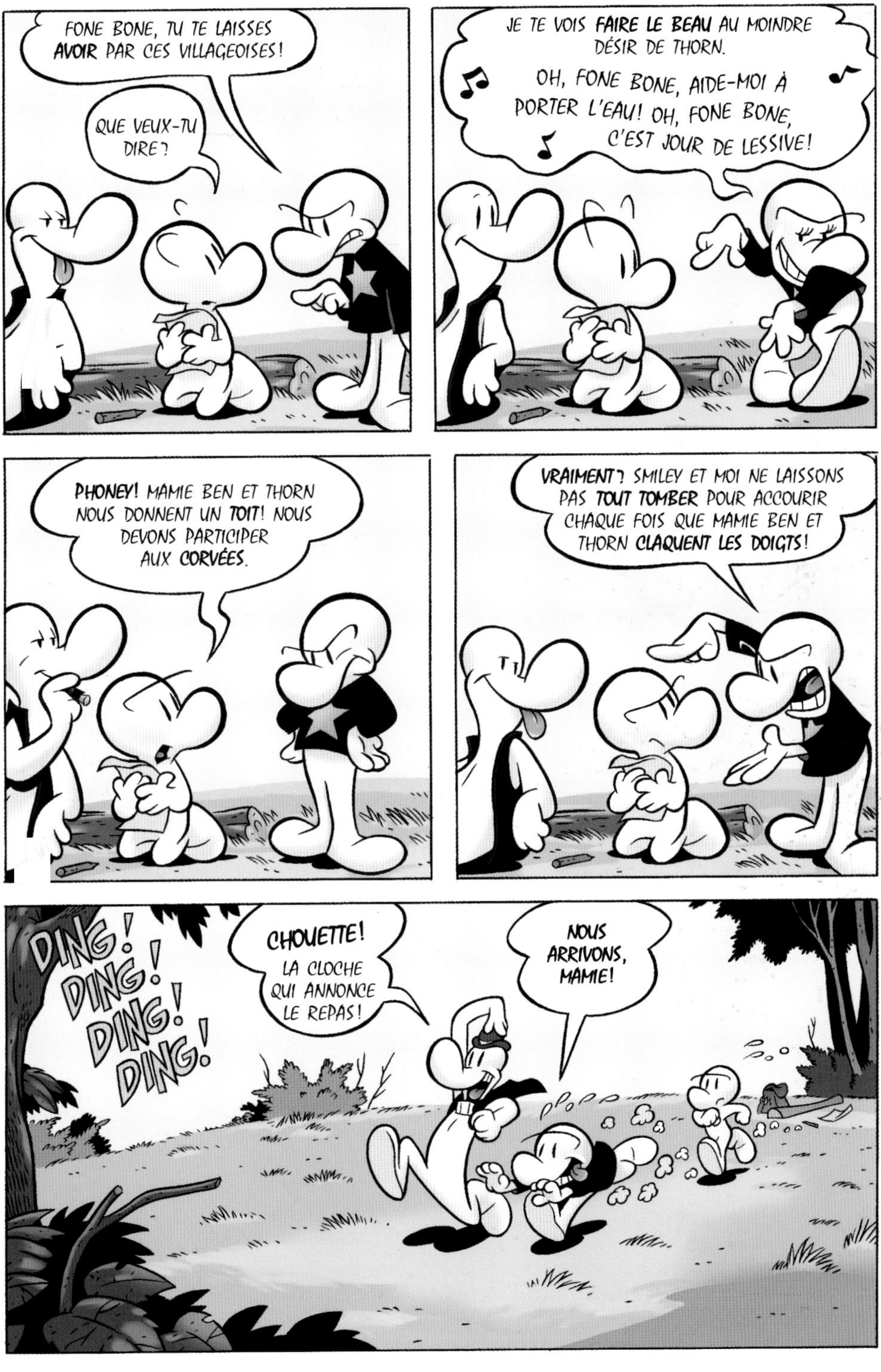
FONE BONE, TU TE LAISSES AVOIR PAR CES VILLAGEOISES!
QUE VEUX-TU DIRE?
JE TE VOIS FAIRE LE BEAU AU MOINDRE DÉSIR DE THORN.
OH, FONE BONE, AIDE-MOI À PORTER L'EAU! OH, FONE BONE, C'EST JOUR DE LESSIVE!
PHONEY! MAMIE BEN ET THORN NOUS DONNENT UN TOIT! NOUS DEVONS PARTICIPER AUX CORVÉES.
VRAIMENT? SMILEY ET MOI NE LAISSONS PAS TOUT TOMBER POUR ACCOURIR CHAQUE FOIS QUE MAMIE BEN ET THORN CLAQUENT LES DOIGTS!
DING! DING! DING! DING!
CHOUETTE! LA CLOCHE QUI ANNONCE LE REPAS!
NOUS ARRIVONS, MAMIE!

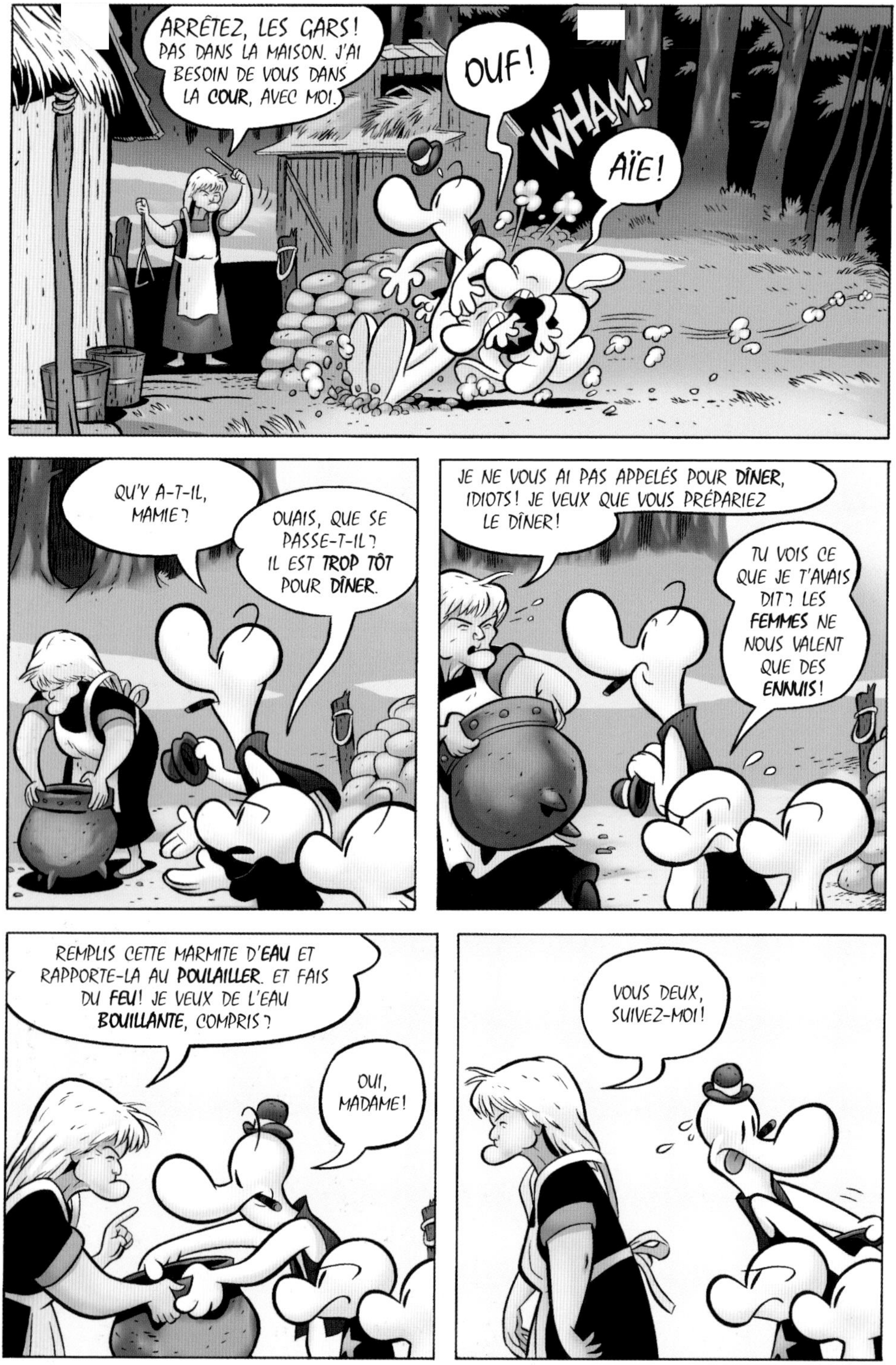
ARRÊTEZ, LES GARS! PAS DANS LA MAISON. J'AI BESOIN DE VOUS DANS LA COUR, AVEC MOI.
OUF!
WHAM!
AÏE!
QU'Y A-T-IL, MAMIE?
OUAIS, QUE SE PASSE-T-IL? IL EST TROP TÔT POUR DÎNER.
JE NE VOUS AI PAS APPELÉS POUR DÎNER, IDIOTS! JE VEUX QUE VOUS PRÉPARIEZ LE DÎNER!
TU VOIS CE QUE JE T'AVAIS DIT? LES FEMMES NE NOUS VALENT QUE DES ENNUIS!
REMPLIS CETTE MARMITE D'EAU ET RAPPORTE-LA AU POULAILLER. ET FAIS DU FEU! JE VEUX DE L'EAU BOUILLANTE, COMPRIS?
OUI, MADAME!
VOUS DEUX, SUIVEZ-MOI!

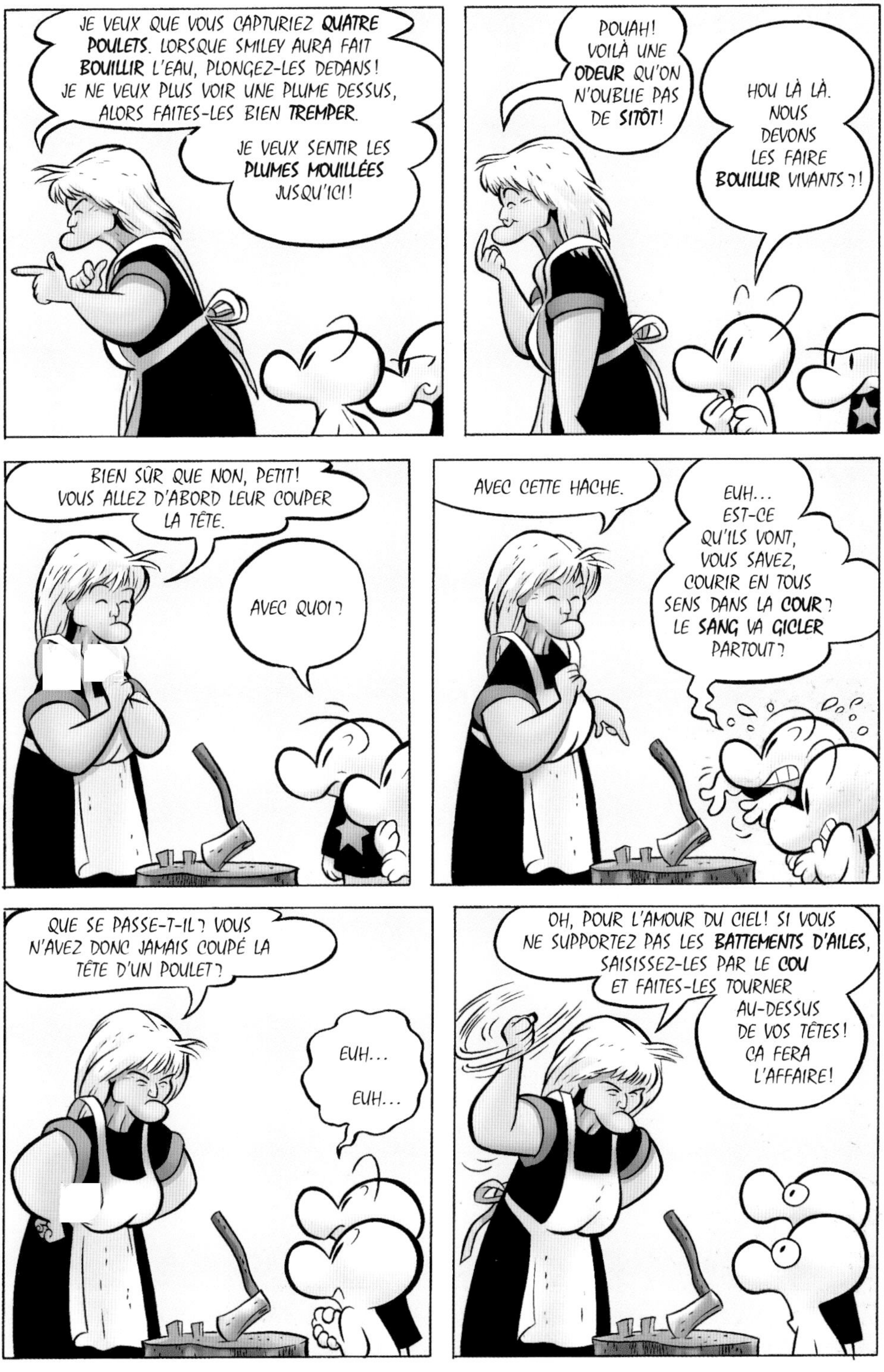
JE VEUX QUE VOUS CAPTURIEZ QUATRE POULETS. LORSQUE SMILEY AURA FAIT BOUILLIR L'EAU, PLONGEZ-LES DEDANS! JE NE VEUX PLUS VOIR UNE PLUME DESSUS, ALORS FAITES-LES BIEN TREMPER.
JE VEUX SENTIR LES PLUMES MOUILLÉES JUSQU'ICI!
POUAH! VOILÀ UNE ODEUR QU'ON N'OUBLIE PAS DE SITÔT!
HOU LÀ LÀ. NOUS DEVONS LES FAIRE BOUILLIR VIVANTS?!
BIEN SÛR QUE NON, PETIT! VOUS ALLEZ D'ABORD LEUR COUPER LA TÊTE.
AVEC QUOI?
AVEC CETTE HACHE.
EUH... EST-CE QU'ILS VONT, VOUS SAVEZ, COURIR EN TOUS SENS DANS LA COUR? LE SANG VA GICLER PARTOUT?
QUE SE PASSE-T-IL? VOUS N'AVEZ DONC JAMAIS COUPÉ LA TÊTE D'UN POULET?
EUH... EUH...
OH, POUR L'AMOUR DU CIEL! SI VOUS NE SUPPORTEZ PAS LES BATTEMENTS D'AILES, SAISISSEZ-LES PAR LE COU ET FAITES-LES TOURNER AU-DESSUS DE VOS TÊTES! ÇA FERA L'AFFAIRE!

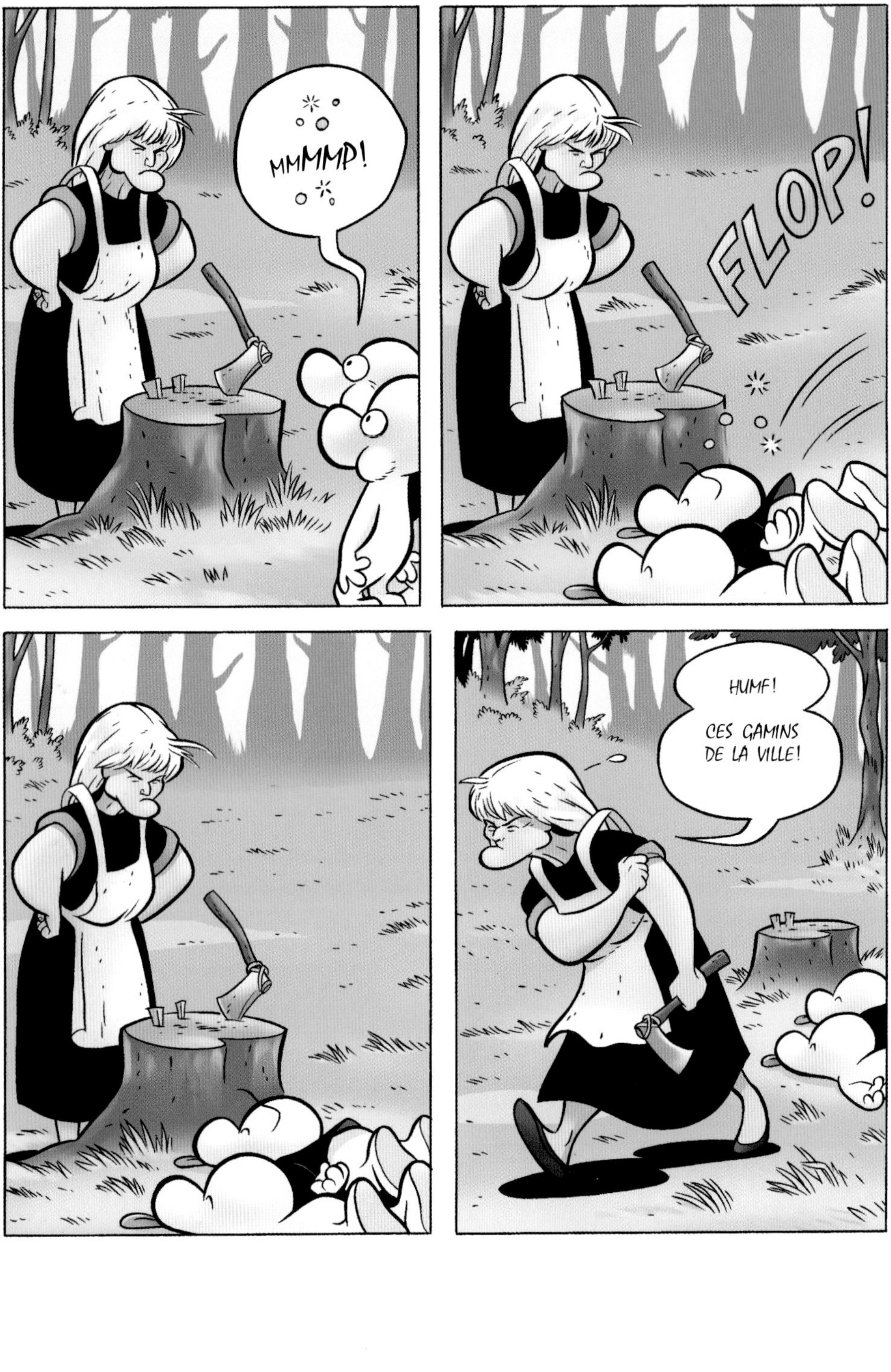
MMMMP!
FLOP!
HUMF!
CES GAMINS DE LA VILLE!

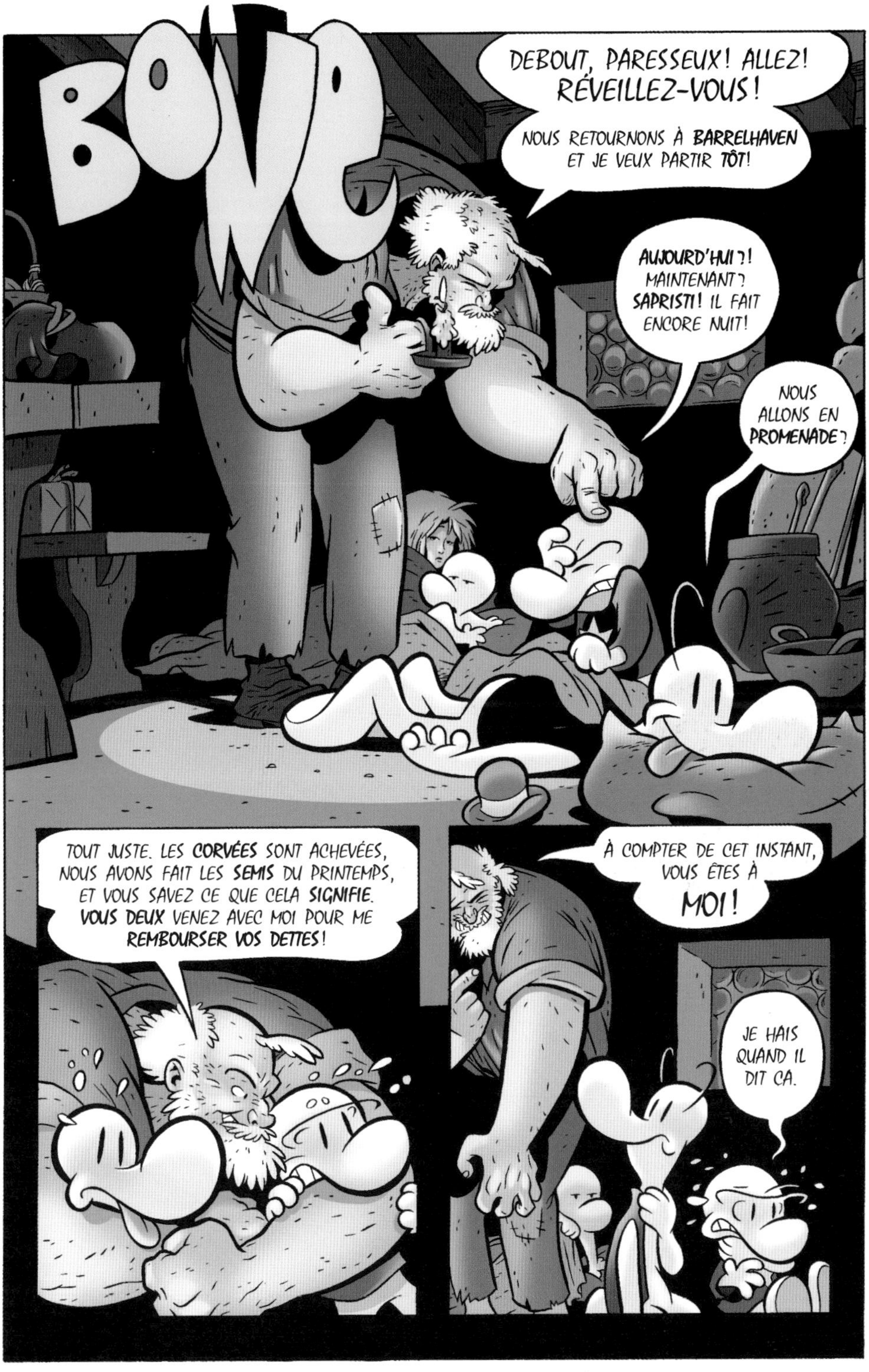
BONK
DEBOUT, PARESSEUX! ALLEZ! RÉVEILLEZ-VOUS!
NOUS RETOURNONS À BARRELHAVEN ET JE VEUX PARTIR TÔT!
AUJOURD'HUI?! MAINTENANT? SAPRISTI! IL FAIT ENCORE NUIT!
NOUS ALLONS EN PROMENADE?
TOUT JUSTE. LES CORVÉES SONT ACHEVÉES, NOUS AVONS FAIT LES SEMIS DU PRINTEMPS, ET VOUS SAVEZ CE QUE CELA SIGNIFIE. VOUS DEUX VENEZ AVEC MOI POUR ME REMBOURSER VOS DETTES!
À COMPTER DE CET INSTANT, VOUS ÊTES À MOI!
JE HAIS QUAND IL DIT ÇA.

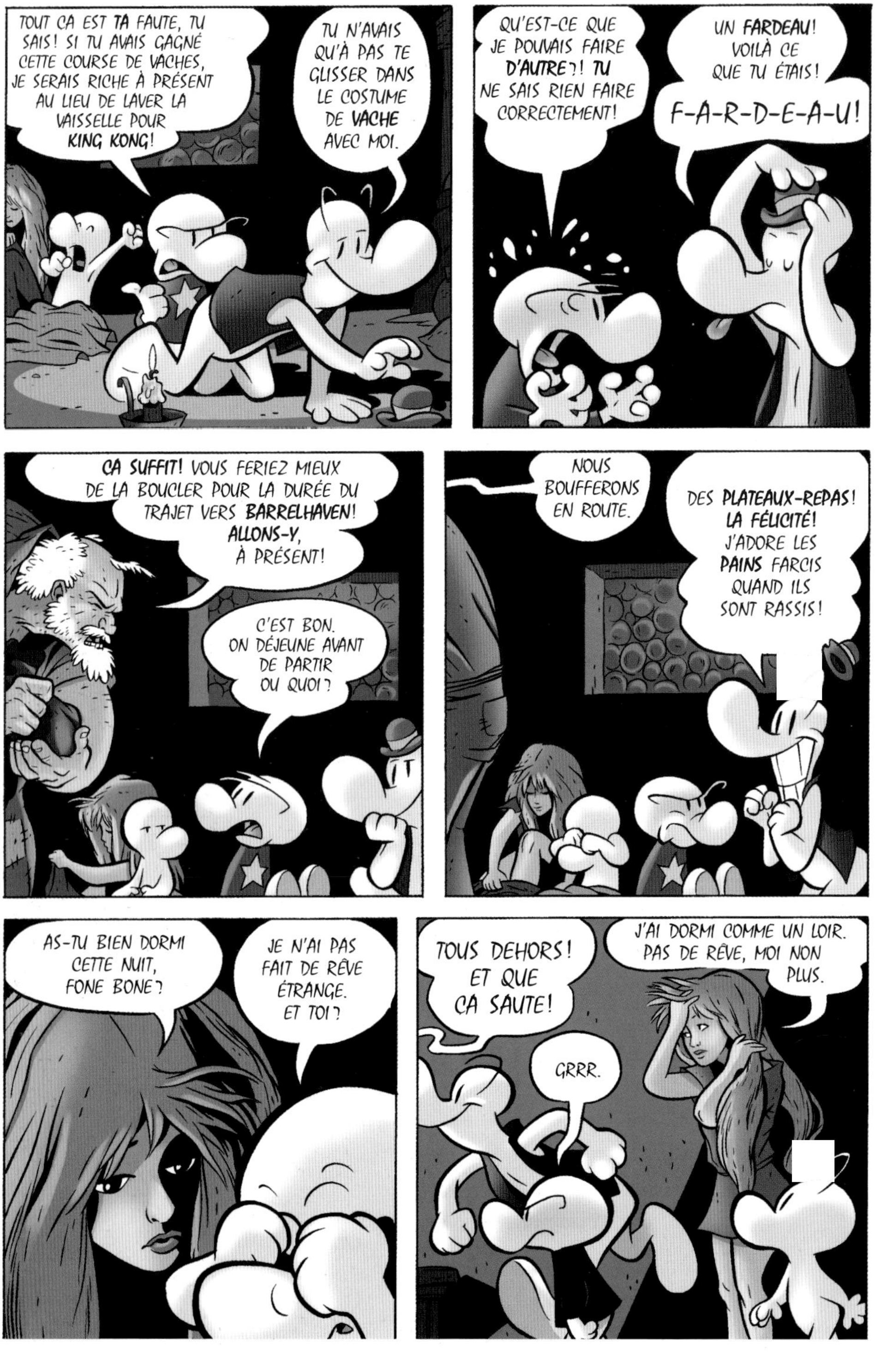
TOUT ÇA EST **TA** FAUTE, TU SAIS! SI TU AVAIS GAGNÉ CETTE COURSE DE VACHES, JE SERAIS RICHE À PRÉSENT AU LIEU DE LAVER LA VAISSELLE POUR **KING KONG**!
TU N'AVAIS QU'À PAS TE GLISSER DANS LE COSTUME DE **VACHE** AVEC MOI.
QU'EST-CE QUE JE POUVAIS FAIRE **D'AUTRE**?! **TU** NE SAIS RIEN FAIRE CORRECTEMENT!
UN **FARDEAU**! VOILÀ CE QUE TU ÉTAIS!
F-A-R-D-E-A-U!
ÇA SUFFIT! VOUS FERIEZ MIEUX DE LA BOUCLER POUR LA DURÉE DU TRAJET VERS **BARRELHAVEN**! **ALLONS-Y**, À PRÉSENT!
C'EST BON. ON DÉJEUNE AVANT DE PARTIR OU QUOI?
NOUS BOUFFERONS EN ROUTE.
DES **PLATEAUX-REPAS**! **LA FÉLICITÉ**! J'ADORE LES **PAINS** FARCIS QUAND ILS SONT RASSIS!
AS-TU BIEN DORMI CETTE NUIT, FONE BONE?
JE N'AI PAS FAIT DE RÊVE ÉTRANGE. ET TOI?
TOUS DEHORS! ET QUE ÇA SAUTE!
J'AI DORMI COMME UN LOIR. PAS DE RÊVE, MOI NON PLUS.
GRRR.

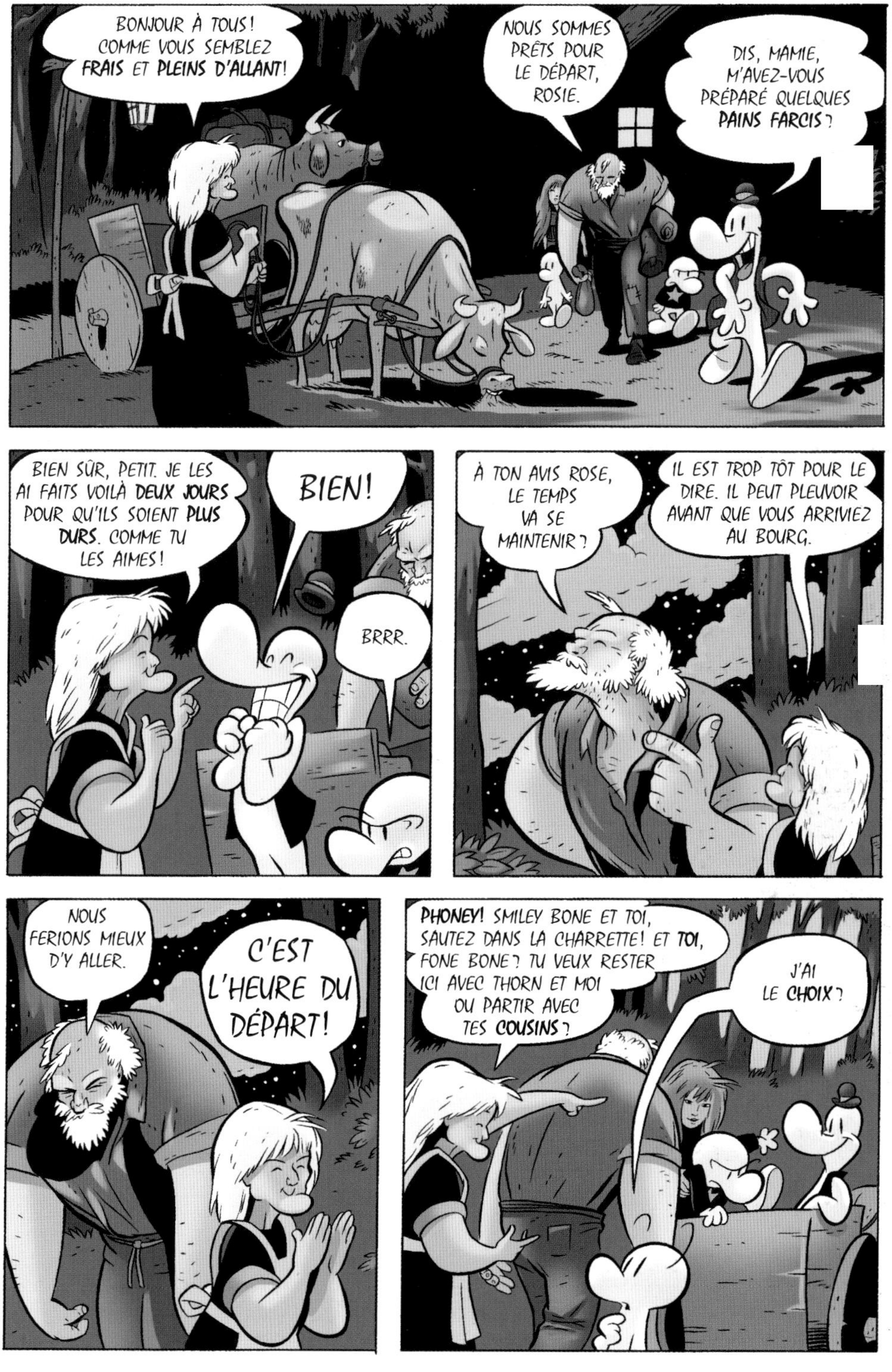
BONJOUR À TOUS! COMME VOUS SEMBLEZ **FRAIS** ET **PLEINS D'ALLANT**!
NOUS SOMMES PRÊTS POUR LE DÉPART, ROSIE.
DIS, MAMIE, M'AVEZ-VOUS PRÉPARÉ QUELQUES **PAINS FARCIS**?
BIEN SÛR, PETIT. JE LES AI FAITS VOILÀ **DEUX JOURS** POUR QU'ILS SOIENT **PLUS DURS**. COMME TU LES AIMES!
BIEN!
BRRR.
À TON AVIS ROSE, LE TEMPS VA SE MAINTENIR?
IL EST TROP TÔT POUR LE DIRE. IL PEUT PLEUVOIR AVANT QUE VOUS ARRIVIEZ AU BOURG.
NOUS FERIONS MIEUX D'Y ALLER.
C'EST L'HEURE DU DÉPART!
PHONEY! SMILEY BONE ET TOI, SAUTEZ DANS LA CHARRETTE! ET **TOI**, FONE BONE? TU VEUX RESTER ICI AVEC THORN ET MOI OU PARTIR AVEC TES **COUSINS**?
J'AI LE **CHOIX**?

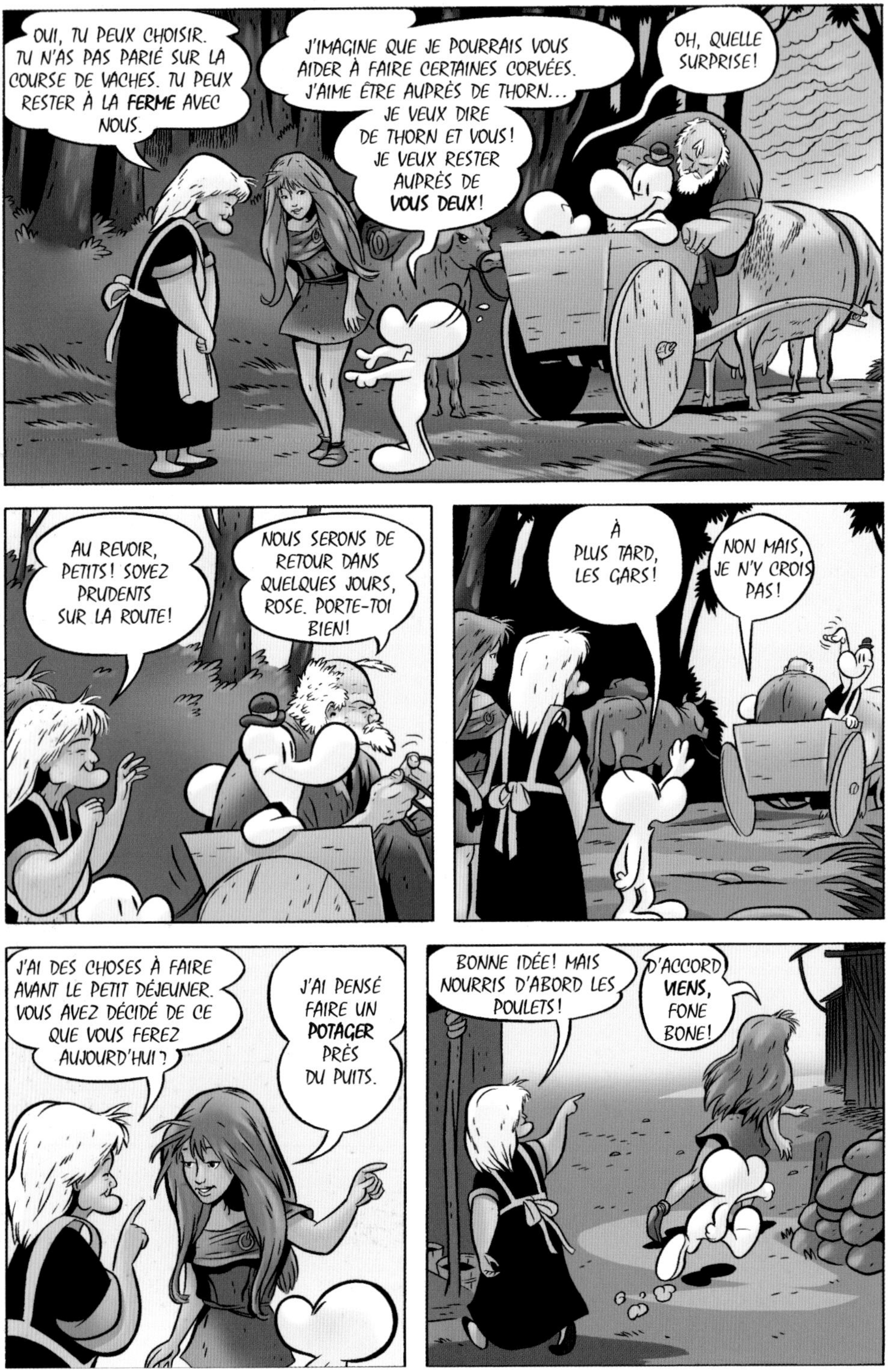
OUI, TU PEUX CHOISIR. TU N'AS PAS PARIÉ SUR LA COURSE DE VACHES. TU PEUX RESTER À LA **FERME** AVEC NOUS.
J'IMAGINE QUE JE POURRAIS VOUS AIDER À FAIRE CERTAINES CORVÉES. J'AIME ÊTRE AUPRÈS DE THORN...
JE VEUX DIRE DE THORN ET VOUS! JE VEUX RESTER AUPRÈS DE **VOUS DEUX**!
OH, QUELLE SURPRISE!
AU REVOIR, PETITS! SOYEZ PRUDENTS SUR LA ROUTE!
NOUS SERONS DE RETOUR DANS QUELQUES JOURS, ROSE. PORTE-TOI BIEN!
À PLUS TARD, LES GARS!
NON MAIS, JE N'Y CROIS PAS!
J'AI DES CHOSES À FAIRE AVANT LE PETIT DÉJEUNER. VOUS AVEZ DÉCIDÉ DE CE QUE VOUS FEREZ AUJOURD'HUI?
J'AI PENSÉ FAIRE UN **POTAGER** PRÈS DU PUITS.
BONNE IDÉE! MAIS NOURRIS D'ABORD LES POULETS!
D'ACCORD. **VIENS,** FONE BONE!

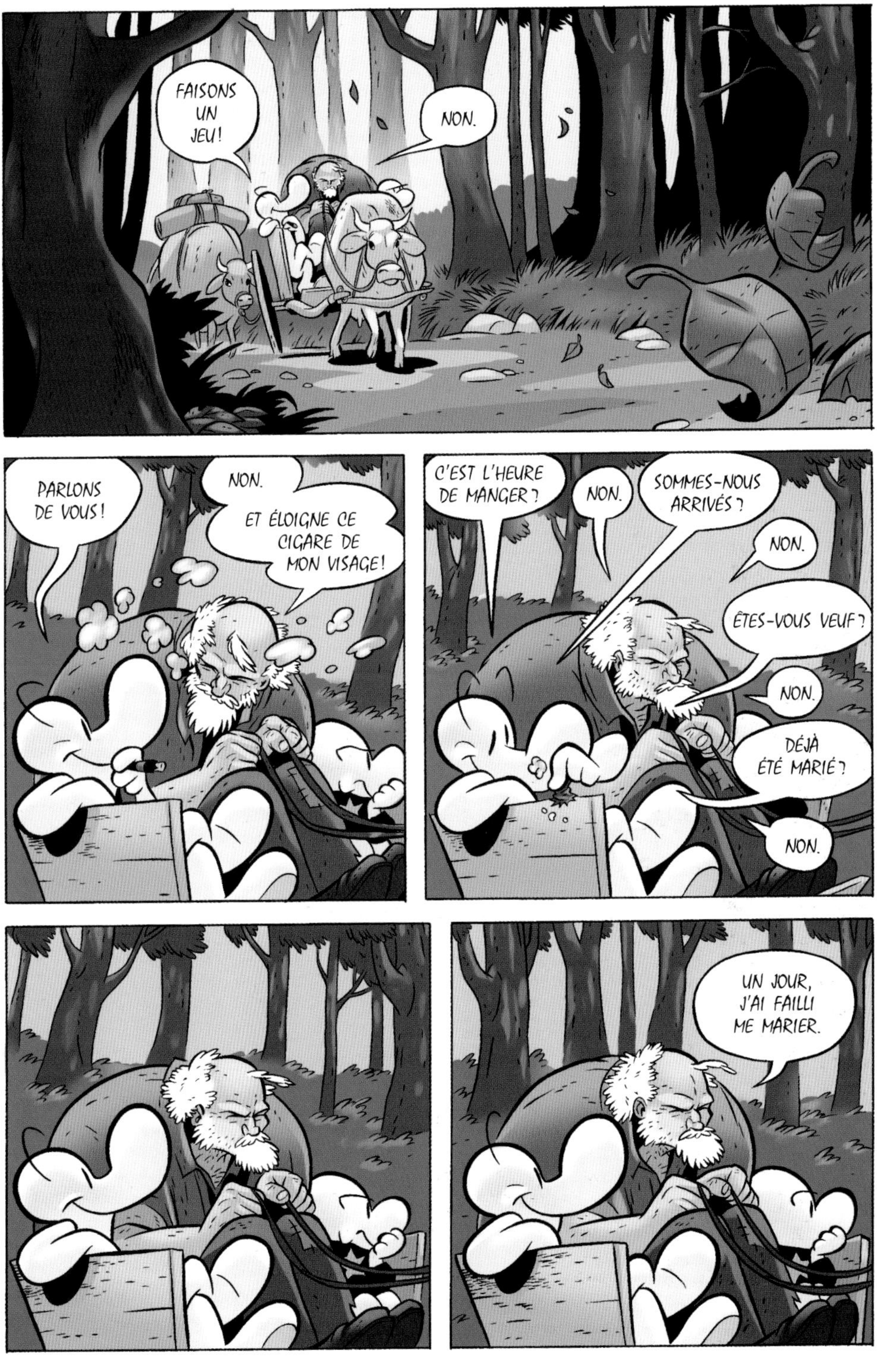
FAISONS UN JEU!
NON.
PARLONS DE VOUS!
NON.
ET ÉLOIGNE CE CIGARE DE MON VISAGE!
C'EST L'HEURE DE MANGER?
NON.
SOMMES-NOUS ARRIVÉS?
NON.
ÊTES-VOUS VEUF?
NON.
DÉJÀ ÉTÉ MARIÉ?
NON.
UN JOUR, J'AI FAILLI ME MARIER.

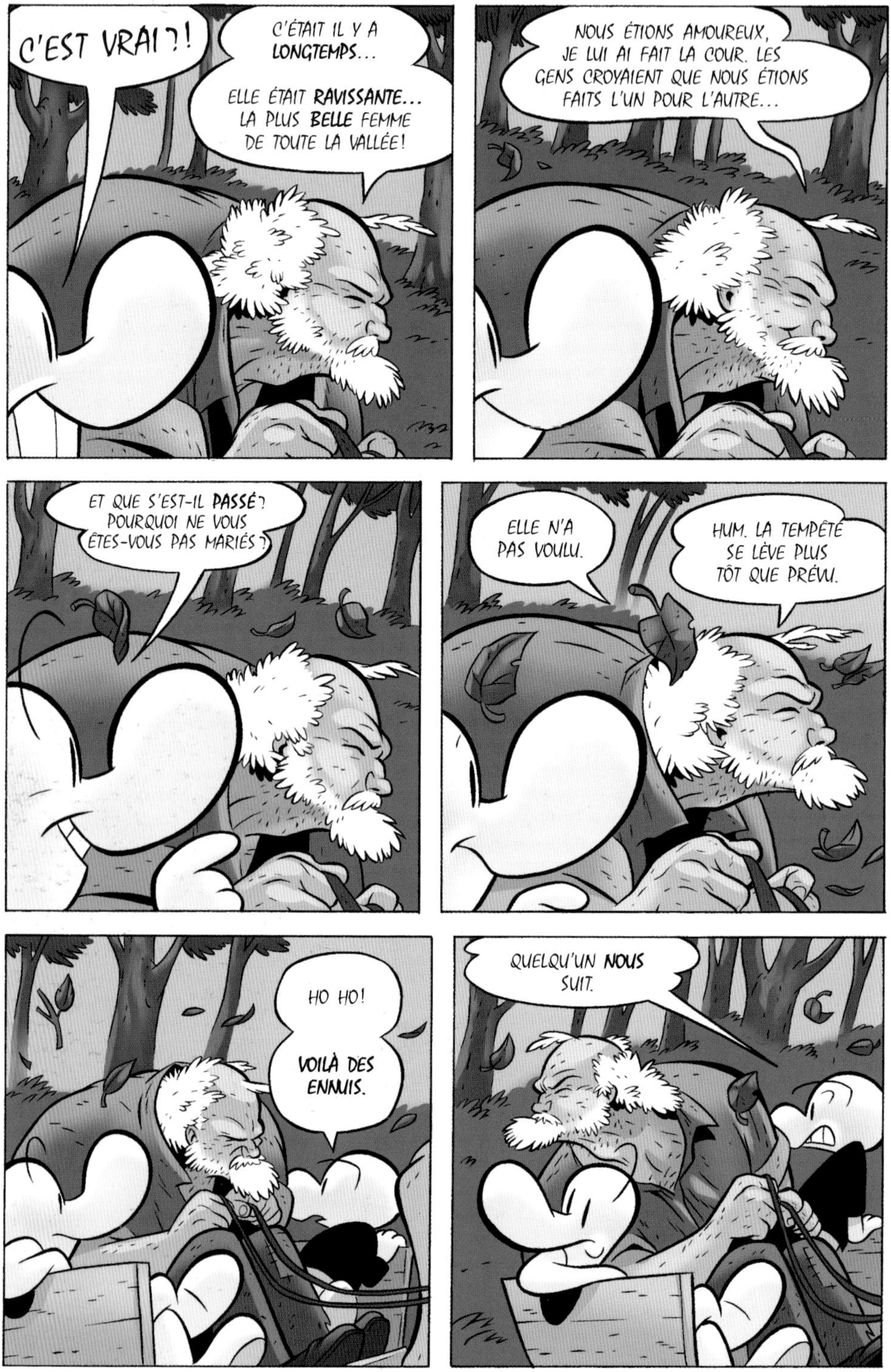
C'EST VRAI?!
C'ÉTAIT IL Y A **LONGTEMPS**...
ELLE ÉTAIT **RAVISSANTE**... LA PLUS **BELLE** FEMME DE TOUTE LA VALLÉE!
NOUS ÉTIONS AMOUREUX, JE LUI AI FAIT LA COUR. LES GENS CROYAIENT QUE NOUS ÉTIONS FAITS L'UN POUR L'AUTRE...
ET QUE S'EST-IL **PASSÉ**? POURQUOI NE VOUS ÊTES-VOUS PAS MARIÉS?
ELLE N'A PAS VOULU.
HUM. LA TEMPÊTE SE LÈVE PLUS TÔT QUE PRÉVU.
HO HO!
VOILÀ DES ENNUIS.
QUELQU'UN **NOUS** SUIT.

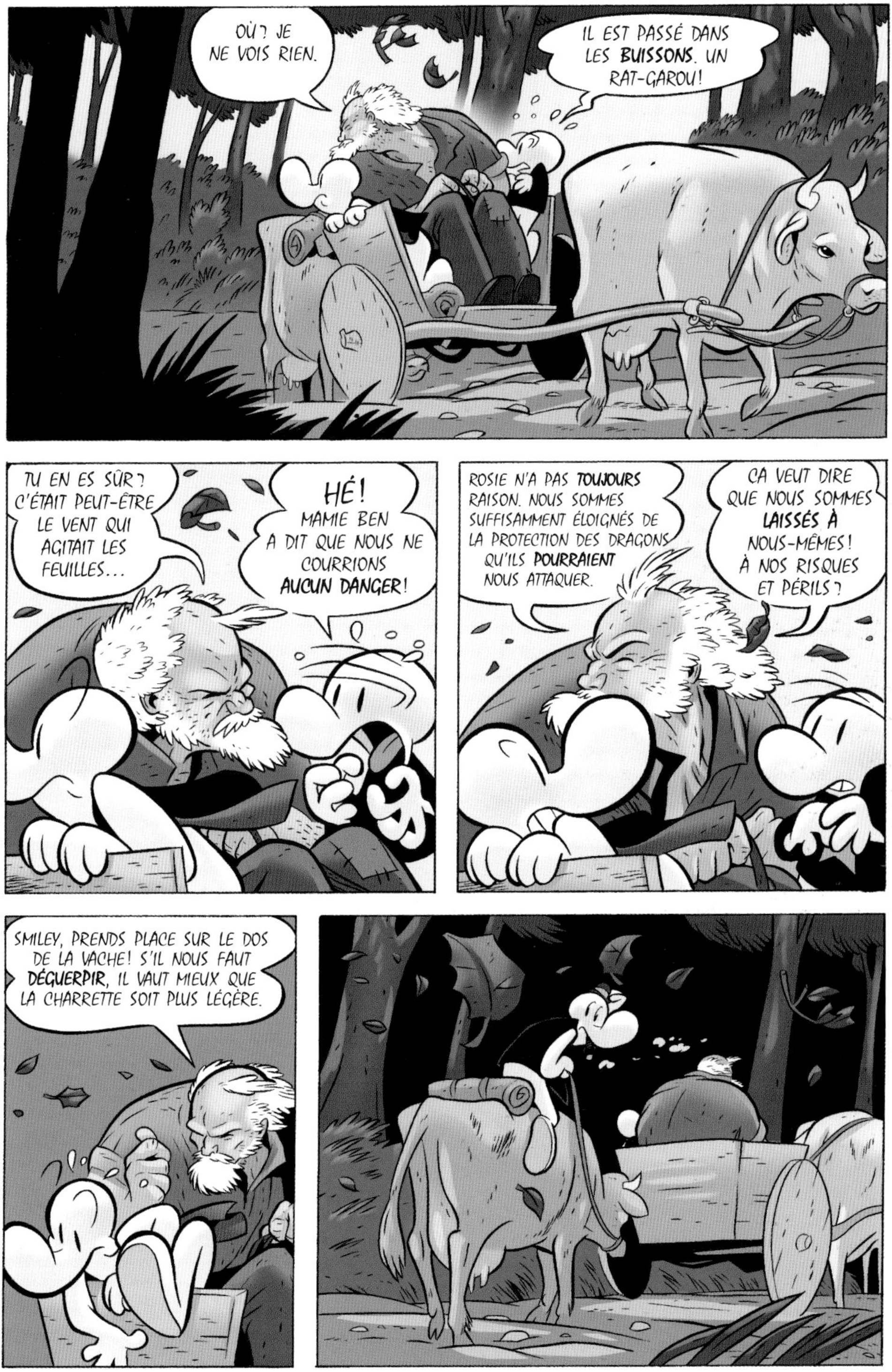
OÙ? JE NE VOIS RIEN.
IL EST PASSÉ DANS LES BUISSONS. UN RAT-GAROU!
TU EN ES SÛR? C'ÉTAIT PEUT-ÊTRE LE VENT QUI AGITAIT LES FEUILLES...
HÉ! MAMIE BEN A DIT QUE NOUS NE COURRIONS AUCUN DANGER!
ROSIE N'A PAS TOUJOURS RAISON. NOUS SOMMES SUFFISAMMENT ÉLOIGNÉS DE LA PROTECTION DES DRAGONS QU'ILS POURRAIENT NOUS ATTAQUER.
ÇA VEUT DIRE QUE NOUS SOMMES LAISSÉS À NOUS-MÊMES! À NOS RISQUES ET PÉRILS?
SMILEY, PRENDS PLACE SUR LE DOS DE LA VACHE! S'IL NOUS FAUT DÉGUERPIR, IL VAUT MIEUX QUE LA CHARRETTE SOIT PLUS LÉGÈRE.

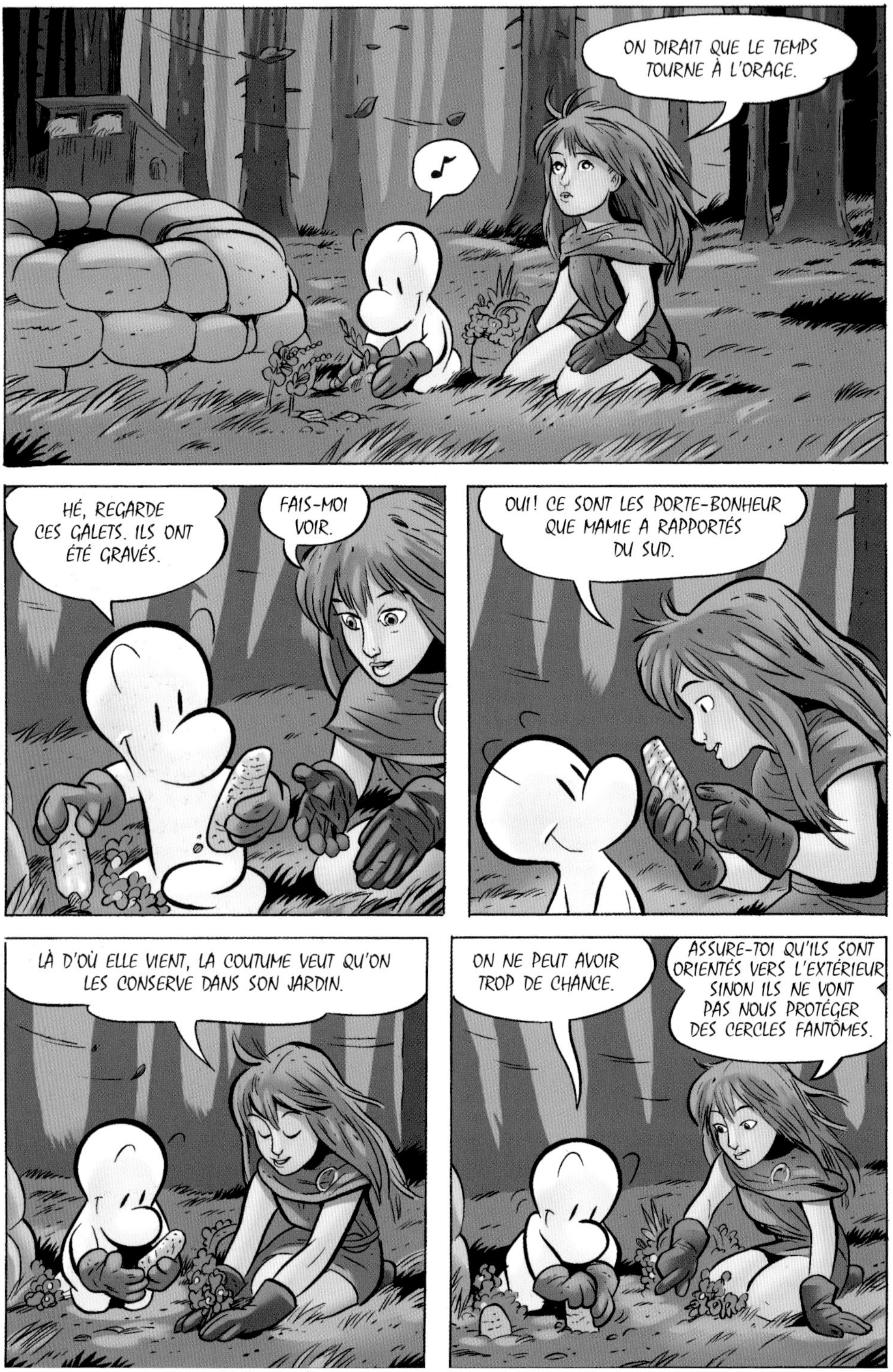
ON DIRAIT QUE LE TEMPS TOURNE À L'ORAGE.
♪
HÉ, REGARDE CES GALETS. ILS ONT ÉTÉ GRAVÉS.
FAIS-MOI VOIR.
OUI! CE SONT LES PORTE-BONHEUR QUE MAMIE A RAPPORTÉS DU SUD.
LÀ D'OÙ ELLE VIENT, LA COUTUME VEUT QU'ON LES CONSERVE DANS SON JARDIN.
ON NE PEUT AVOIR TROP DE CHANCE.
ASSURE-TOI QU'ILS SONT ORIENTÉS VERS L'EXTÉRIEUR SINON ILS NE VONT PAS NOUS PROTÉGER DES CERCLES FANTÔMES.

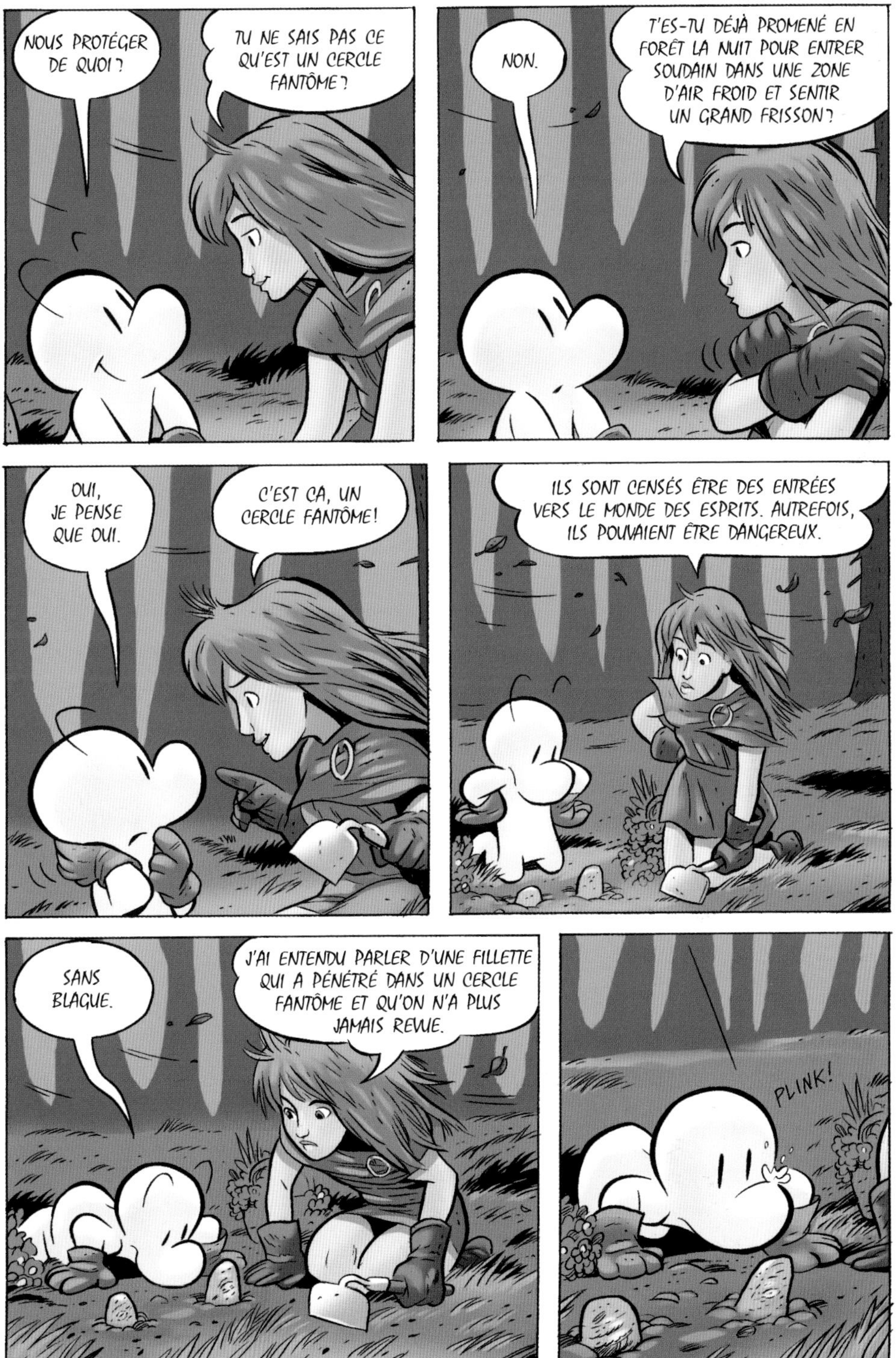
NOUS PROTÉGER DE QUOI ?
TU NE SAIS PAS CE QU'EST UN CERCLE FANTÔME ?
NON.
T'ES-TU DÉJÀ PROMENÉ EN FORÊT LA NUIT POUR ENTRER SOUDAIN DANS UNE ZONE D'AIR FROID ET SENTIR UN GRAND FRISSON ?
OUI, JE PENSE QUE OUI.
C'EST ÇA, UN CERCLE FANTÔME!
ILS SONT CENSÉS ÊTRE DES ENTRÉES VERS LE MONDE DES ESPRITS. AUTREFOIS, ILS POUVAIENT ÊTRE DANGEREUX.
SANS BLAGUE.
J'AI ENTENDU PARLER D'UNE FILLETTE QUI A PÉNÉTRÉ DANS UN CERCLE FANTÔME ET QU'ON N'A PLUS JAMAIS REVUE.
PLINK!

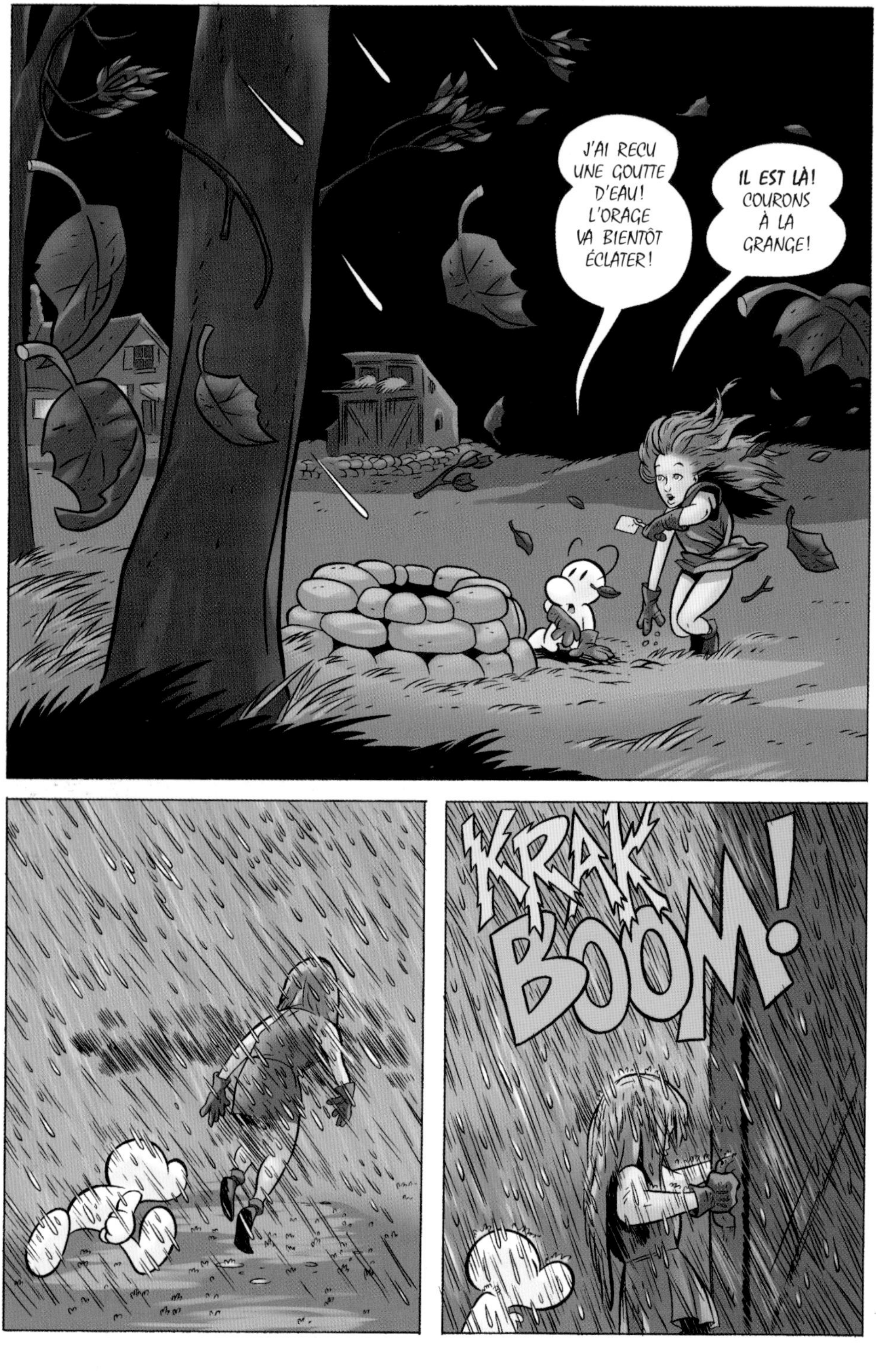
J'AI REÇU UNE GOUTTE D'EAU! L'ORAGE VA BIENTÔT ÉCLATER!
IL EST LÀ! COURONS À LA GRANGE!
KRAK BOOM!

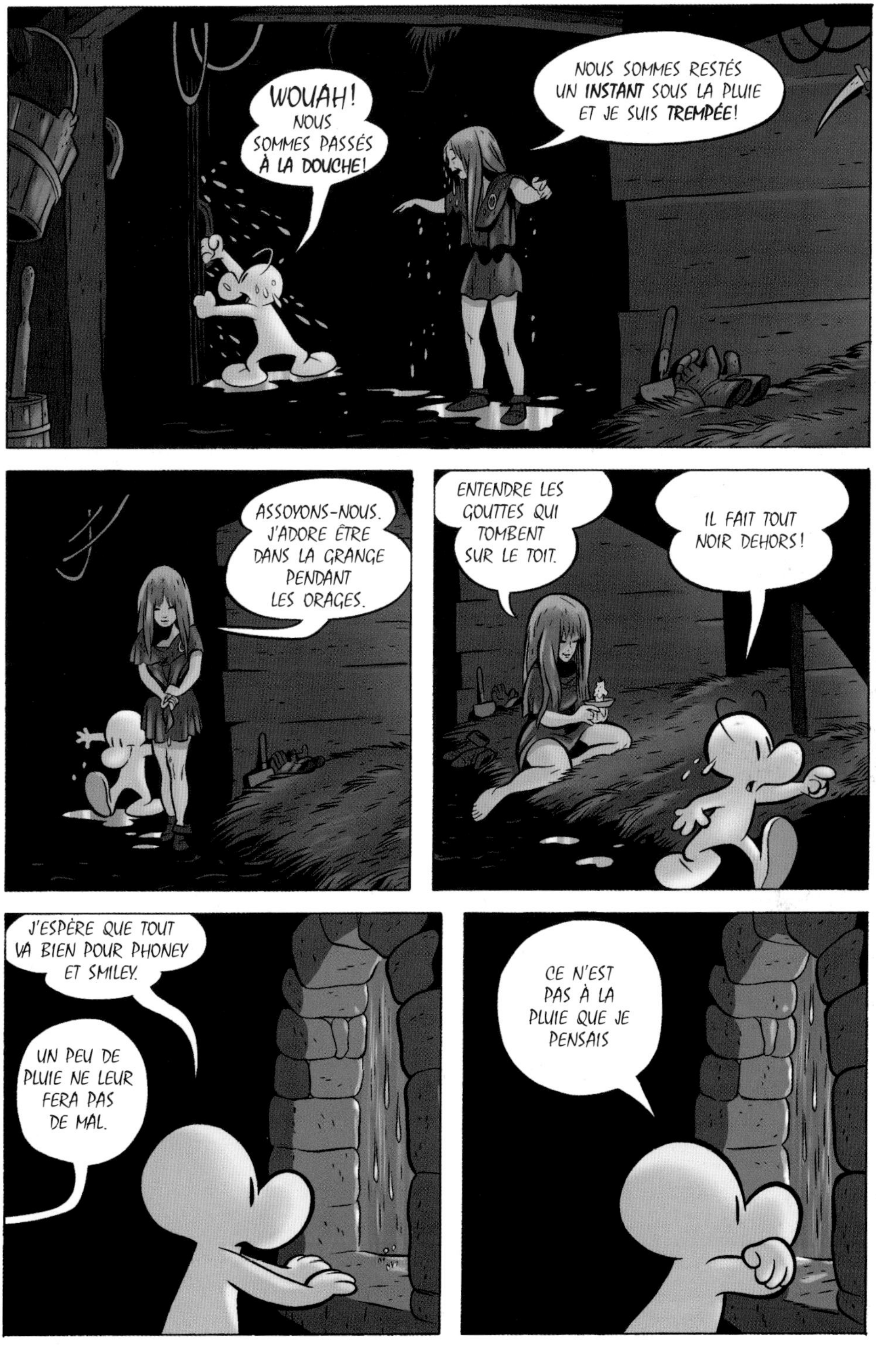
WOUAH! NOUS SOMMES PASSÉS À LA DOUCHE!
NOUS SOMMES RESTÉS UN INSTANT SOUS LA PLUIE ET JE SUIS TREMPÉE!
ASSOYONS-NOUS. J'ADORE ÊTRE DANS LA GRANGE PENDANT LES ORAGES.
ENTENDRE LES GOUTTES QUI TOMBENT SUR LE TOIT.
IL FAIT TOUT NOIR DEHORS!
J'ESPÈRE QUE TOUT VA BIEN POUR PHONEY ET SMILEY.
UN PEU DE PLUIE NE LEUR FERA PAS DE MAL.
CE N'EST PAS À LA PLUIE QUE JE PENSAIS

JE SUIS SÛRE QUE TOUT VA BIEN. LUCIUS EST LÀ POUR LES PROTÉGER...

... SINON, LE DRAGON S'EN CHARGERA.

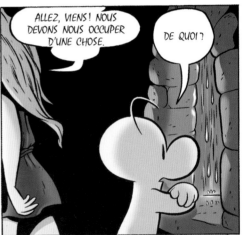

ALLEZ, VIENS! NOUS DEVONS NOUS OCCUPER D'UNE CHOSE.

DE QUOI?

LE MOMENT EST VENU DE PARLER DE CES **RÊVES**...

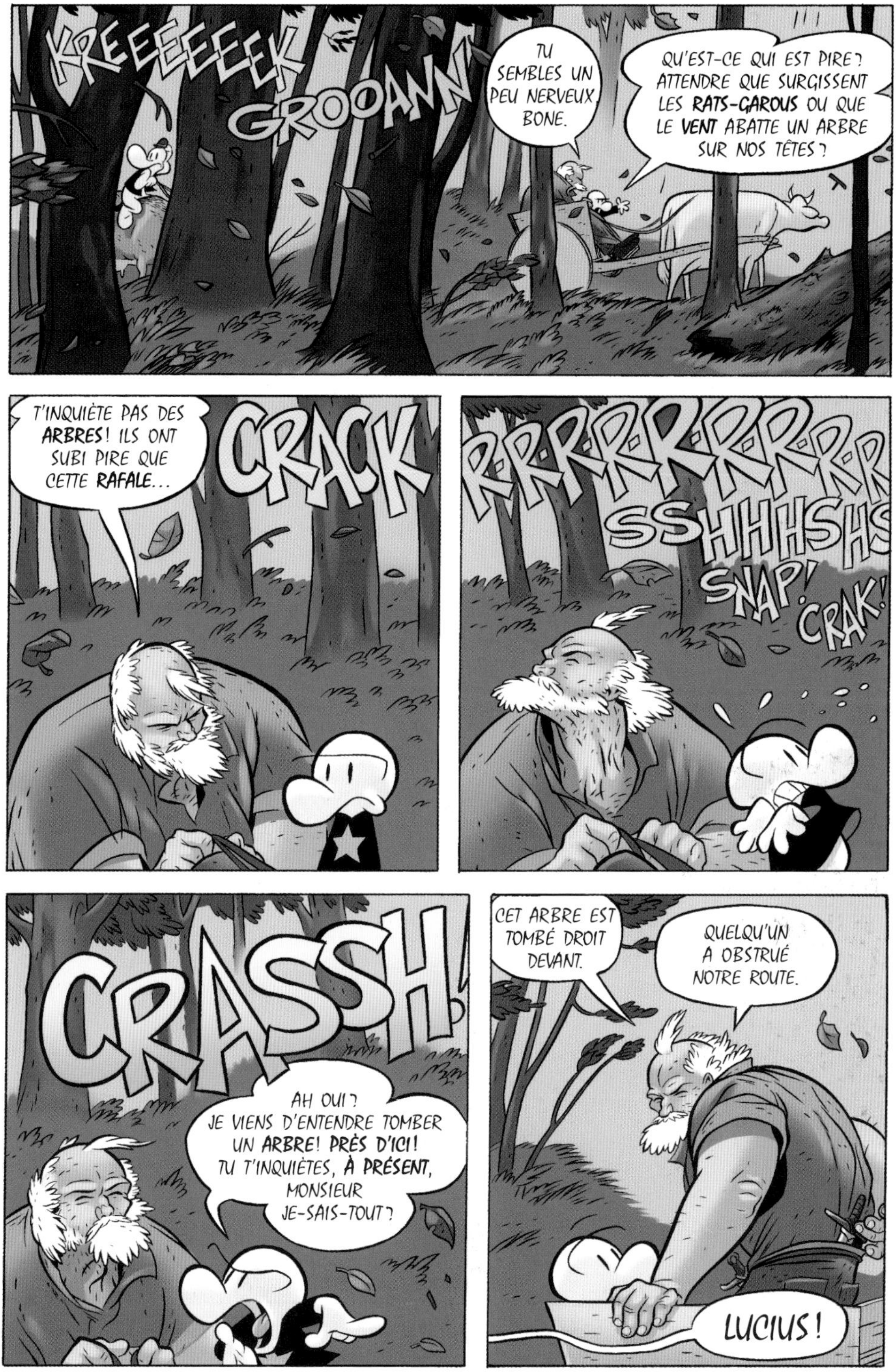
KREEEEEEK
GROOANN
TU SEMBLES UN PEU NERVEUX, BONE.
QU'EST-CE QUI EST PIRE ? ATTENDRE QUE SURGISSENT LES **RATS-GAROUS** OU QUE LE **VENT** ABATTE UN ARBRE SUR NOS TÊTES ?
T'INQUIÈTE PAS DES **ARBRES** ! ILS ONT SUBI PIRE QUE CETTE **RAFALE**...
CRACK
R-R-R-R-R-R-R-R-R-R
SSHHHSHS
SNAP!
CRAK!
CRASSH!
AH OUI ? JE VIENS D'ENTENDRE TOMBER UN **ARBRE** ! **PRÈS D'ICI** ! TU T'INQUIÈTES, **À PRÉSENT**, MONSIEUR JE-SAIS-TOUT ?
CET ARBRE EST TOMBÉ DROIT DEVANT.
QUELQU'UN A OBSTRUÉ NOTRE ROUTE.
LUCIUS !

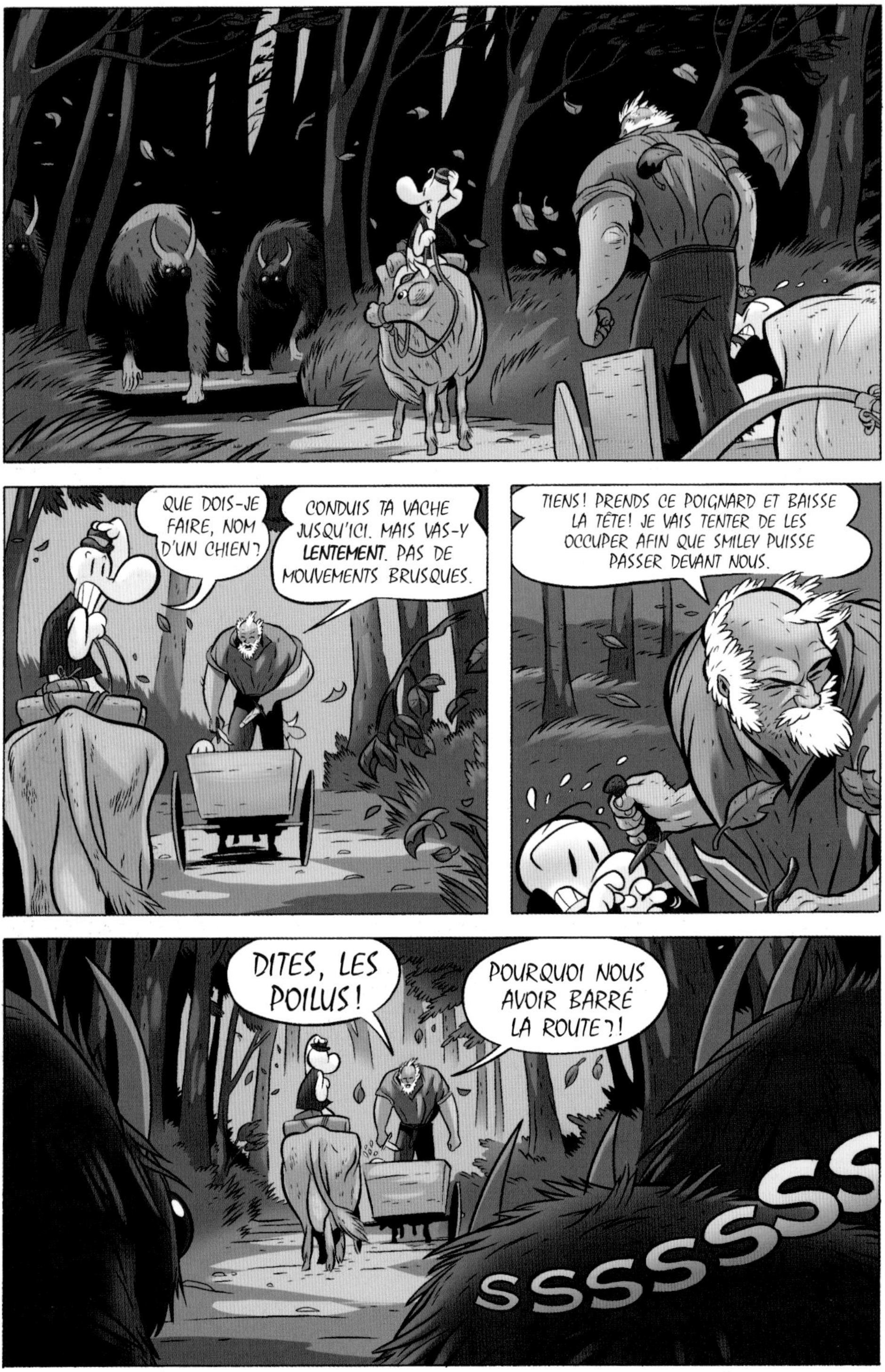
QUE DOIS-JE FAIRE, NOM D'UN CHIEN?
CONDUIS TA VACHE JUSQU'ICI. MAIS VAS-Y **LENTEMENT**. PAS DE MOUVEMENTS BRUSQUES.
TIENS! PRENDS CE POIGNARD ET BAISSE LA TÊTE! JE VAIS TENTER DE LES OCCUPER AFIN QUE SMILEY PUISSE PASSER DEVANT NOUS.
DITES, LES POILUS!
POURQUOI NOUS AVOIR BARRÉ LA ROUTE?!
SSSSSSSSS

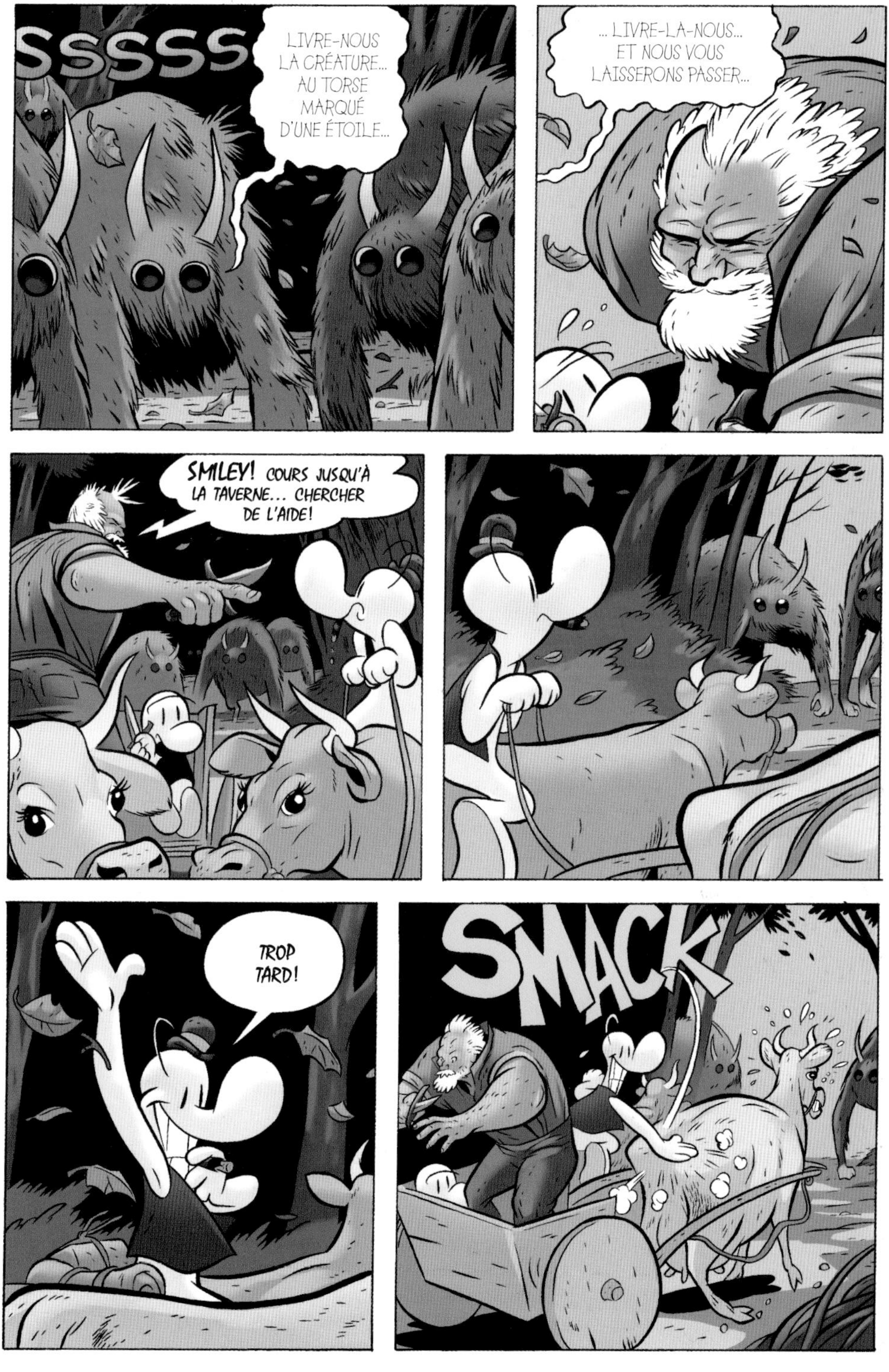
SSSSS
LIVRE-NOUS LA CRÉATURE... AU TORSE MARQUÉ D'UNE ÉTOILE...
... LIVRE-LA-NOUS... ET NOUS VOUS LAISSERONS PASSER...
SMILEY! COURS JUSQU'À LA TAVERNE... CHERCHER DE L'AIDE!
TROP TARD!
SMACK

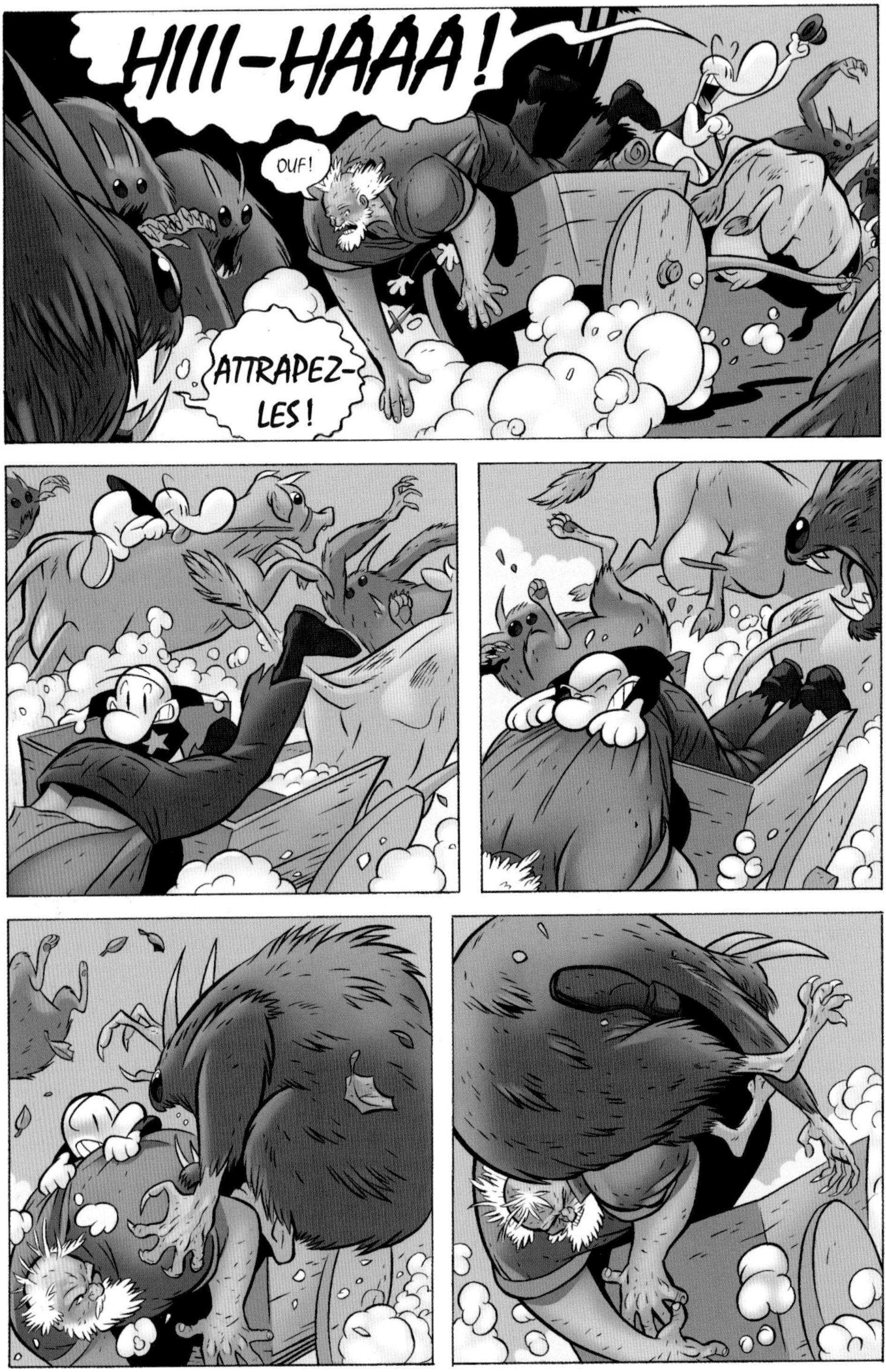
HIII-HAAAA!
OUF!
ATTRAPEZ-LES!

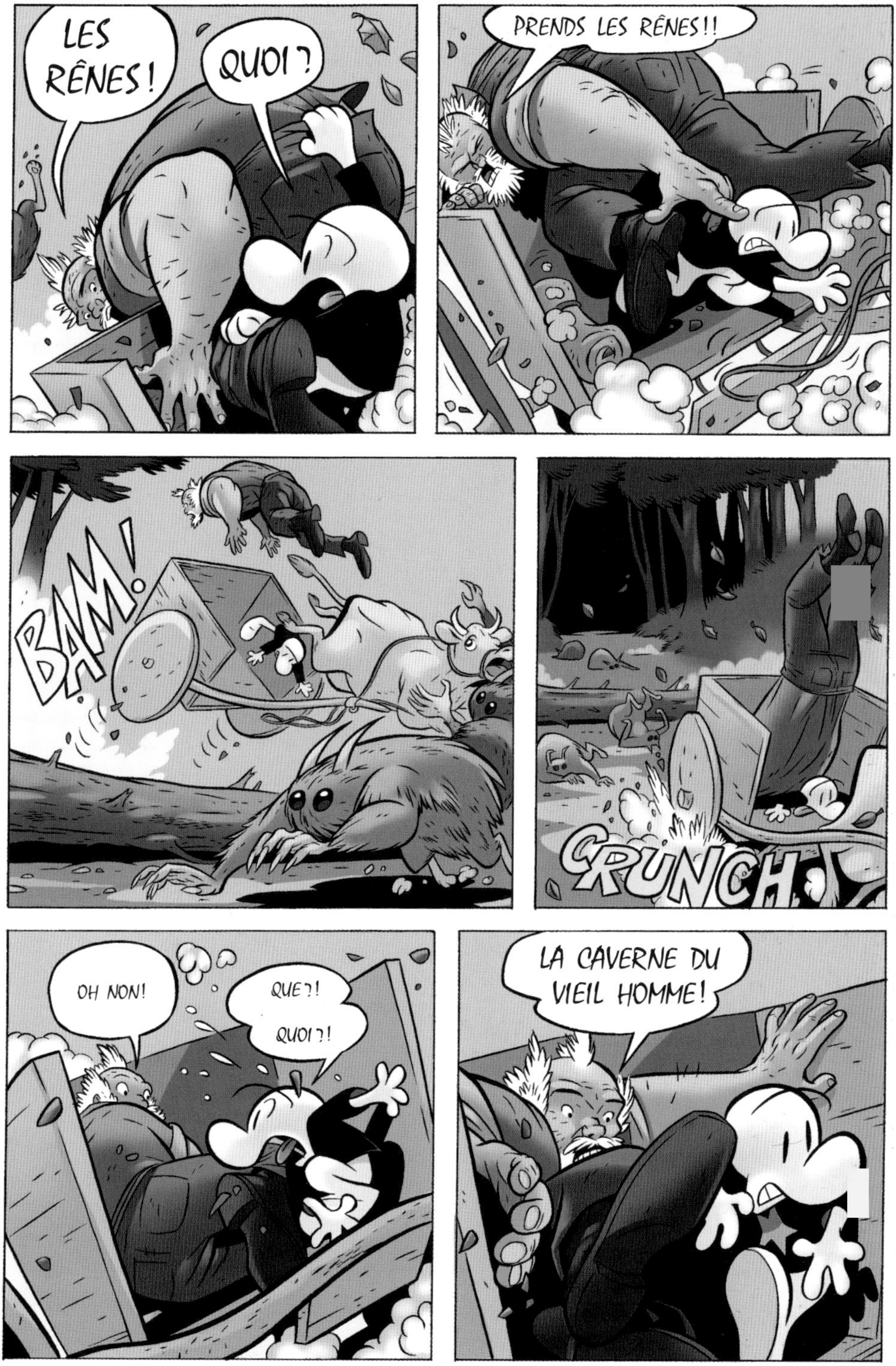
LES RÊNES!
QUOI?
PRENDS LES RÊNES!!
BAM!
CRUNCH
OH NON!
QUE?!
QUOI?!
LA CAVERNE DU VIEIL HOMME!

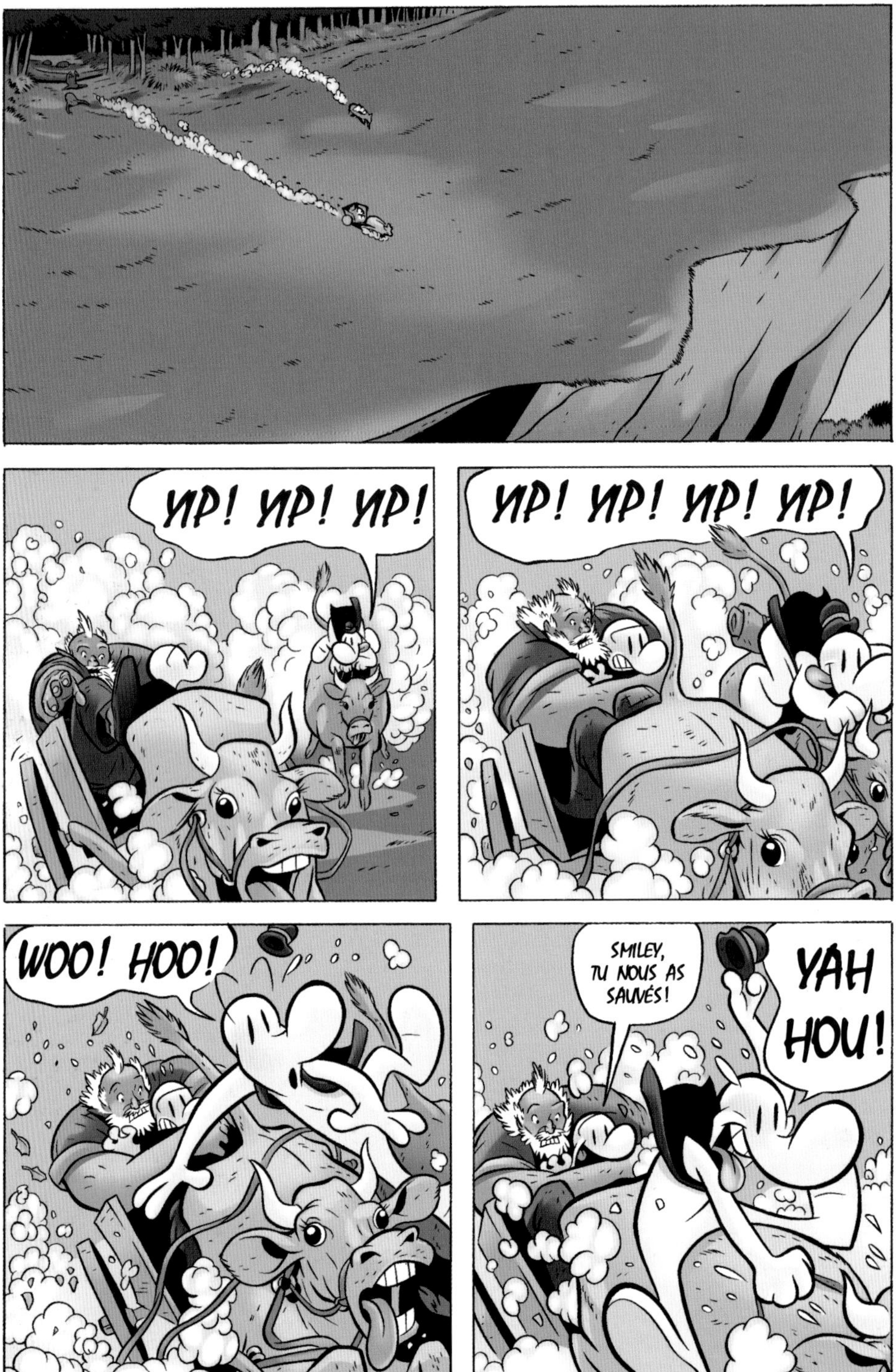
YIP! YIP! YIP!
YIP! YIP! YIP! YIP!
WOO! HOO!
SMILEY, TU NOUS AS SAUVÉS!
YAH HOU!

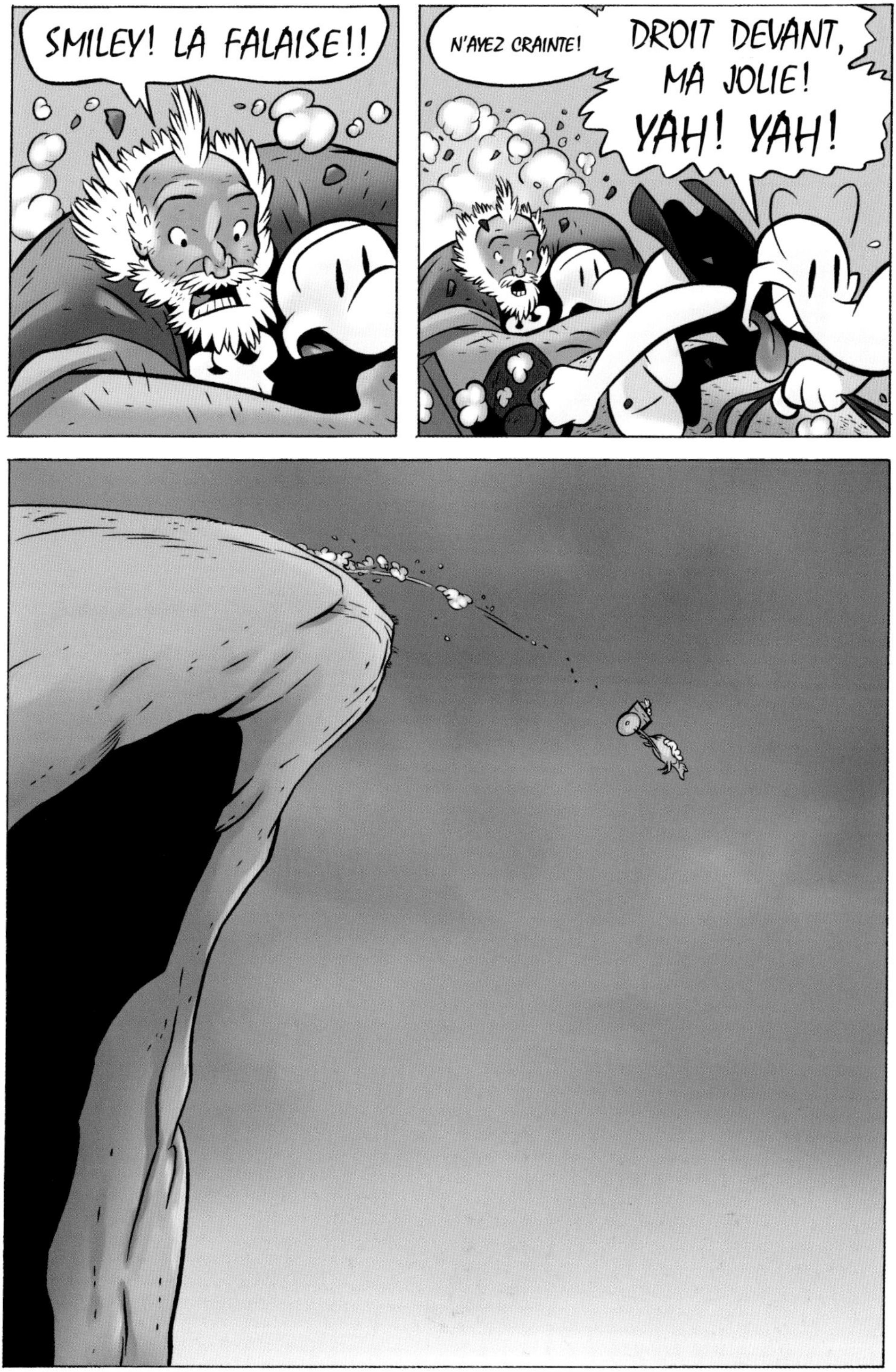
SMILEY! LA FALAISE!!
N'AYEZ CRAINTE!
DROIT DEVANT, MA JOLIE! YAH! YAH!

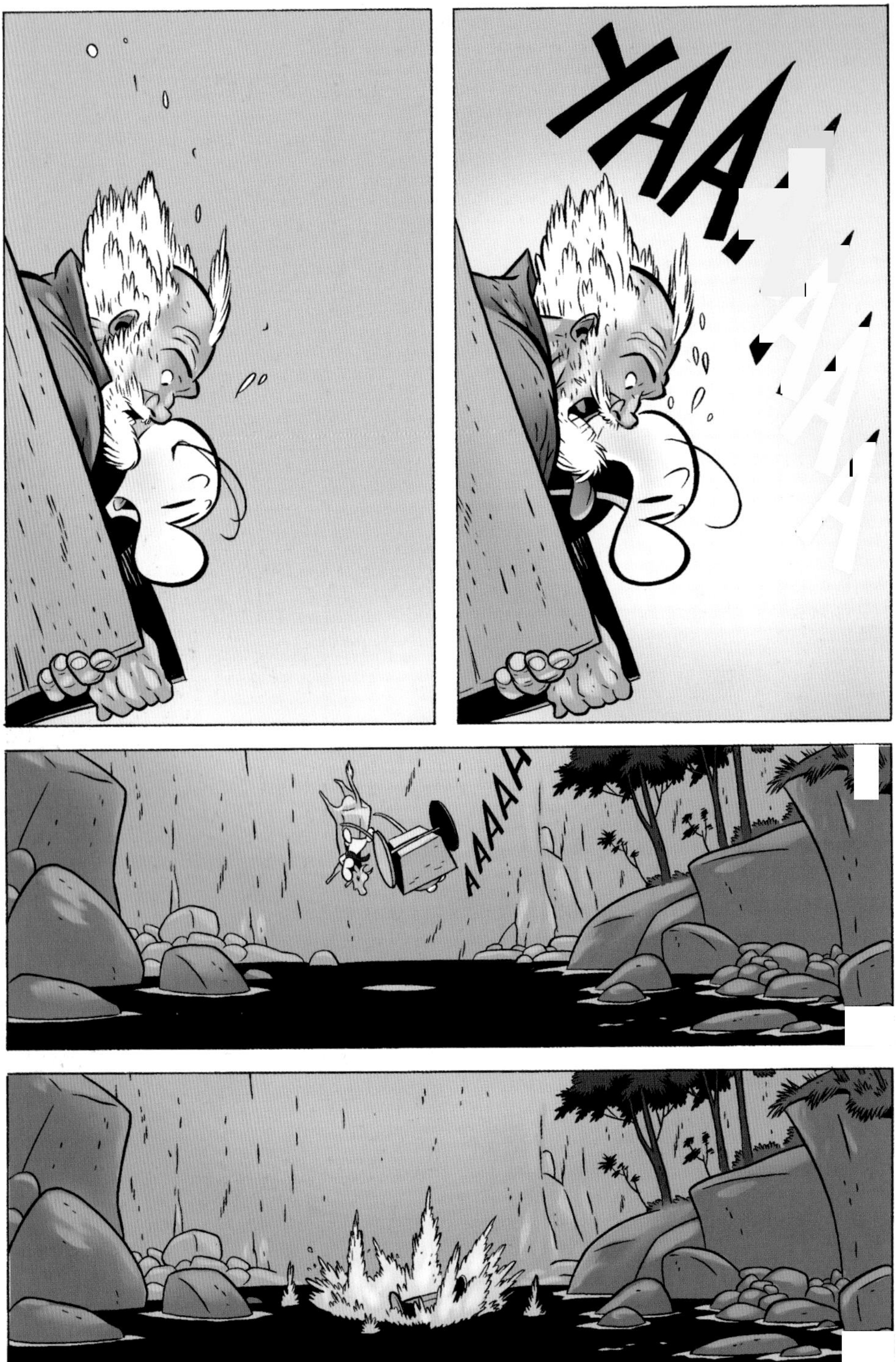
YAA
AAAAA

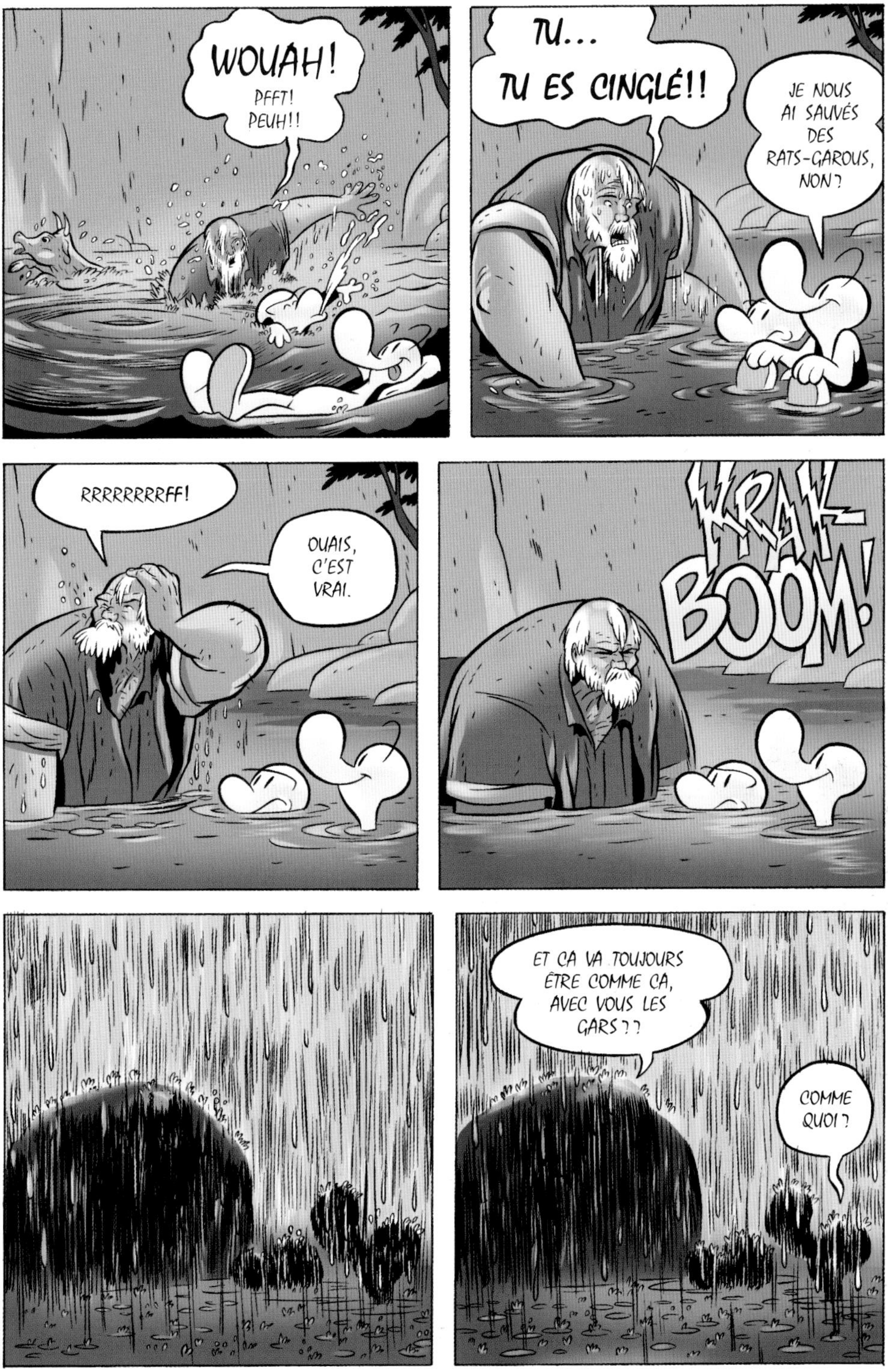
WOUAH!
PFFT! PEUH!!
TU...
TU ES CINGLÉ!!
JE NOUS AI SAUVÉS DES RATS-GAROUS, NON?
RRRRRRRRFF!
OUAIS, C'EST VRAI.
KRAK-BOOM!
ET ÇA VA TOUJOURS ÊTRE COMME ÇA, AVEC VOUS LES GARS??
COMME QUOI?

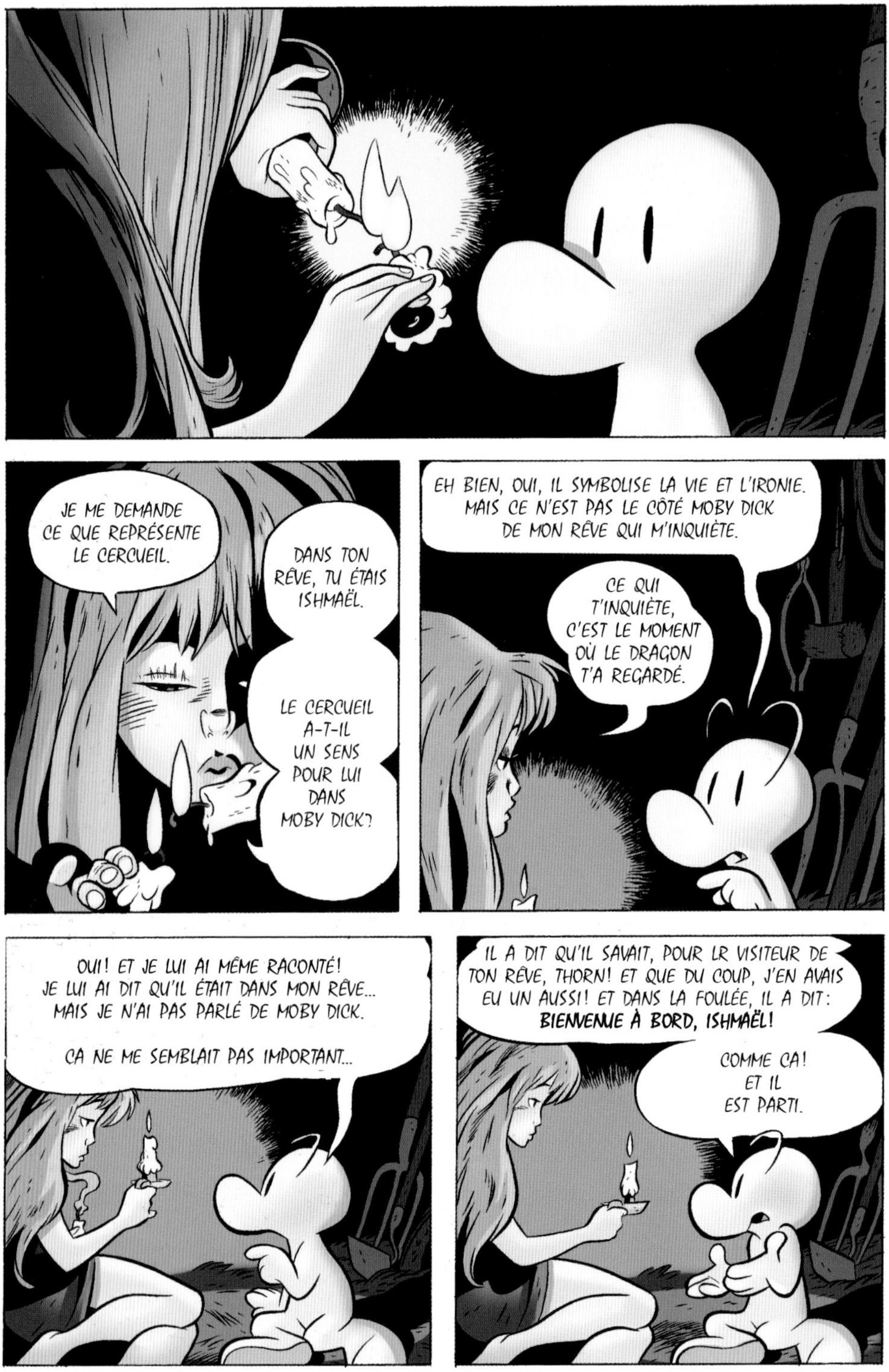
JE ME DEMANDE CE QUE REPRÉSENTE LE CERCUEIL.
DANS TON RÊVE, TU ÉTAIS ISHMAËL.
LE CERCUEIL A-T-IL UN SENS POUR LUI DANS MOBY DICK?
EH BIEN, OUI, IL SYMBOLISE LA VIE ET L'IRONIE. MAIS CE N'EST PAS LE CÔTÉ MOBY DICK DE MON RÊVE QUI M'INQUIÈTE.
CE QUI T'INQUIÈTE, C'EST LE MOMENT OÙ LE DRAGON T'A REGARDÉ.
OUI! ET JE LUI AI MÊME RACONTÉ! JE LUI AI DIT QU'IL ÉTAIT DANS MON RÊVE... MAIS JE N'AI PAS PARLÉ DE MOBY DICK.
CA NE ME SEMBLAIT PAS IMPORTANT...
IL A DIT QU'IL SAVAIT, POUR LR VISITEUR DE TON RÊVE, THORN! ET QUE DU COUP, J'EN AVAIS EU UN AUSSI! ET DANS LA FOULÉE, IL A DIT: BIENVENUE À BORD, ISHMAËL!
COMME CA! ET IL EST PARTI.

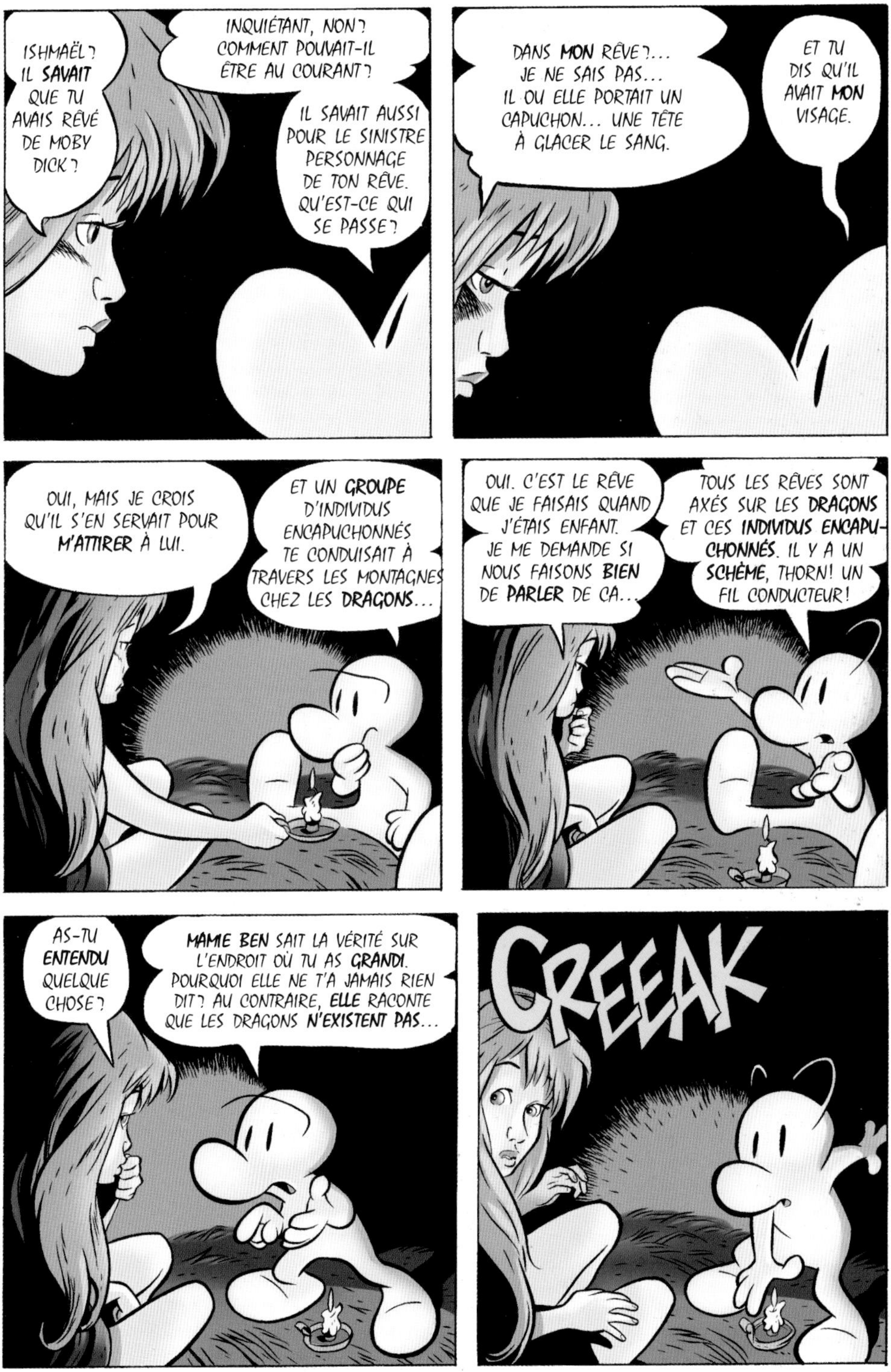
ISHMAËL? IL **SAVAIT** QUE TU AVAIS RÊVÉ DE MOBY DICK?
INQUIÉTANT, NON? COMMENT POUVAIT-IL ÊTRE AU COURANT?
IL SAVAIT AUSSI POUR LE SINISTRE PERSONNAGE DE TON RÊVE. QU'EST-CE QUI SE PASSE?
DANS **MON** RÊVE?... JE NE SAIS PAS... IL OU ELLE PORTAIT UN CAPUCHON... UNE TÊTE À GLACER LE SANG.
ET TU DIS QU'IL AVAIT **MON** VISAGE.
OUI, MAIS JE CROIS QU'IL S'EN SERVAIT POUR **M'ATTIRER** À LUI.
ET UN **GROUPE** D'INDIVIDUS ENCAPUCHONNÉS TE CONDUISAIT À TRAVERS LES MONTAGNES CHEZ LES **DRAGONS**...
OUI. C'EST LE RÊVE QUE JE FAISAIS QUAND J'ÉTAIS ENFANT. JE ME DEMANDE SI NOUS FAISONS **BIEN** DE **PARLER** DE CA...
TOUS LES RÊVES SONT AXÉS SUR LES **DRAGONS** ET CES **INDIVIDUS ENCAPUCHONNÉS**. IL Y A UN **SCHÈME**, THORN! UN FIL CONDUCTEUR!
AS-TU **ENTENDU** QUELQUE CHOSE?
MAMIE BEN SAIT LA VÉRITÉ SUR L'ENDROIT OÙ TU AS **GRANDI**. POURQUOI ELLE NE T'A JAMAIS RIEN DIT? AU CONTRAIRE, **ELLE** RACONTE QUE LES DRAGONS **N'EXISTENT PAS**...
CREEAK

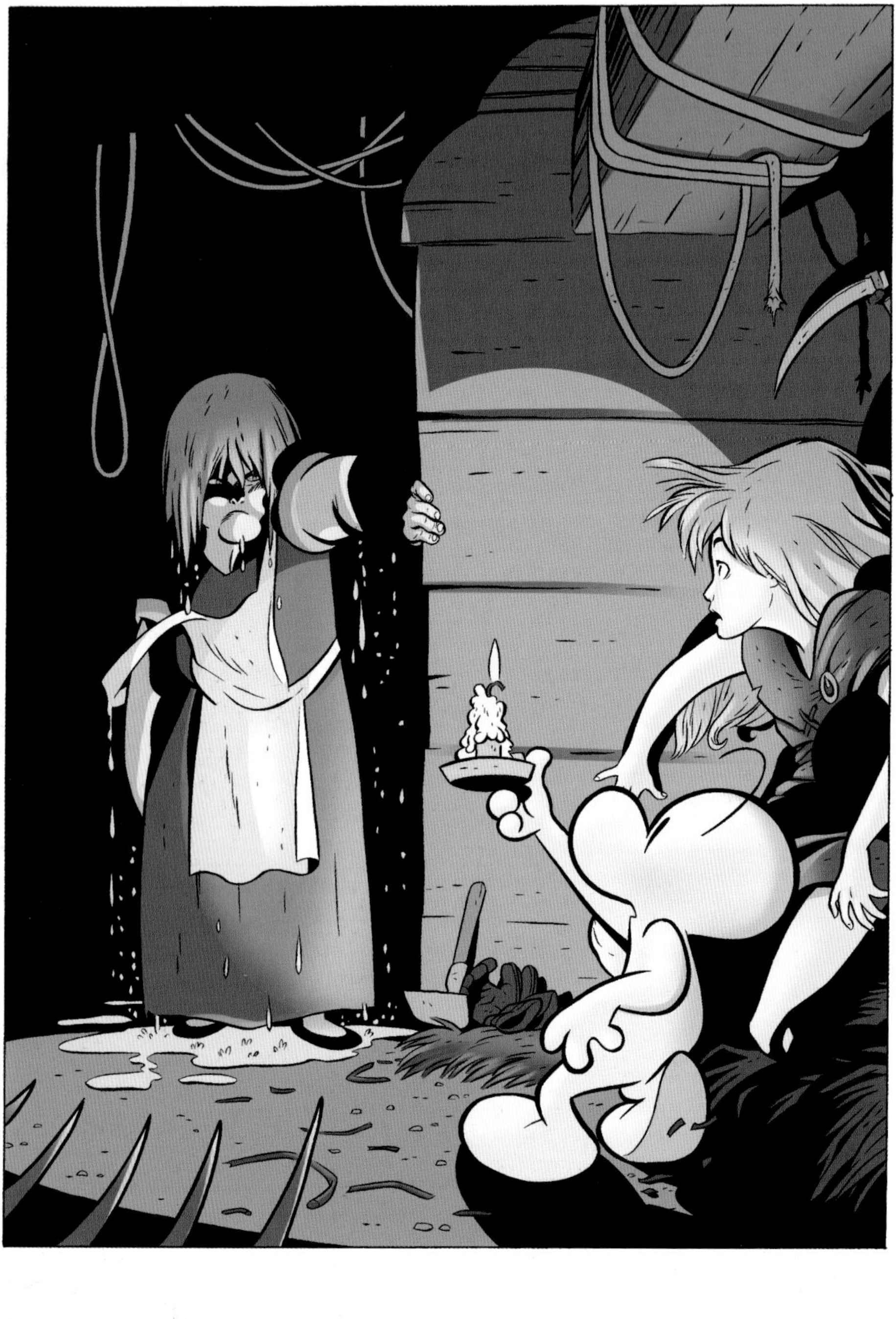

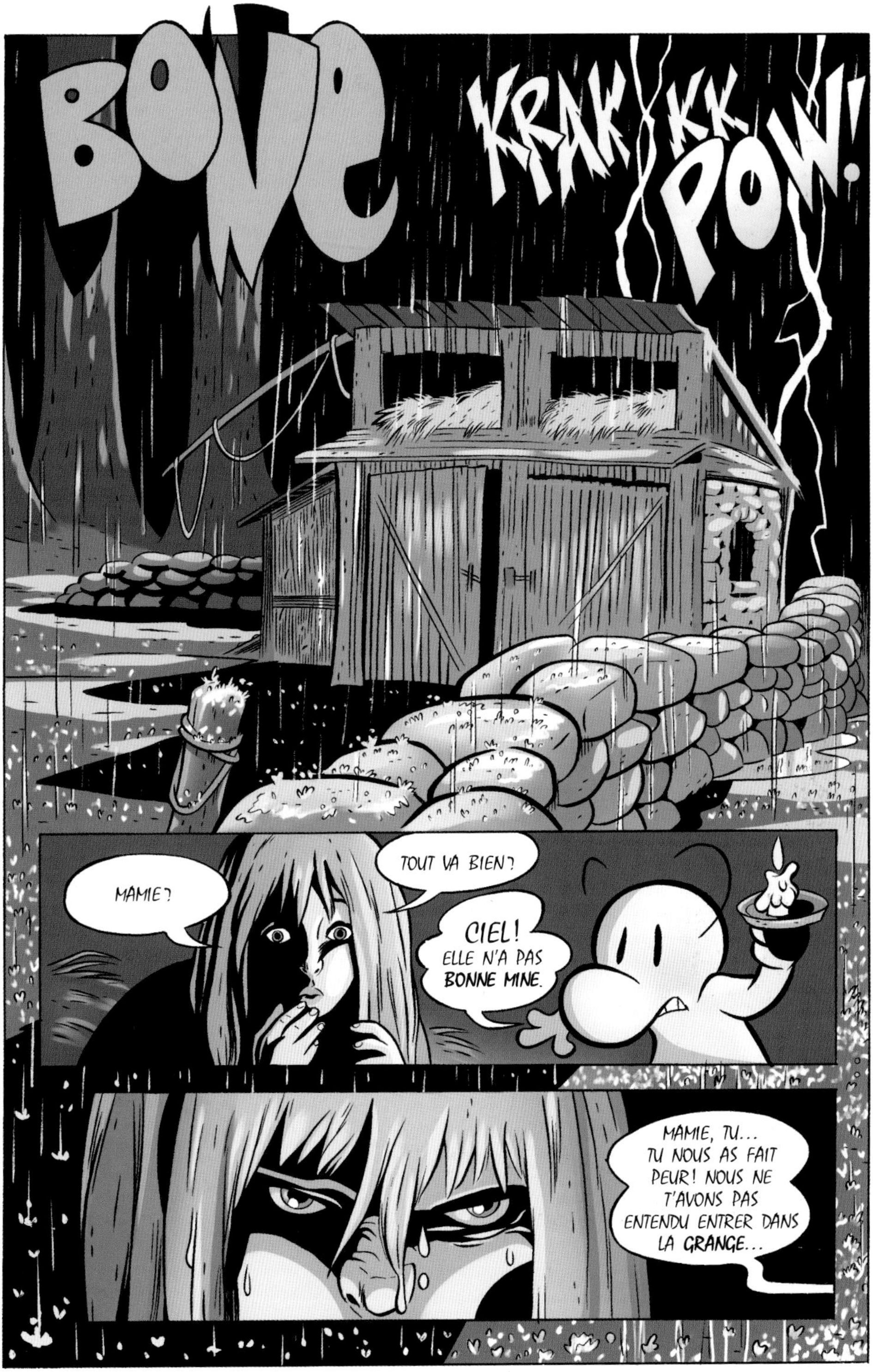
BONE
KRAKKK POW!
MAMIE?
TOUT VA BIEN?
CIEL! ELLE N'A PAS BONNE MINE.
MAMIE, TU... TU NOUS AS FAIT PEUR! NOUS NE T'AVONS PAS ENTENDU ENTRER DANS LA GRANGE...

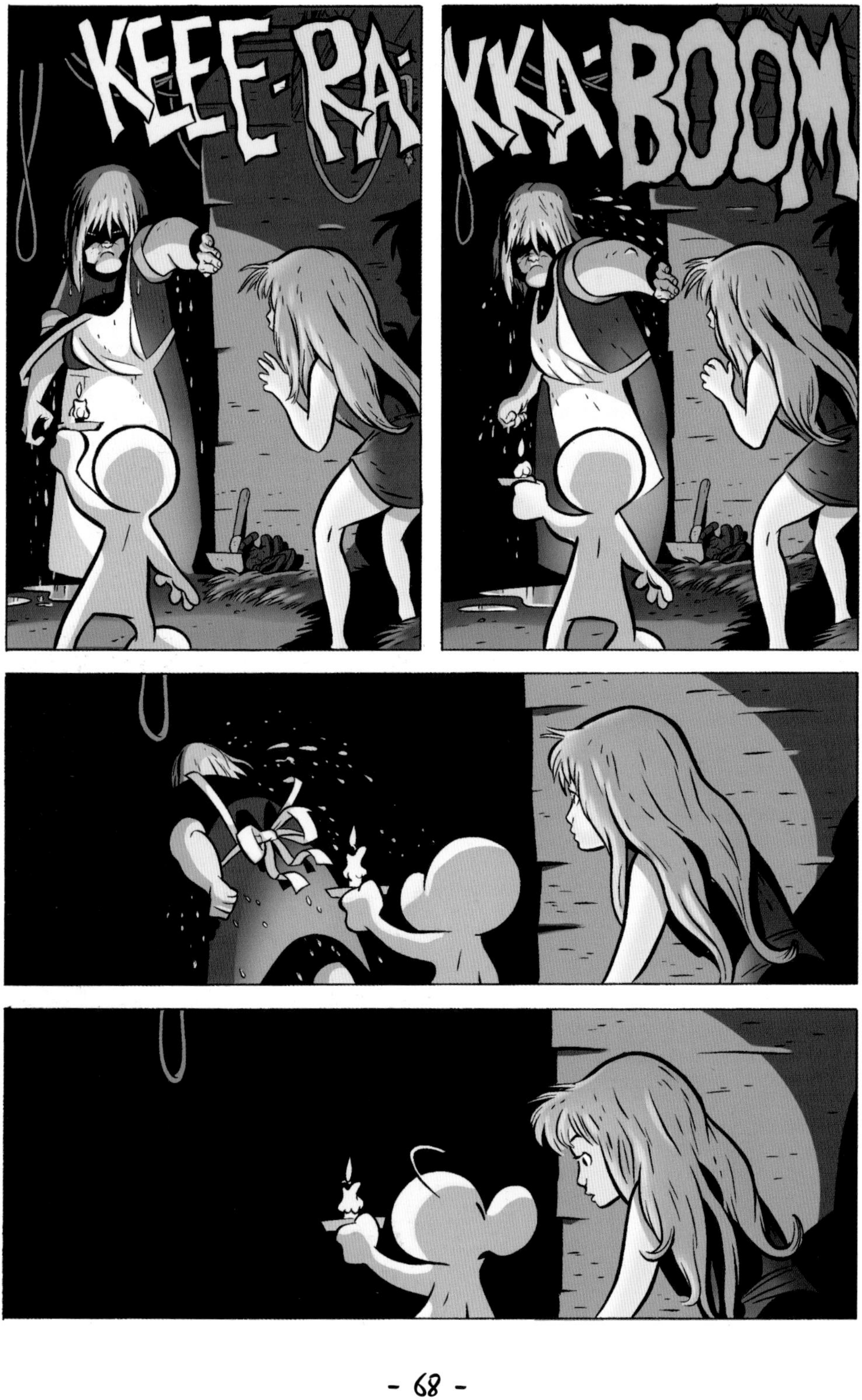
KEEE-RA-
KKA-BOOM

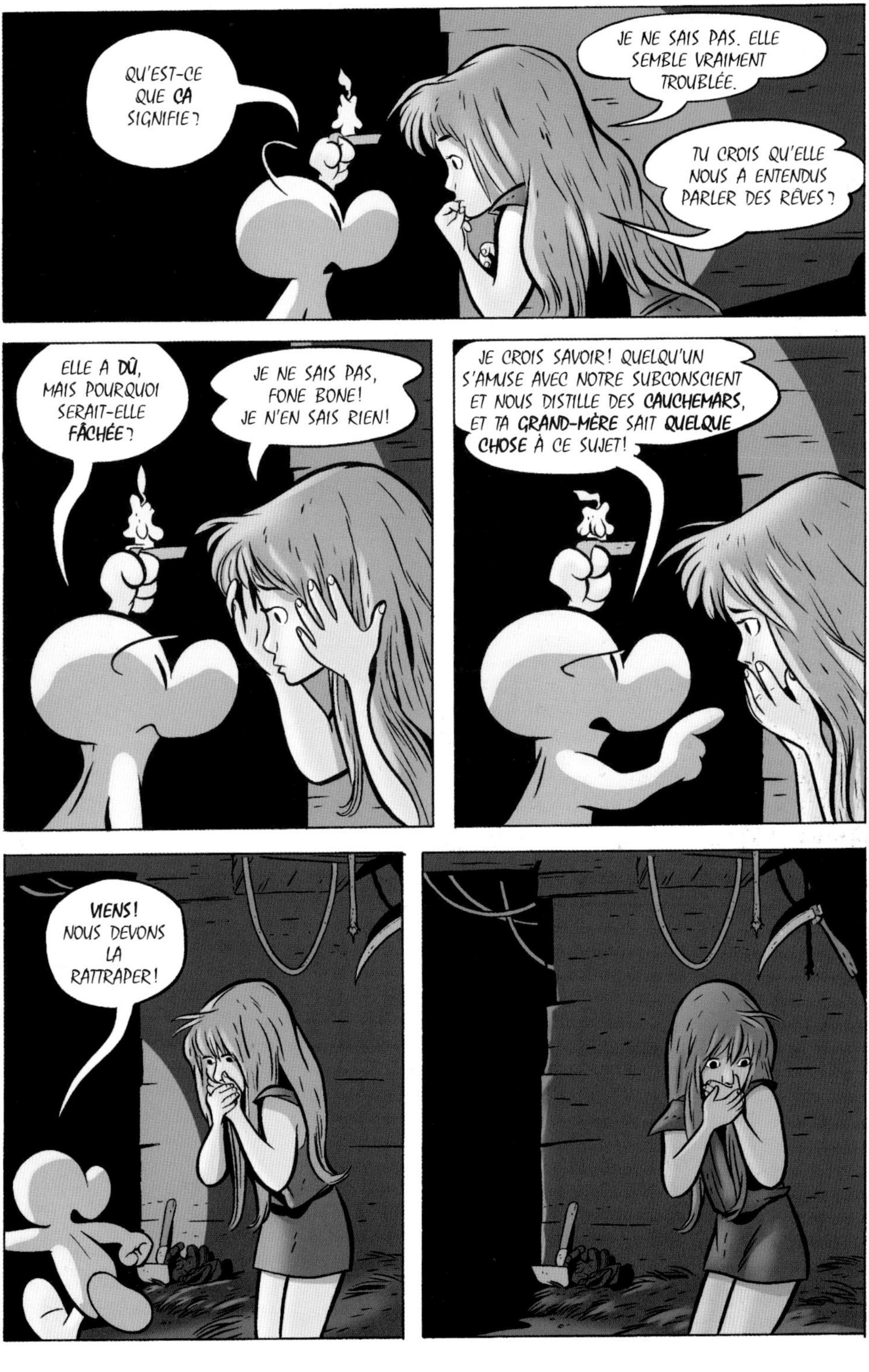
QU'EST-CE QUE ÇA SIGNIFIE ?
JE NE SAIS PAS. ELLE SEMBLE VRAIMENT TROUBLÉE.
TU CROIS QU'ELLE NOUS A ENTENDUS PARLER DES RÊVES ?
ELLE A DÛ, MAIS POURQUOI SERAIT-ELLE FÂCHÉE ?
JE NE SAIS PAS, FONE BONE! JE N'EN SAIS RIEN!
JE CROIS SAVOIR! QUELQU'UN S'AMUSE AVEC NOTRE SUBCONSCIENT ET NOUS DISTILLE DES CAUCHEMARS, ET TA GRAND-MÈRE SAIT QUELQUE CHOSE À CE SUJET!
VIENS! NOUS DEVONS LA RATTRAPER!

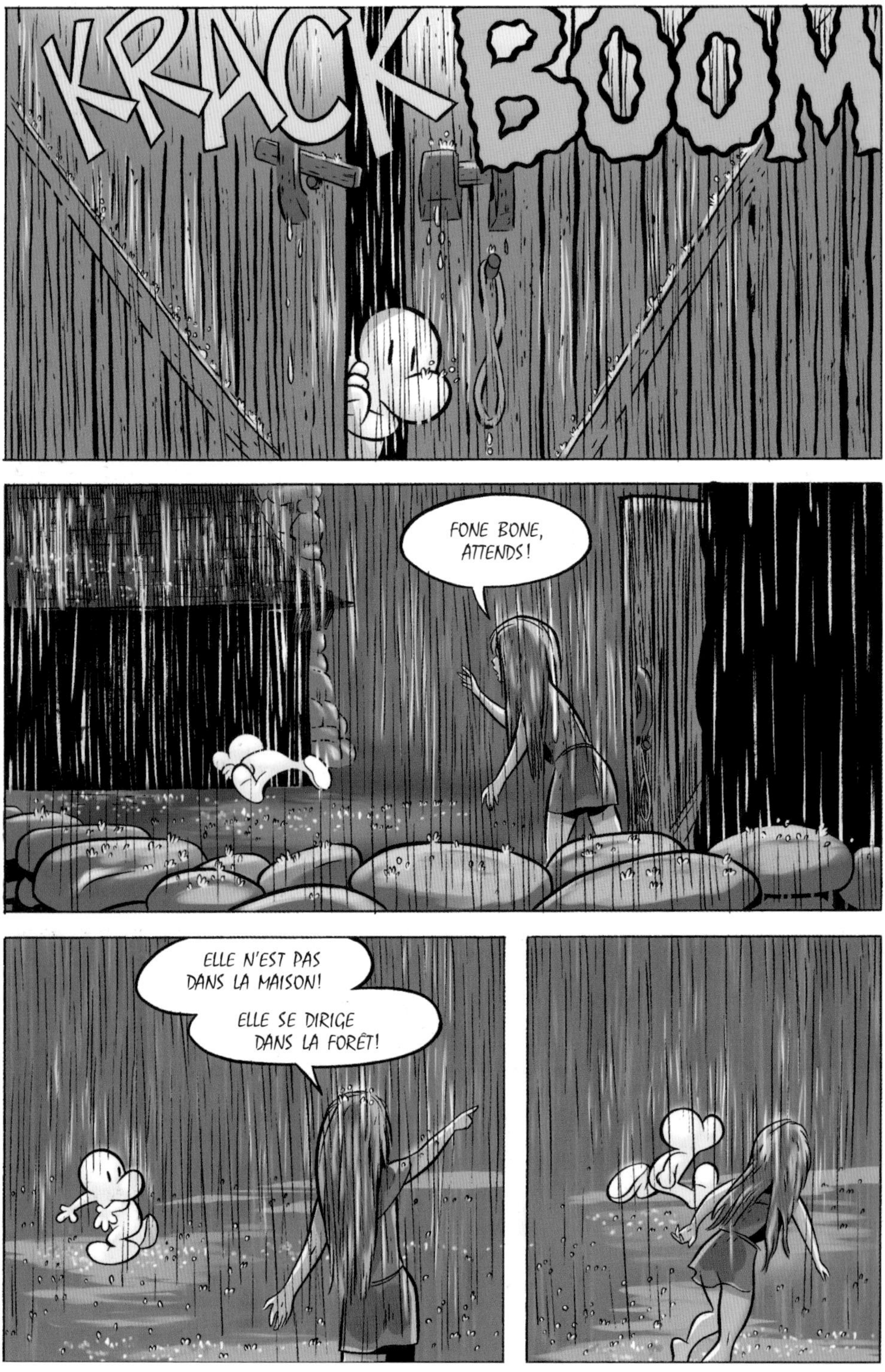
KRACK BOOM
FONE BONE, ATTENDS!
ELLE N'EST PAS DANS LA MAISON!
ELLE SE DIRIGE DANS LA FORÊT!

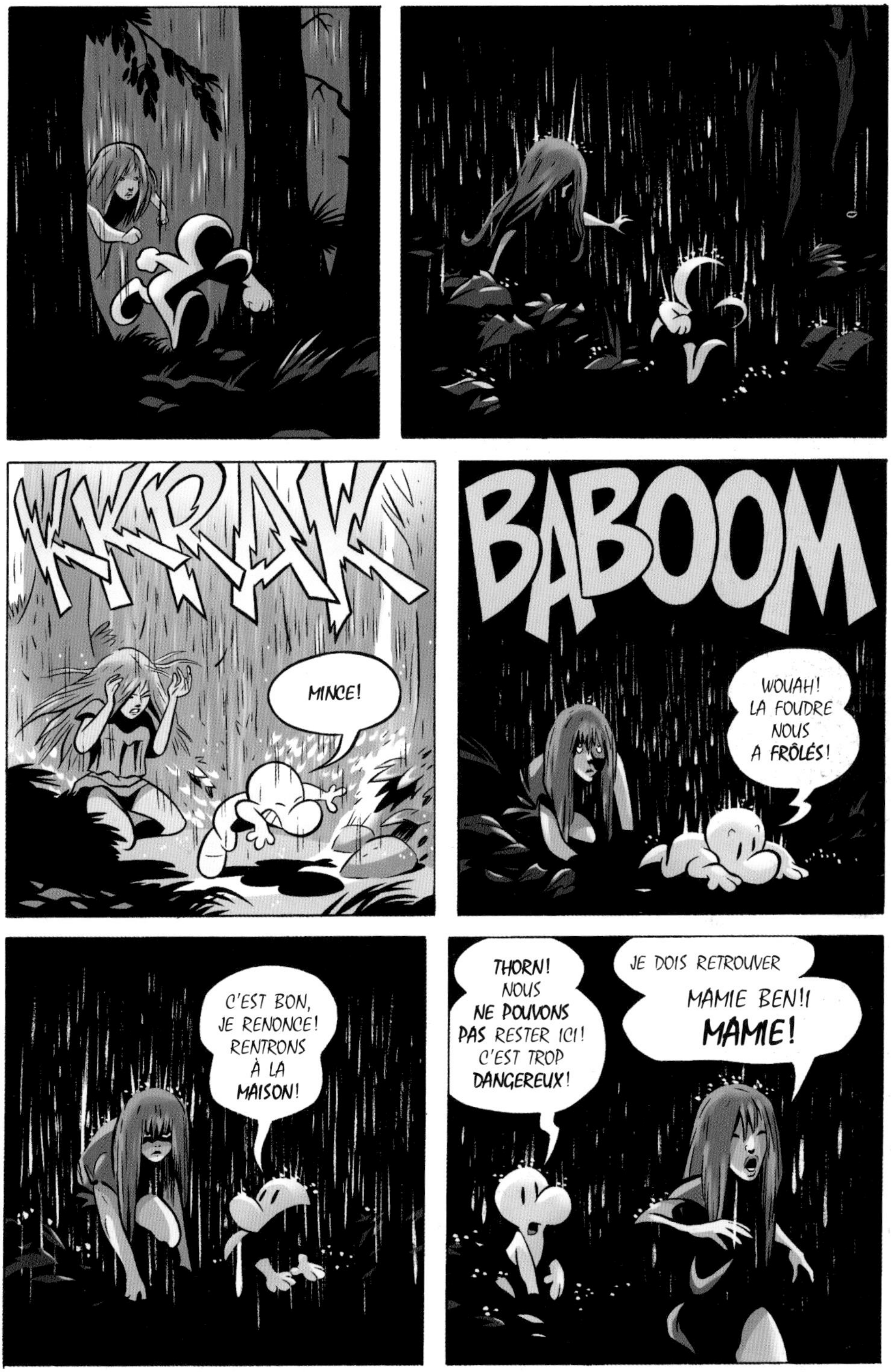
KKRAK
MINCE!
BABOOM
WOUAH! LA FOUDRE NOUS A FRÔLÉS!
C'EST BON, JE RENONCE! RENTRONS À LA MAISON!
THORN! NOUS NE POUVONS PAS RESTER ICI! C'EST TROP DANGEREUX!
JE DOIS RETROUVER MAMIE BEN!! MAMIE!

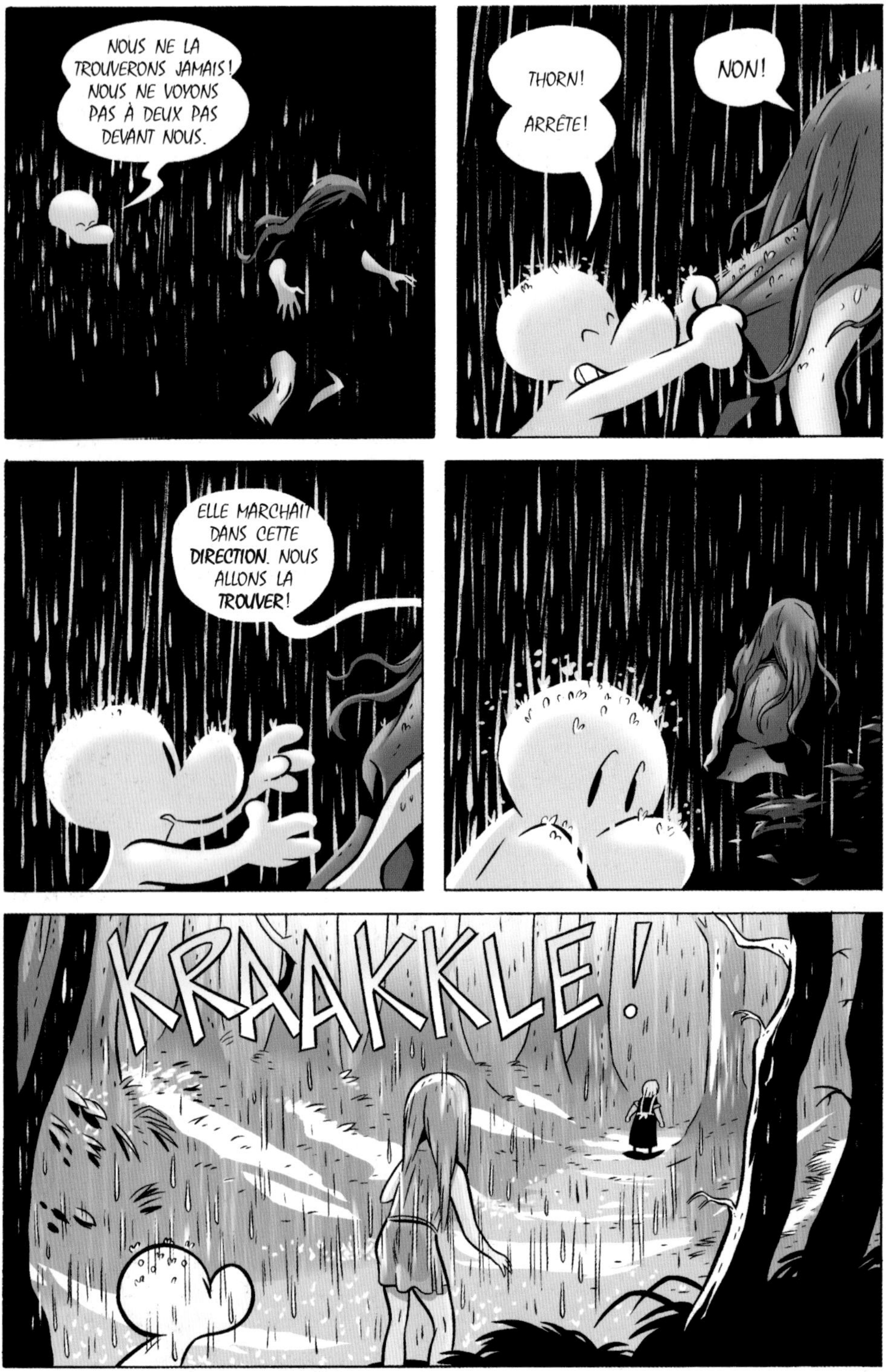
NOUS NE LA TROUVERONS JAMAIS! NOUS NE VOYONS PAS À DEUX PAS DEVANT NOUS.
THORN!
ARRÊTE!
NON!
ELLE MARCHAIT DANS CETTE **DIRECTION**. NOUS ALLONS LA **TROUVER**!
KRAAKKLE!

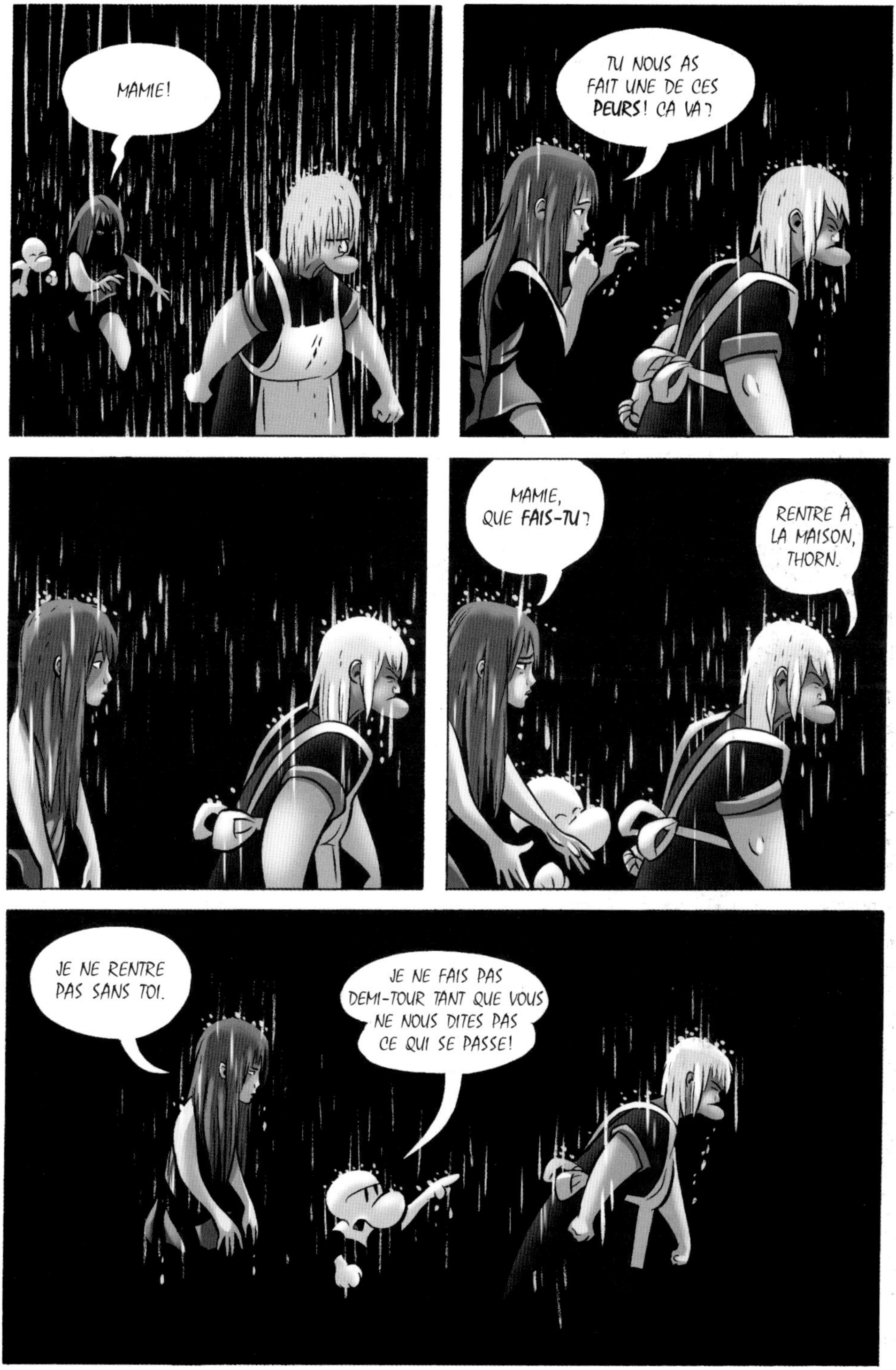
MAMIE!
TU NOUS AS FAIT UNE DE CES PEURS! ÇA VA?
MAMIE, QUE FAIS-TU?
RENTRE À LA MAISON, THORN.
JE NE RENTRE PAS SANS TOI.
JE NE FAIS PAS DEMI-TOUR TANT QUE VOUS NE NOUS DITES PAS CE QUI SE PASSE!

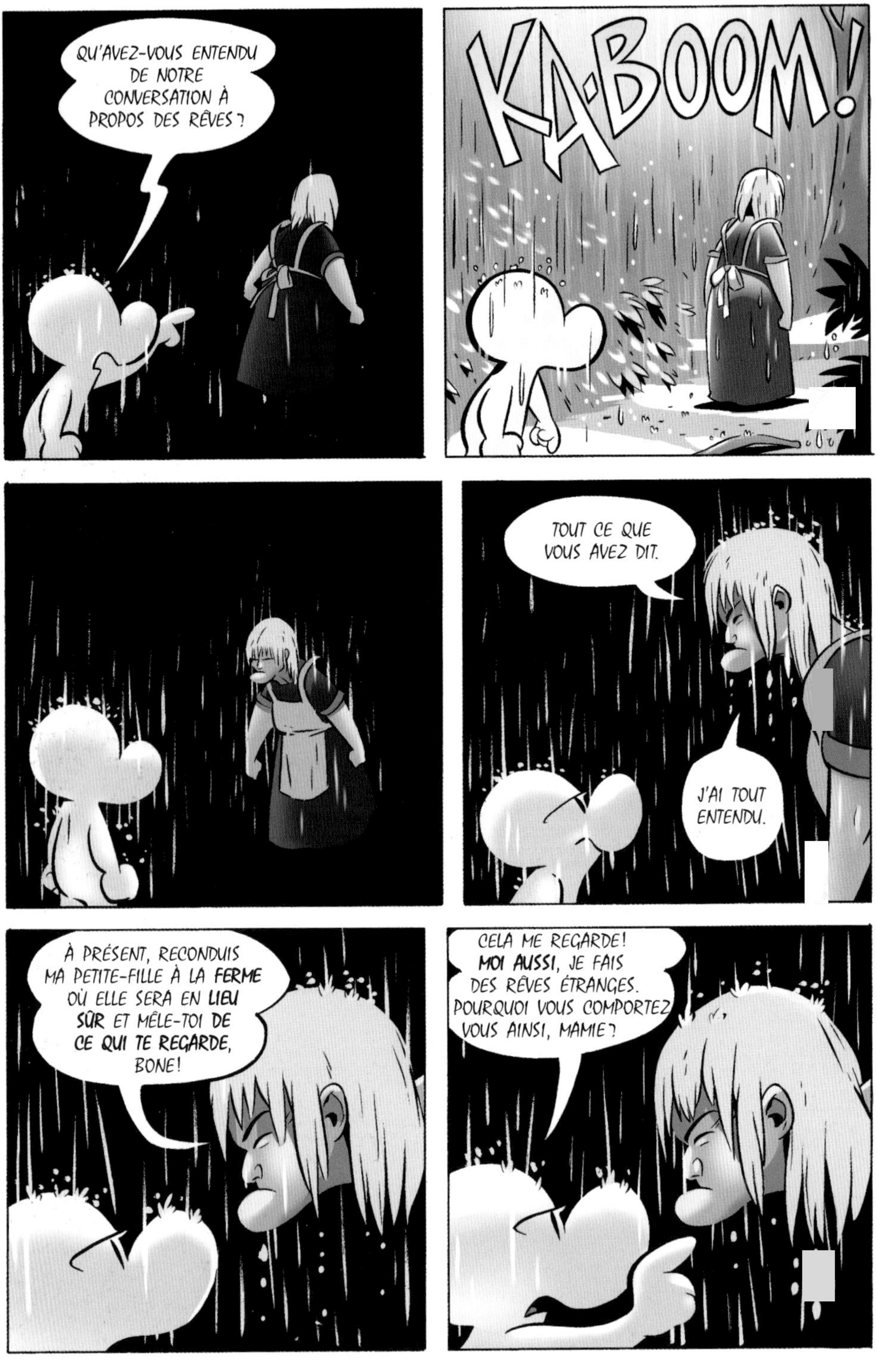
QU'AVEZ-VOUS ENTENDU DE NOTRE CONVERSATION À PROPOS DES RÊVES ?
KA-BOOM !
TOUT CE QUE VOUS AVEZ DIT.
J'AI TOUT ENTENDU.
À PRÉSENT, RECONDUIS MA PETITE-FILLE À LA **FERME** OÙ ELLE SERA EN **LIEU SÛR** ET MÊLE-TOI **DE CE QUI TE REGARDE**, BONE!
CELA ME REGARDE! **MOI AUSSI**, JE FAIS DES RÊVES ÉTRANGES. POURQUOI VOUS COMPORTEZ VOUS AINSI, MAMIE ?

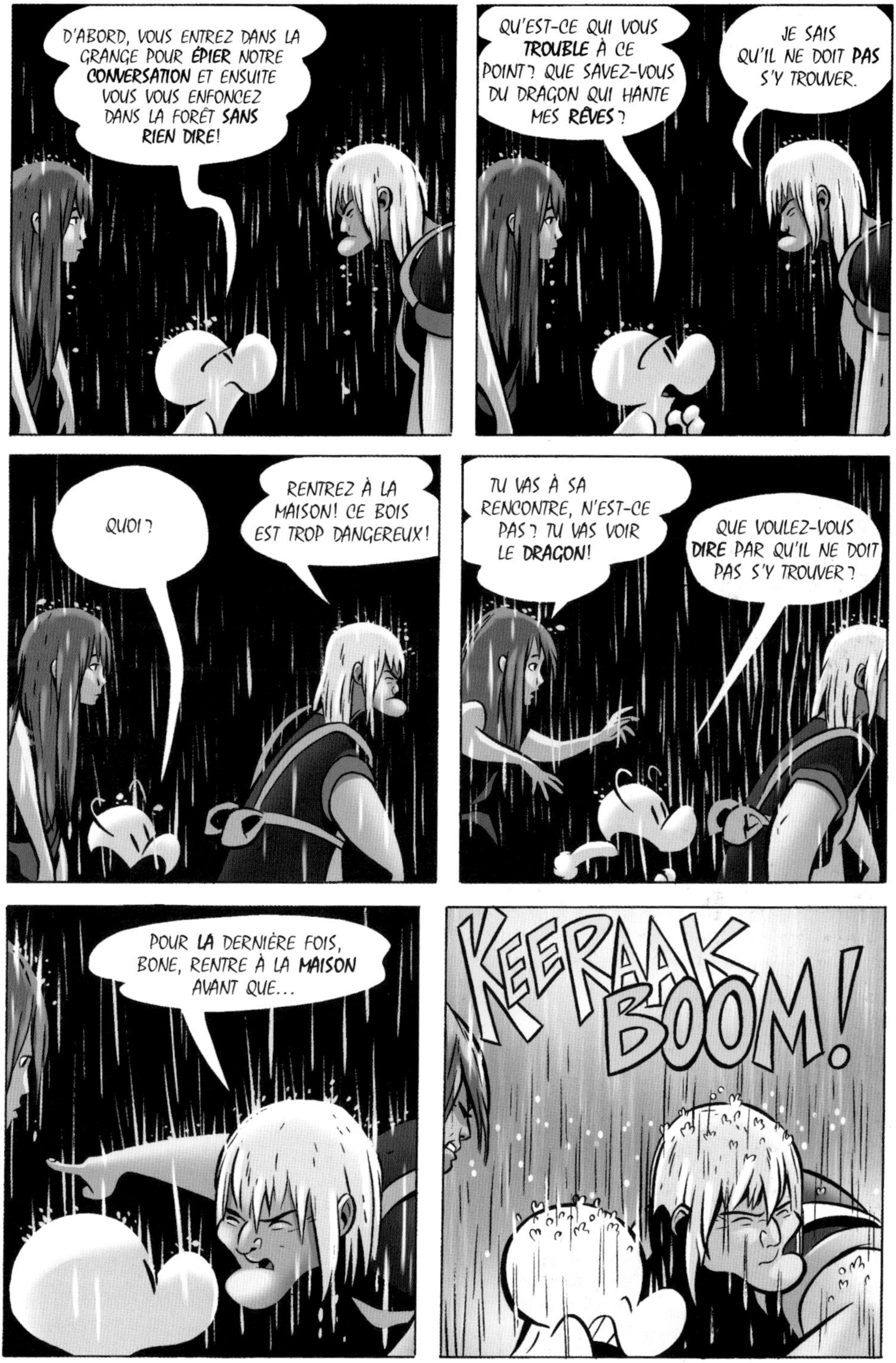
D'ABORD, VOUS ENTREZ DANS LA GRANGE POUR ÉPIER NOTRE CONVERSATION ET ENSUITE VOUS VOUS ENFONCEZ DANS LA FORÊT SANS RIEN DIRE!
QU'EST-CE QUI VOUS TROUBLE À CE POINT? QUE SAVEZ-VOUS DU DRAGON QUI HANTE MES RÊVES?
JE SAIS QU'IL NE DOIT PAS S'Y TROUVER.
QUOI?
RENTREZ À LA MAISON! CE BOIS EST TROP DANGEREUX!
TU VAS À SA RENCONTRE, N'EST-CE PAS? TU VAS VOIR LE DRAGON!
QUE VOULEZ-VOUS DIRE PAR QU'IL NE DOIT PAS S'Y TROUVER?
POUR LA DERNIÈRE FOIS, BONE, RENTRE À LA MAISON AVANT QUE...
KEERAAK BOOM!

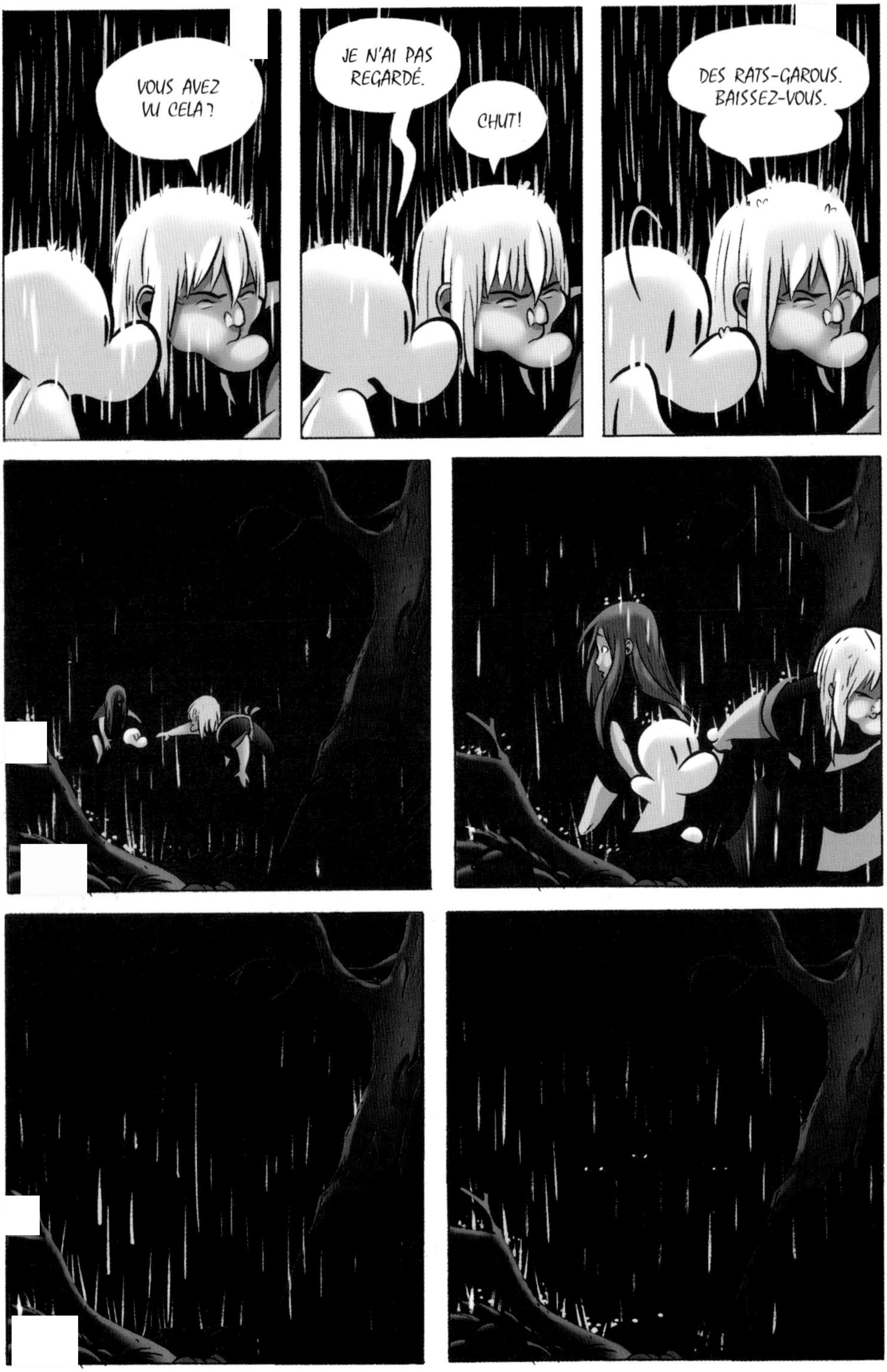
VOUS AVEZ VU CELA ?
JE N'AI PAS REGARDÉ.
CHUT!
DES RATS-GAROUS. BAISSEZ-VOUS.

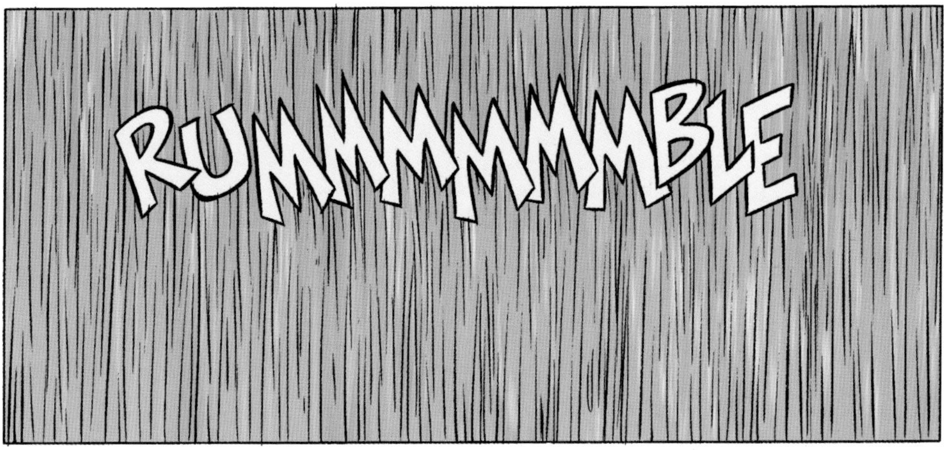
RUMMMMMBLE

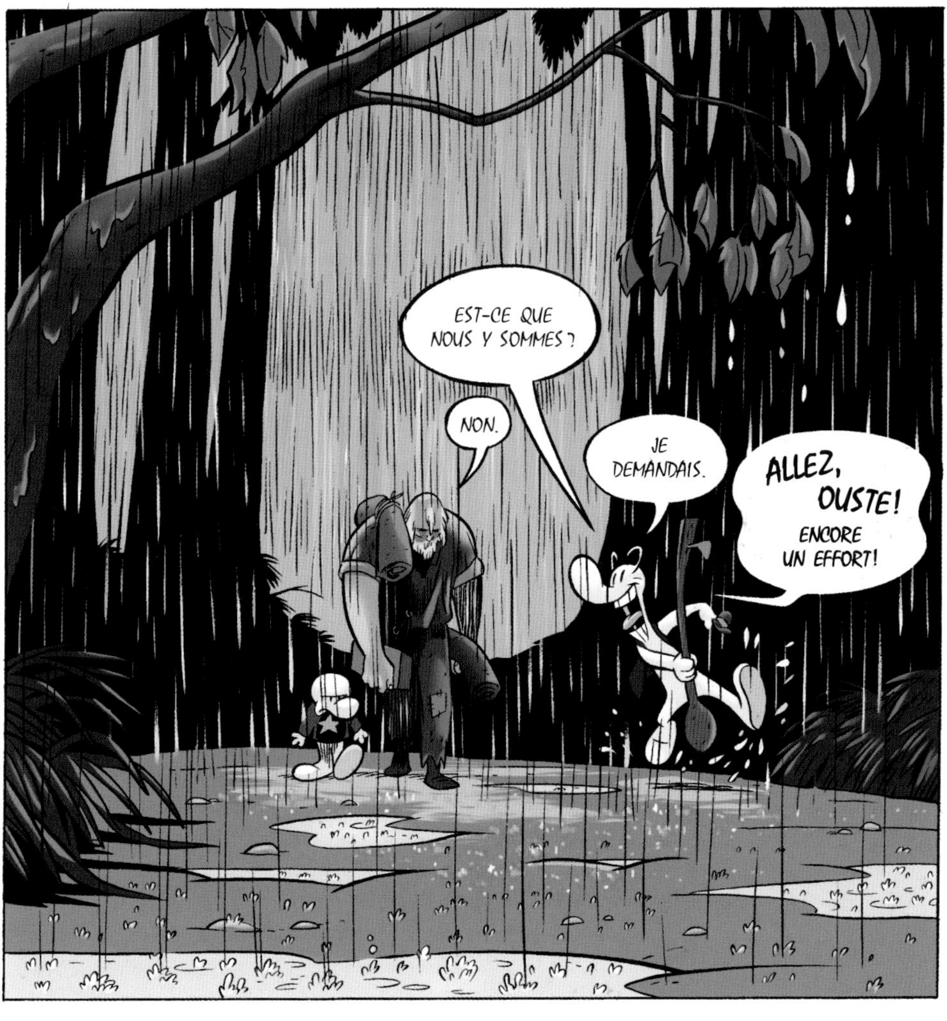
EST-CE QUE NOUS Y SOMMES ?
NON.
JE DEMANDAIS.
ALLEZ, OUSTE!
ENCORE UN EFFORT!

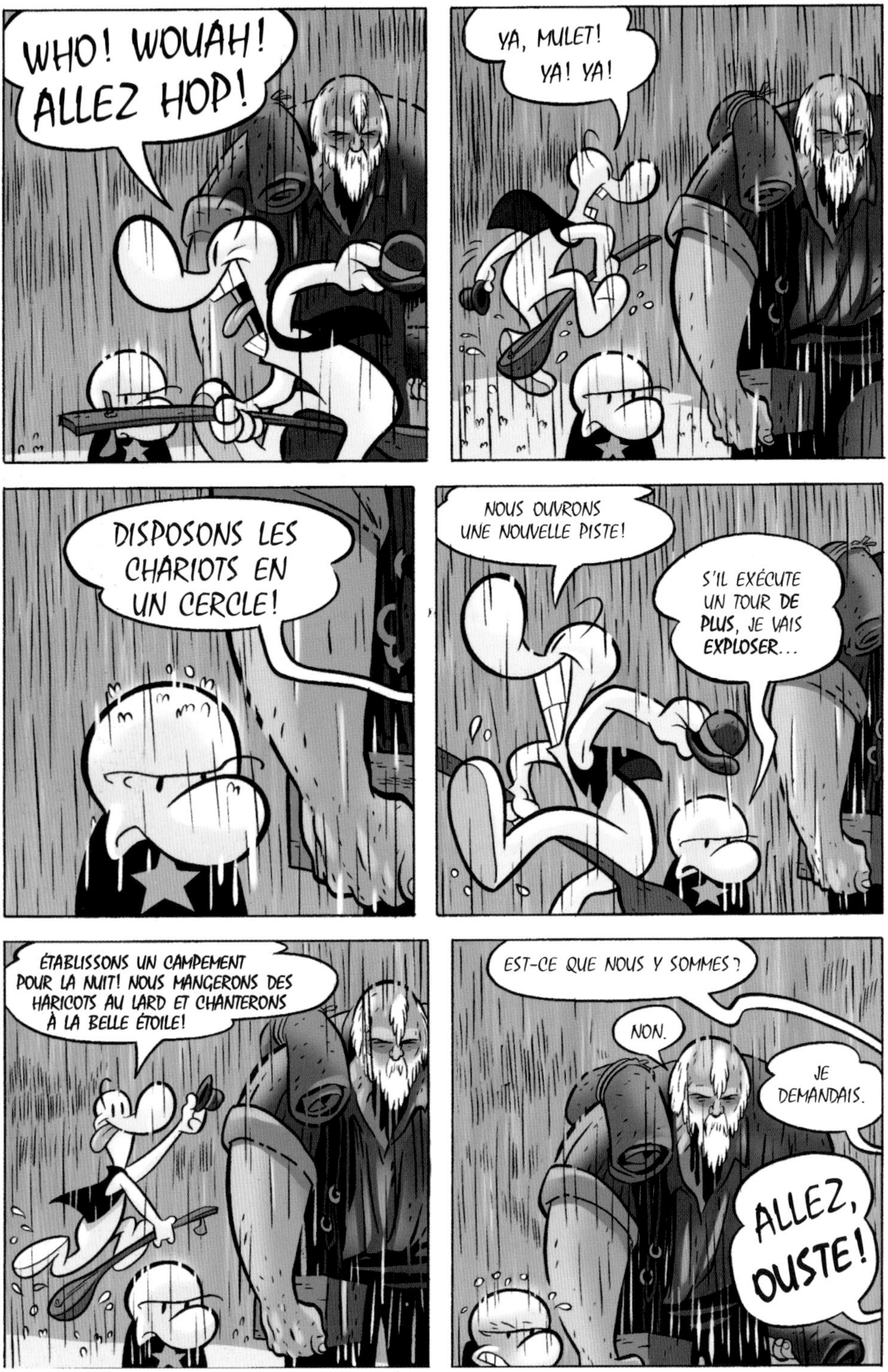
WHO! WOUAH! ALLEZ HOP!
YA, MULET! YA! YA!
DISPOSONS LES CHARIOTS EN UN CERCLE!
NOUS OUVRONS UNE NOUVELLE PISTE!
S'IL EXÉCUTE UN TOUR DE PLUS, JE VAIS EXPLOSER...
ÉTABLISSONS UN CAMPEMENT POUR LA NUIT! NOUS MANGERONS DES HARICOTS AU LARD ET CHANTERONS À LA BELLE ÉTOILE!
EST-CE QUE NOUS Y SOMMES ?
NON.
JE DEMANDAIS.
ALLEZ, OUSTE!

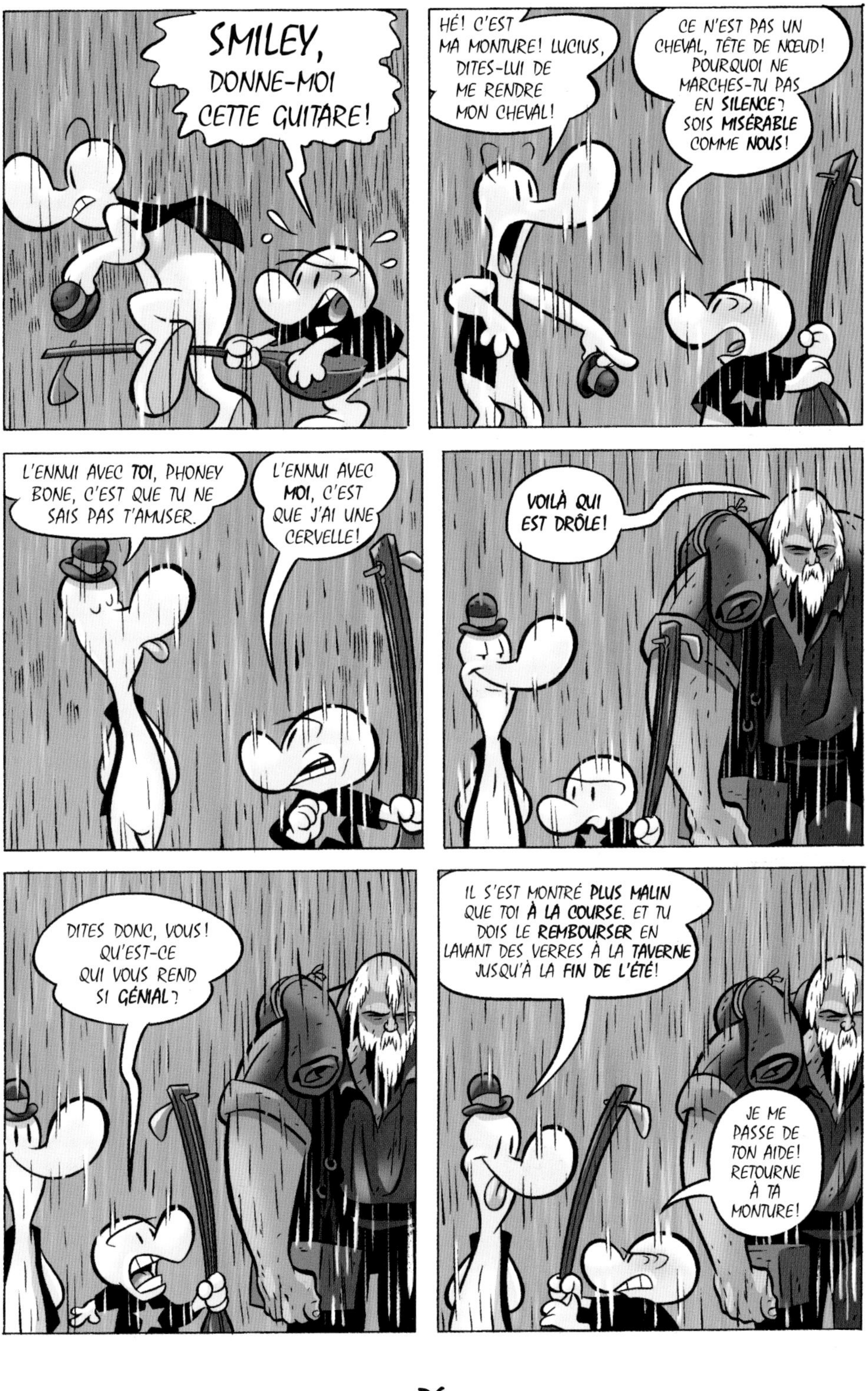
SMILEY, DONNE-MOI CETTE GUITARE!
HÉ! C'EST MA MONTURE! LUCIUS, DITES-LUI DE ME RENDRE MON CHEVAL!
CE N'EST PAS UN CHEVAL, TÊTE DE NŒUD! POURQUOI NE MARCHES-TU PAS EN SILENCE? SOIS MISÉRABLE COMME NOUS!
L'ENNUI AVEC TOI, PHONEY BONE, C'EST QUE TU NE SAIS PAS T'AMUSER.
L'ENNUI AVEC MOI, C'EST QUE J'AI UNE CERVELLE!
VOILÀ QUI EST DRÔLE!
DITES DONC, VOUS! QU'EST-CE QUI VOUS REND SI GÉNIAL?
IL S'EST MONTRÉ PLUS MALIN QUE TOI À LA COURSE. ET TU DOIS LE REMBOURSER EN LAVANT DES VERRES À LA TAVERNE JUSQU'À LA FIN DE L'ÉTÉ!
JE ME PASSE DE TON AIDE! RETOURNE À TA MONTURE!

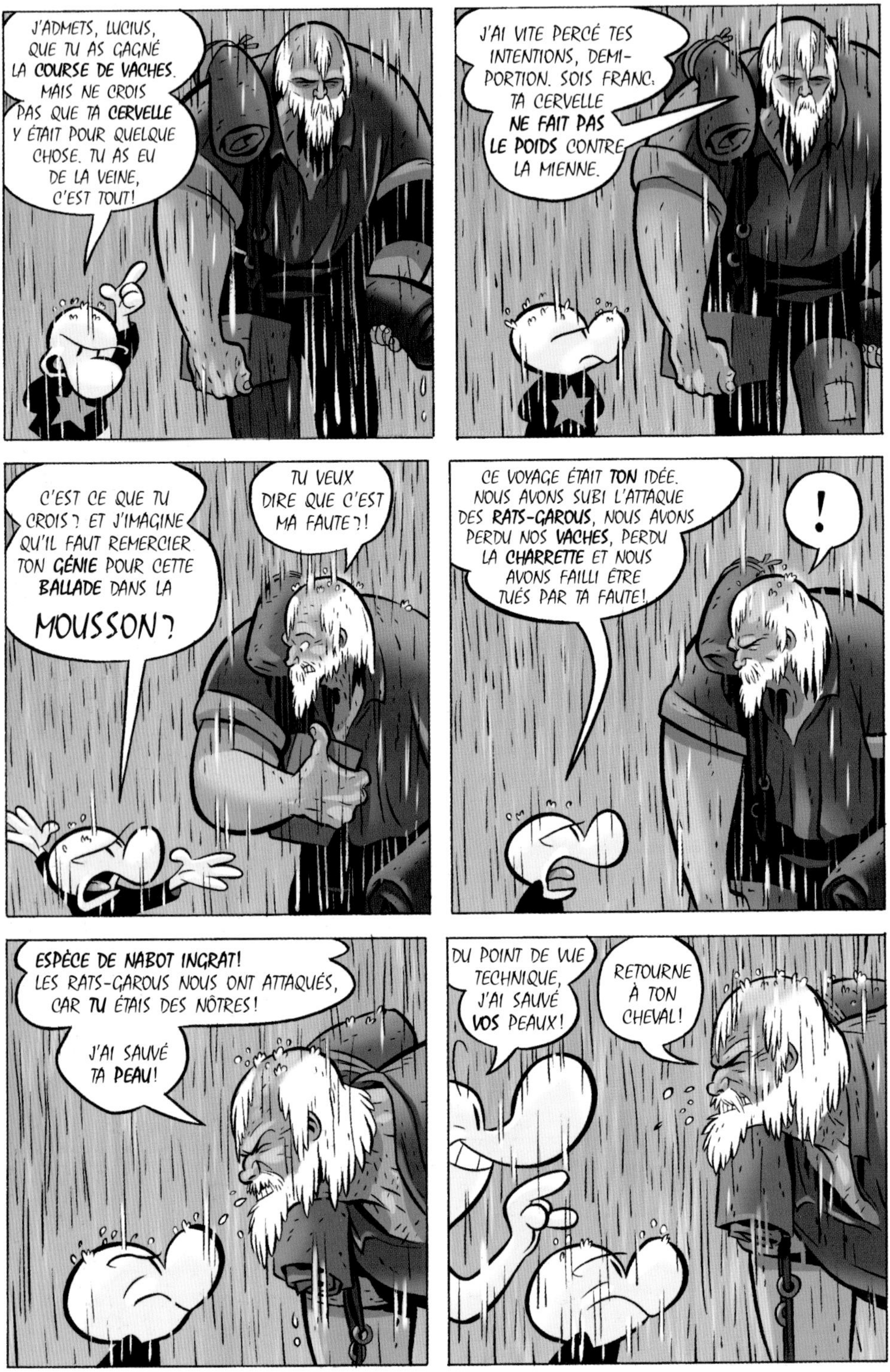
J'ADMETS, LUCIUS, QUE TU AS GAGNÉ LA **COURSE DE VACHES**. MAIS NE CROIS PAS QUE TA **CERVELLE** Y ÉTAIT POUR QUELQUE CHOSE. TU AS EU DE LA VEINE, C'EST TOUT!
J'AI VITE PERCÉ TES INTENTIONS, DEMI-PORTION. SOIS FRANC: TA CERVELLE **NE FAIT PAS LE POIDS** CONTRE LA MIENNE.
C'EST CE QUE TU CROIS? ET J'IMAGINE QU'IL FAUT REMERCIER TON **GÉNIE** POUR CETTE **BALLADE** DANS LA MOUSSON?
TU VEUX DIRE QUE C'EST MA FAUTE?!
CE VOYAGE ÉTAIT **TON** IDÉE. NOUS AVONS SUBI L'ATTAQUE DES **RATS-GAROUS**, NOUS AVONS PERDU NOS **VACHES**, PERDU LA **CHARRETTE** ET NOUS AVONS FAILLI ÊTRE TUÉS PAR TA FAUTE!
!
ESPÈCE DE NABOT INGRAT! LES RATS-GAROUS NOUS ONT ATTAQUÉS, CAR **TU** ÉTAIS DES NÔTRES!
J'AI SAUVÉ TA **PEAU**!
DU POINT DE VUE TECHNIQUE, J'AI SAUVÉ **VOS** PEAUX!
RETOURNE À TON CHEVAL!

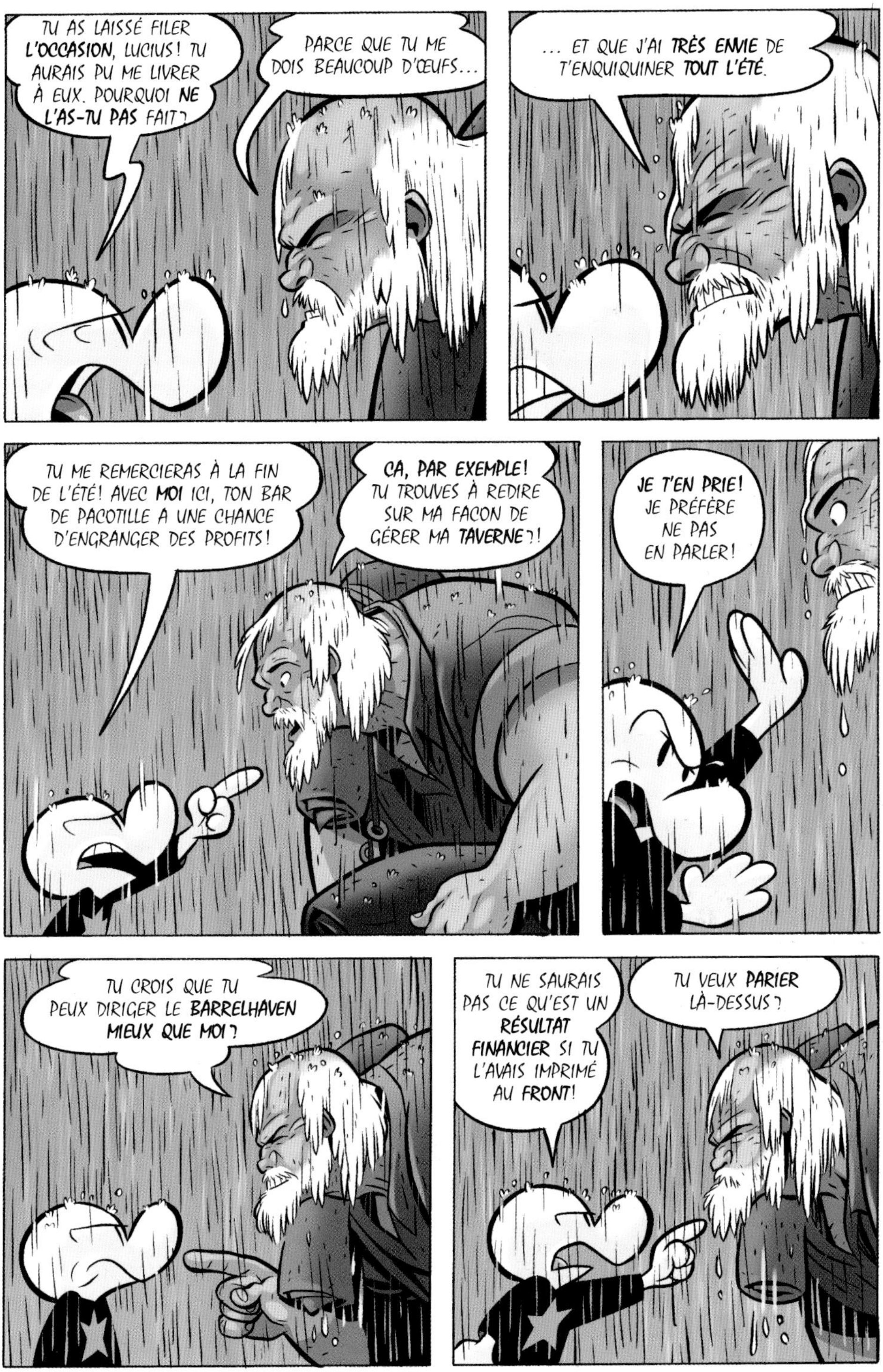
TU AS LAISSÉ FILER L'OCCASION, LUCIUS! TU AURAIS PU ME LIVRER À EUX. POURQUOI NE L'AS-TU PAS FAIT?
PARCE QUE TU ME DOIS BEAUCOUP D'ŒUFS...
... ET QUE J'AI TRÈS ENVIE DE T'ENQUIQUINER TOUT L'ÉTÉ.
TU ME REMERCIERAS À LA FIN DE L'ÉTÉ! AVEC MOI ICI, TON BAR DE PACOTILLE A UNE CHANCE D'ENGRANGER DES PROFITS!
ÇA, PAR EXEMPLE! TU TROUVES À REDIRE SUR MA FAÇON DE GÉRER MA TAVERNE?!
JE T'EN PRIE! JE PRÉFÈRE NE PAS EN PARLER!
TU CROIS QUE TU PEUX DIRIGER LE BARRELHAVEN MIEUX QUE MOI?
TU NE SAURAIS PAS CE QU'EST UN RÉSULTAT FINANCIER SI TU L'AVAIS IMPRIMÉ AU FRONT!
TU VEUX PARIER LÀ-DESSUS?

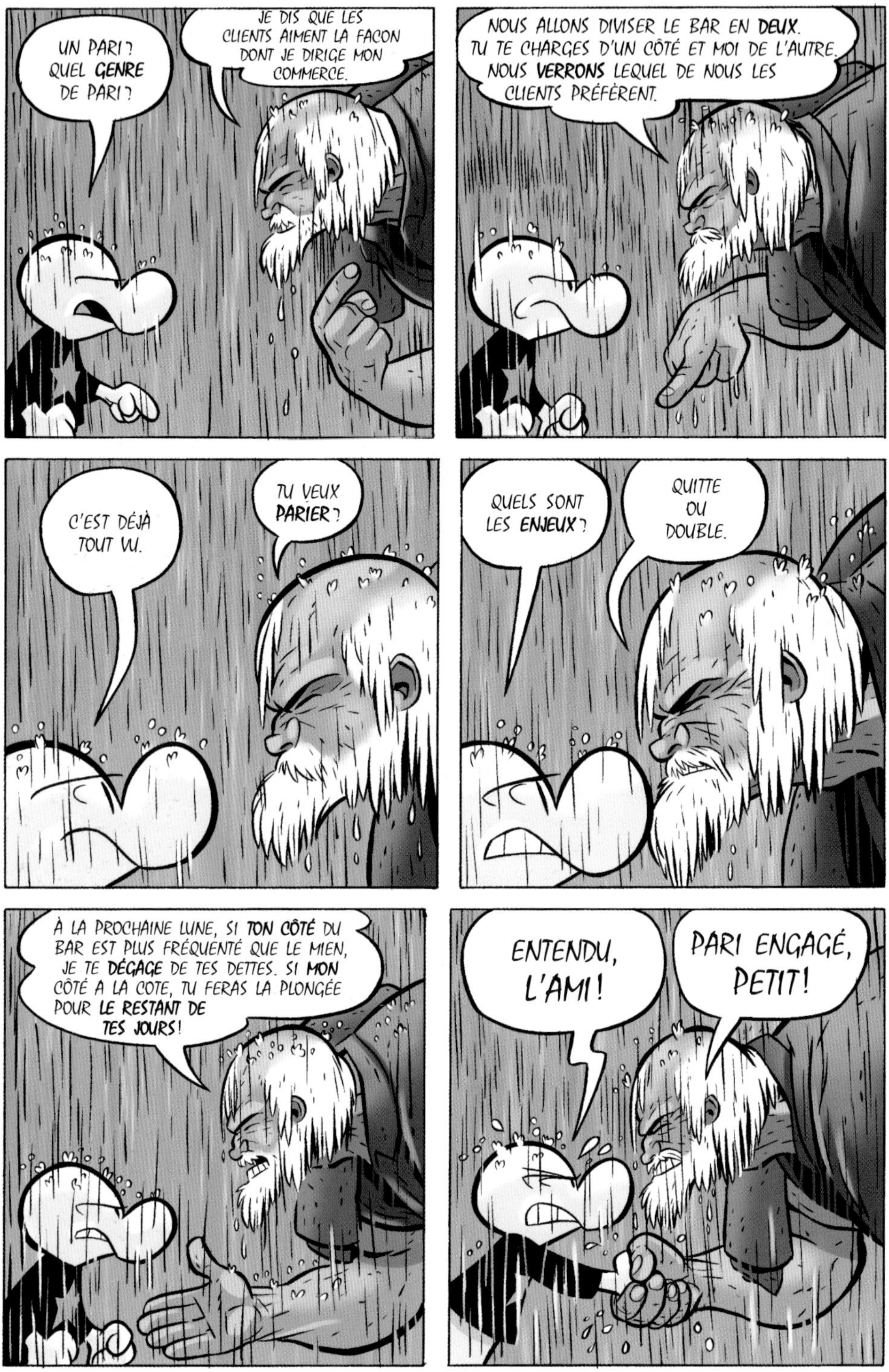
UN PARI ? QUEL GENRE DE PARI ?
JE DIS QUE LES CLIENTS AIMENT LA FAÇON DONT JE DIRIGE MON COMMERCE.
NOUS ALLONS DIVISER LE BAR EN DEUX. TU TE CHARGES D'UN CÔTÉ ET MOI DE L'AUTRE. NOUS VERRONS LEQUEL DE NOUS LES CLIENTS PRÉFÈRENT.
C'EST DÉJÀ TOUT VU.
TU VEUX PARIER ?
QUELS SONT LES ENJEUX ?
QUITTE OU DOUBLE.
À LA PROCHAINE LUNE, SI TON CÔTÉ DU BAR EST PLUS FRÉQUENTÉ QUE LE MIEN, JE TE DÉGAGE DE TES DETTES. SI MON CÔTÉ A LA COTE, TU FERAS LA PLONGÉE POUR LE RESTANT DE TES JOURS !
ENTENDU, L'AMI !
PARI ENGAGÉ, PETIT !

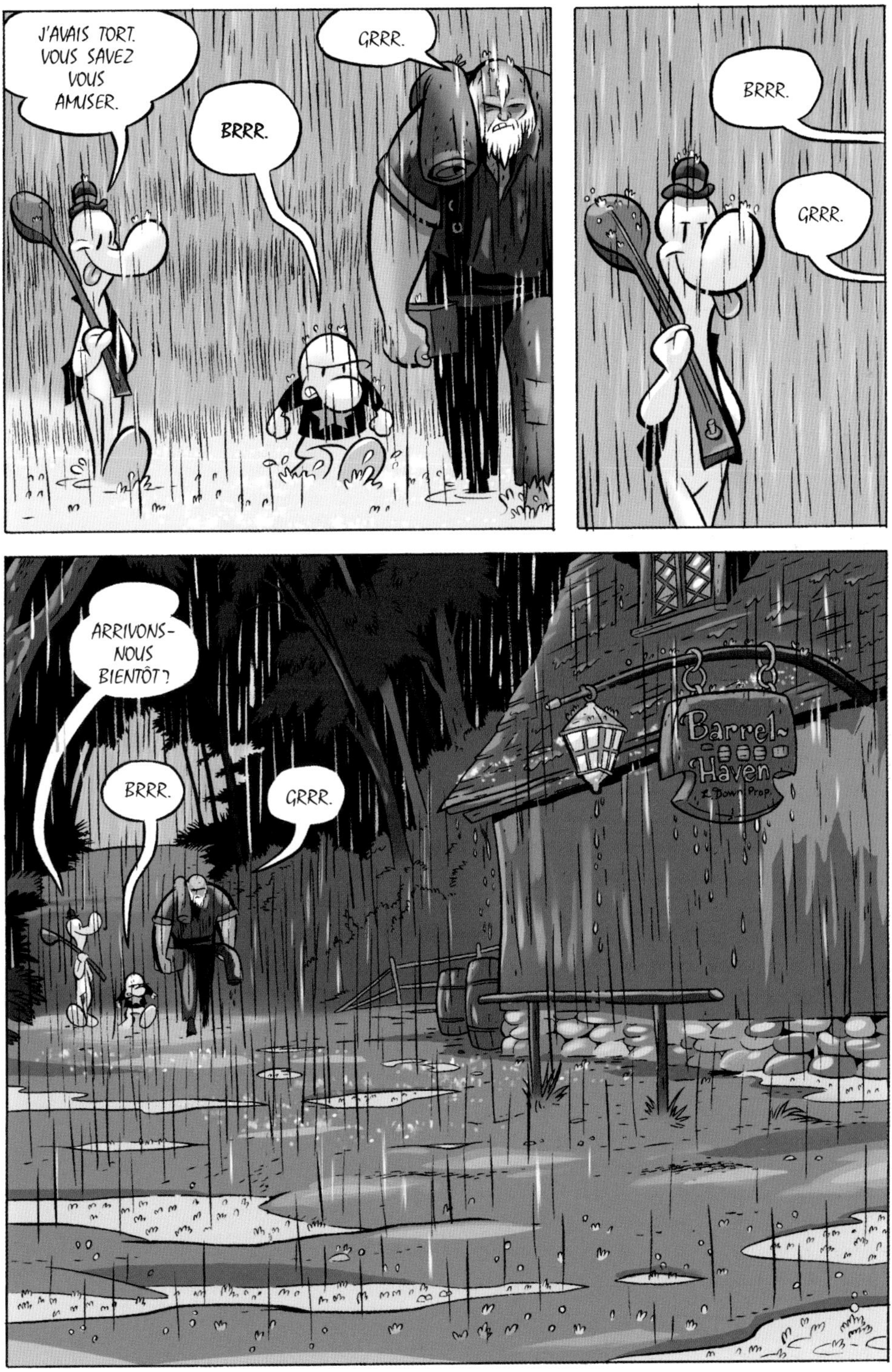
J'AVAIS TORT. VOUS SAVEZ VOUS AMUSER.
BRRR.
GRRR.
BRRR.
GRRR.
ARRIVONS-NOUS BIENTÔT?
BRRR.
GRRR.
Barrel-Haven

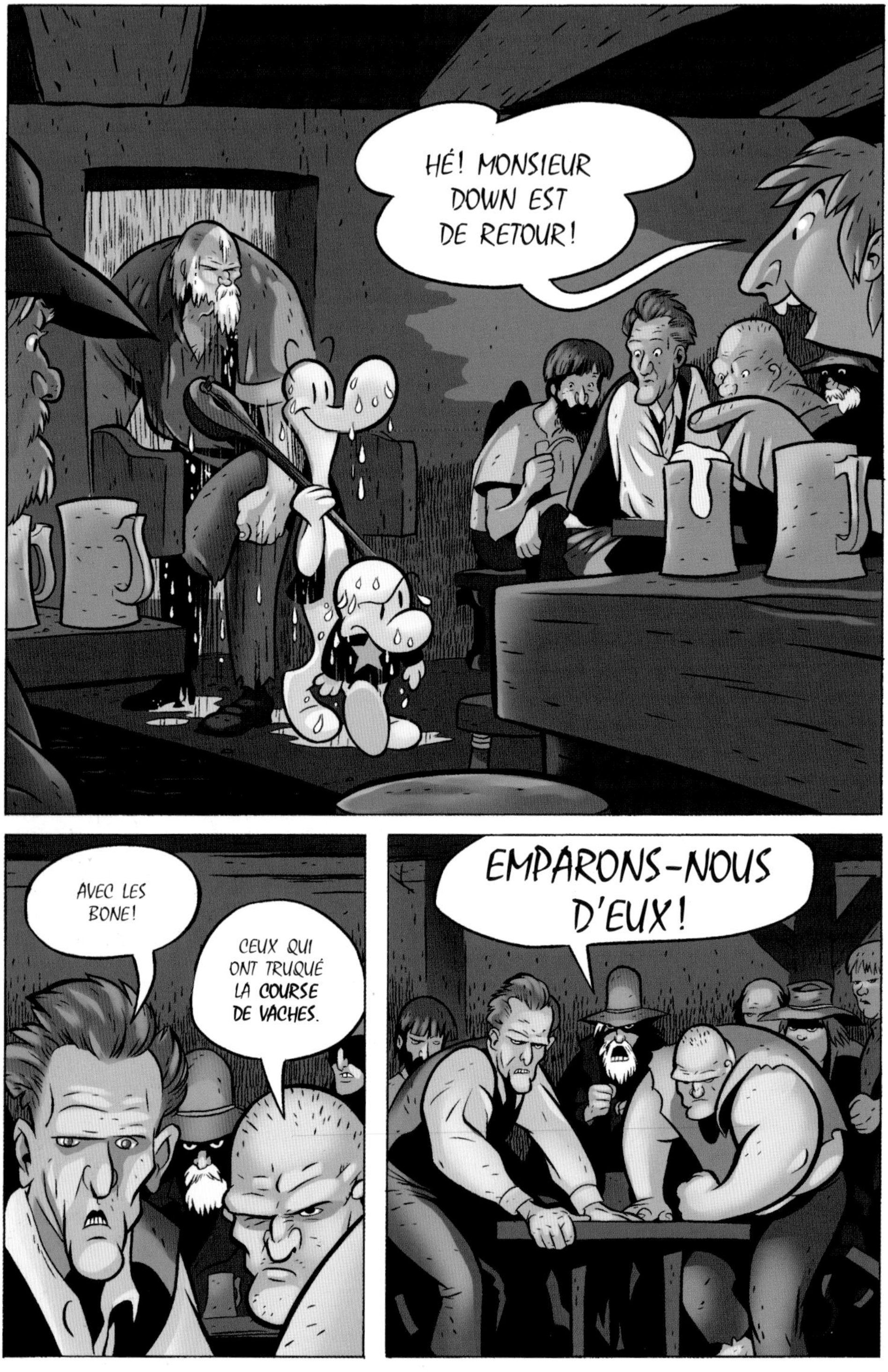
HÉ! MONSIEUR DOWN EST DE RETOUR!
AVEC LES BONE!
CEUX QUI ONT TRUQUÉ LA **COURSE DE VACHES**.
EMPARONS-NOUS D'EUX!

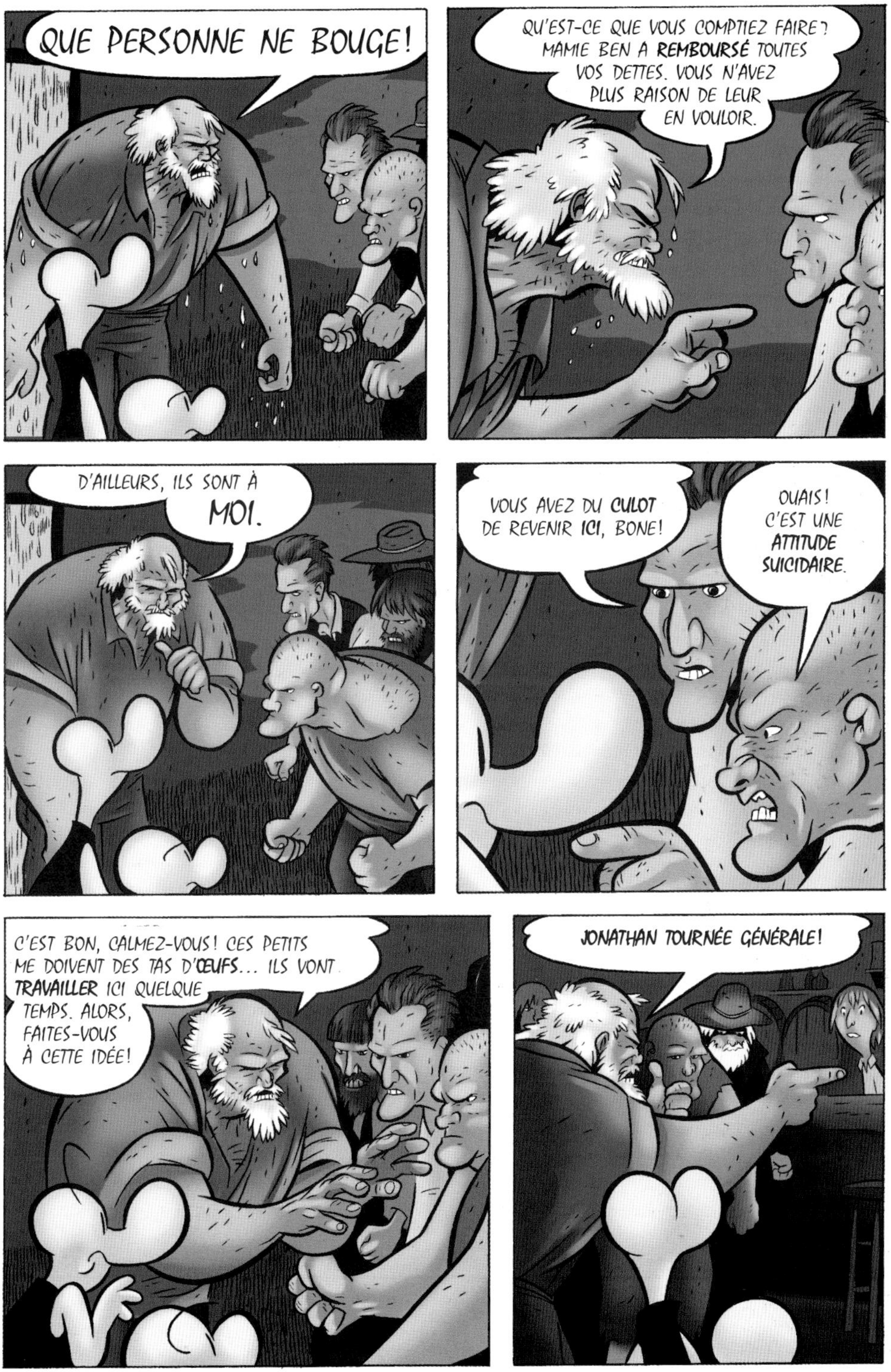
QUE PERSONNE NE BOUGE!
QU'EST-CE QUE VOUS COMPTIEZ FAIRE? MAMIE BEN A REMBOURSÉ TOUTES VOS DETTES. VOUS N'AVEZ PLUS RAISON DE LEUR EN VOULOIR.
D'AILLEURS, ILS SONT À MOI.
VOUS AVEZ DU CULOT DE REVENIR ICI, BONE!
OUAIS! C'EST UNE ATTITUDE SUICIDAIRE.
C'EST BON, CALMEZ-VOUS! CES PETITS ME DOIVENT DES TAS D'ŒUFS... ILS VONT TRAVAILLER ICI QUELQUE TEMPS. ALORS, FAITES-VOUS À CETTE IDÉE!
JONATHAN TOURNÉE GÉNÉRALE!

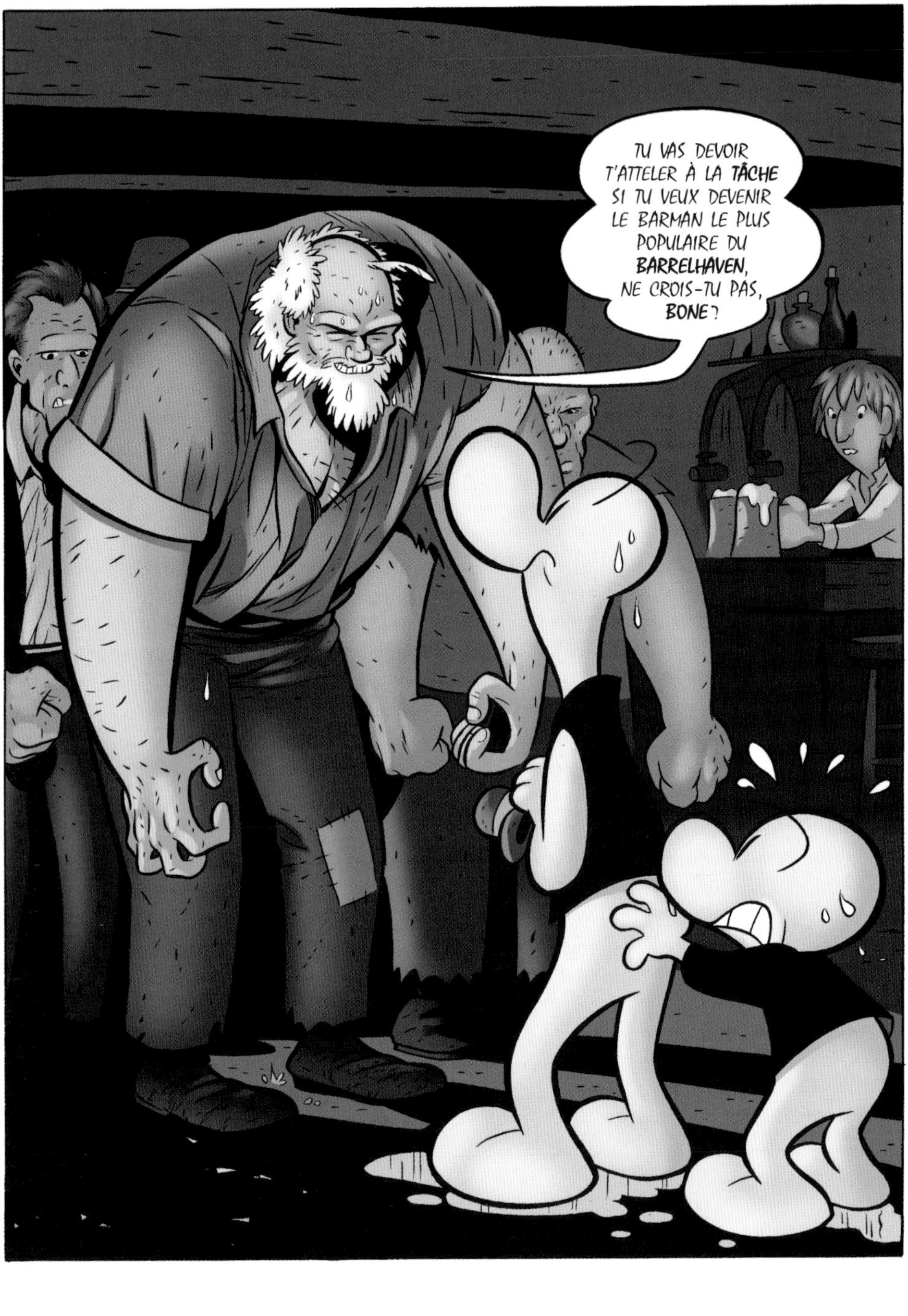
TU VAS DEVOIR T'ATTELER À LA **TÂCHE** SI TU VEUX DEVENIR LE BARMAN LE PLUS POPULAIRE DU **BARRELHAVEN**, NE CROIS-TU PAS, **BONE**?

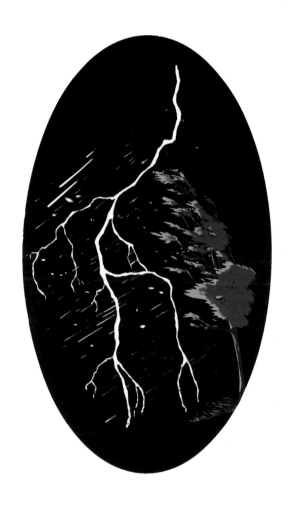

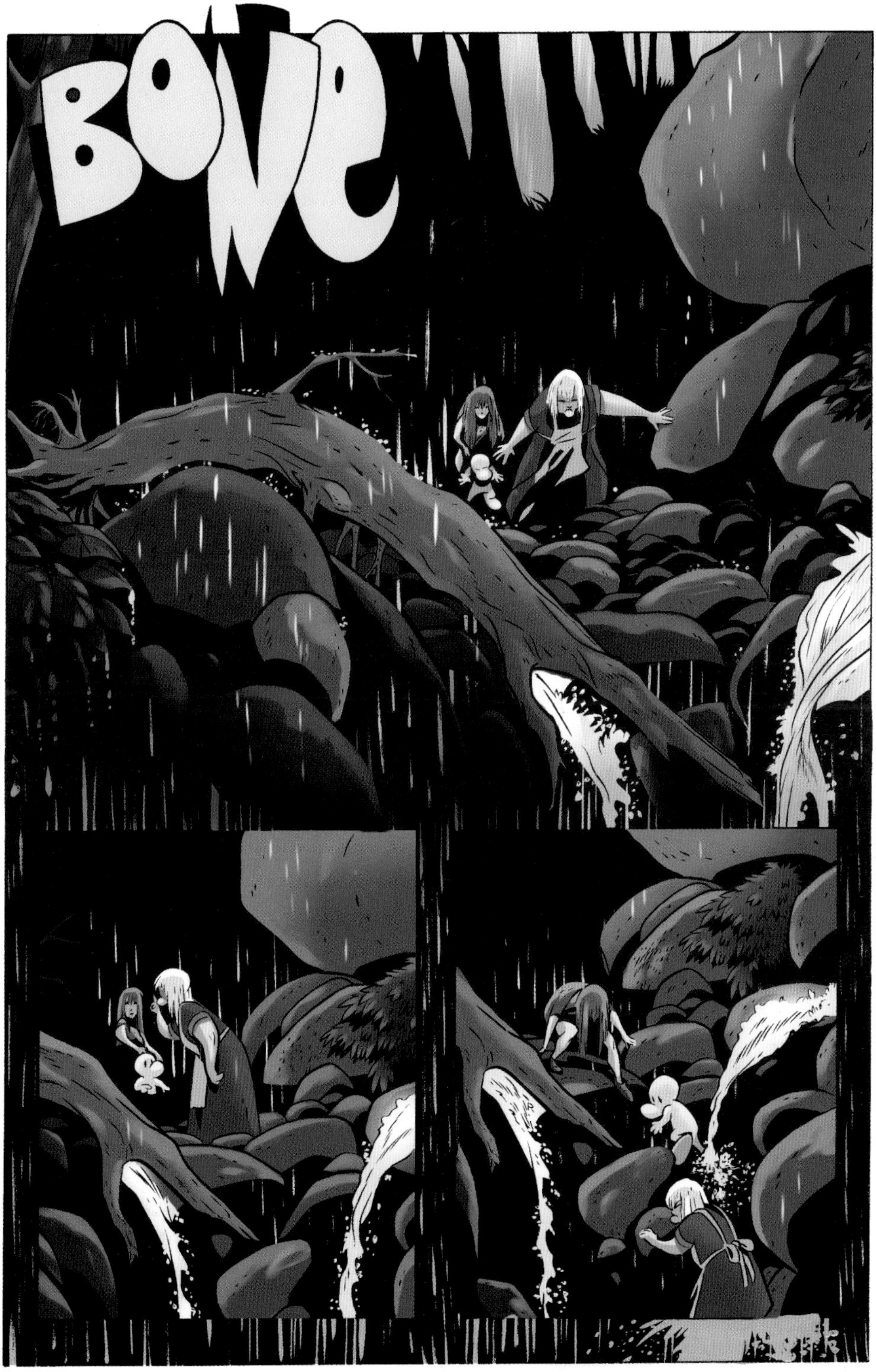
BONE

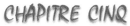

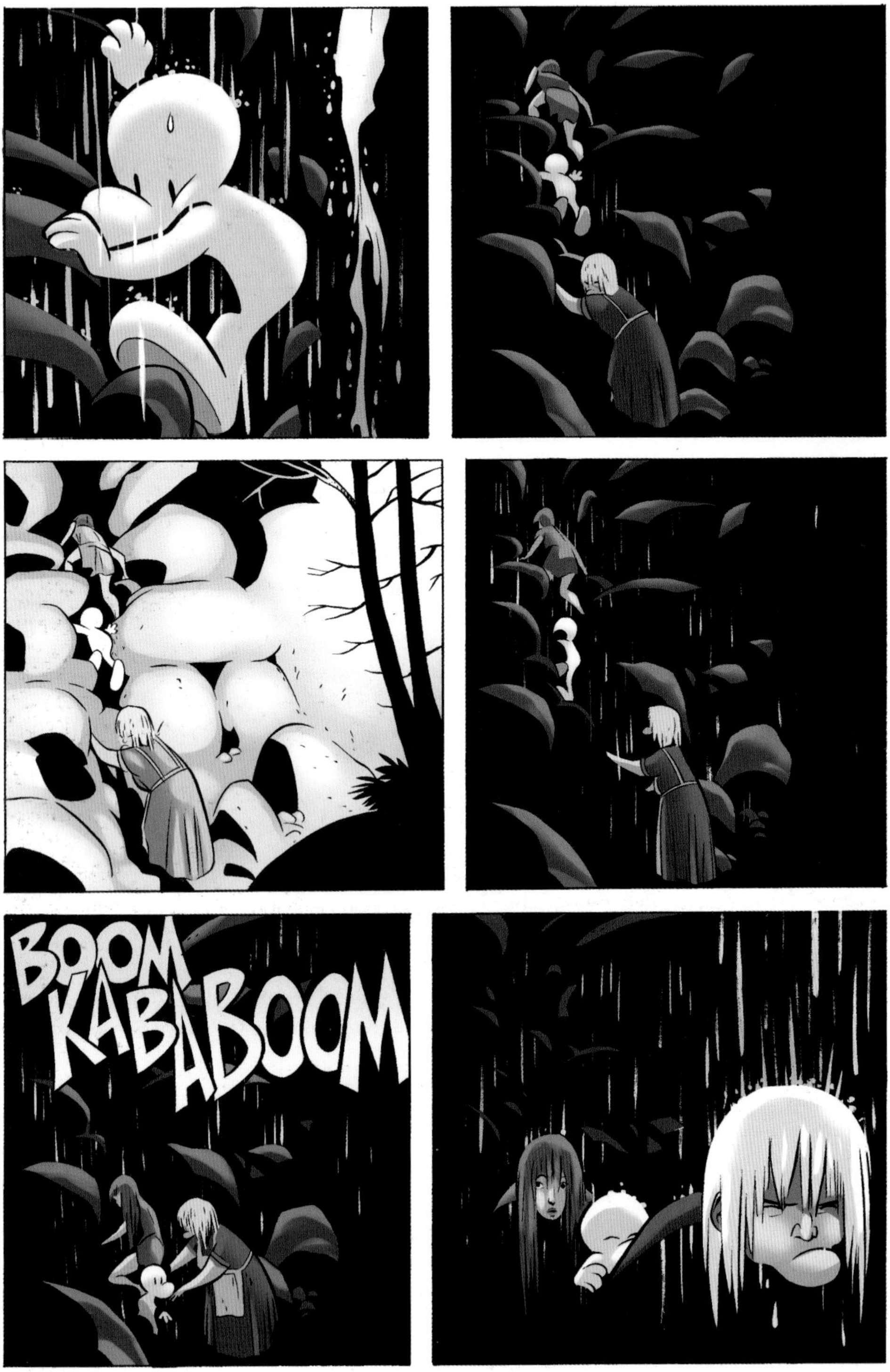
BOOM
KABABOOM

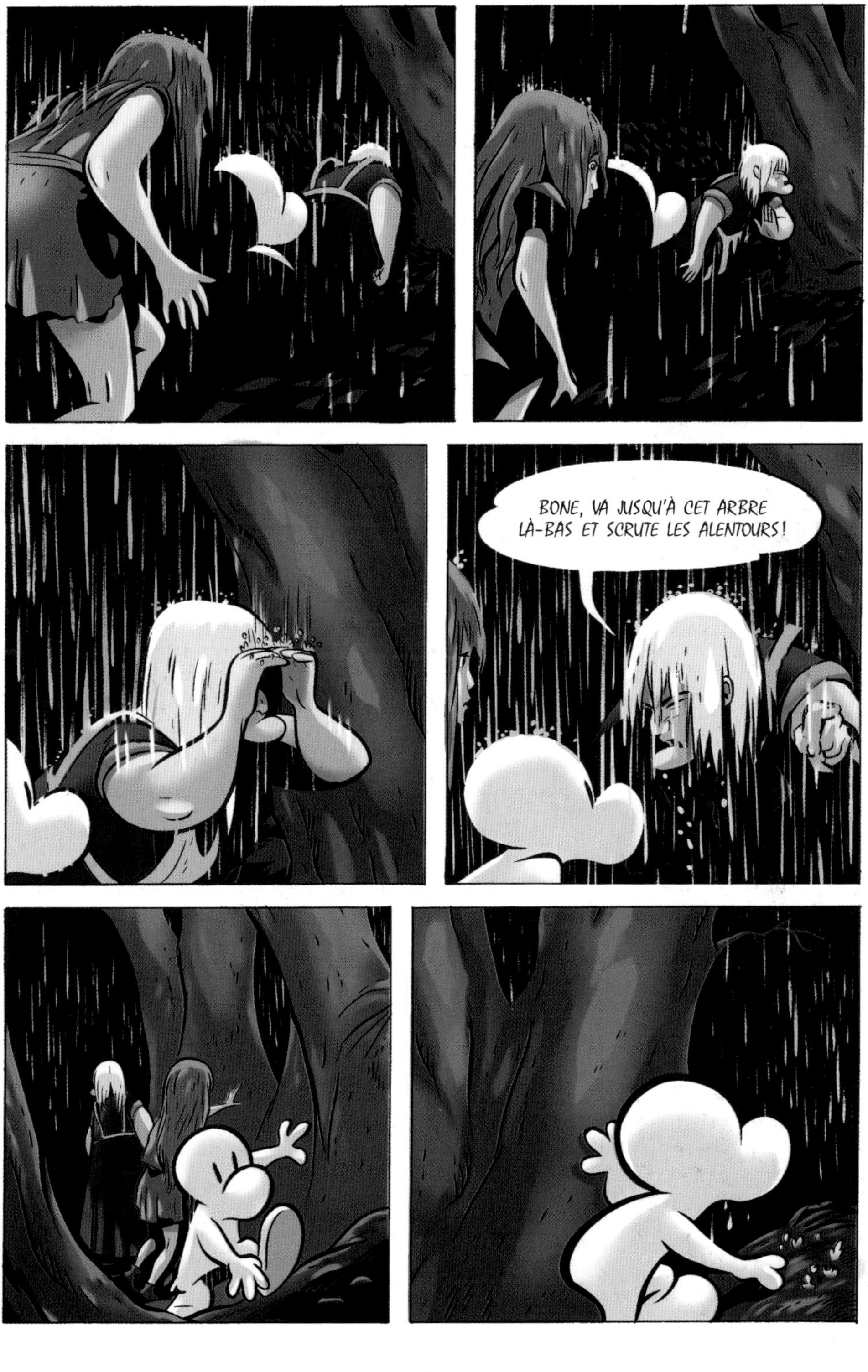
BONE, VA JUSQU'À CET ARBRE LÀ-BAS ET SCRUTE LES ALENTOURS!

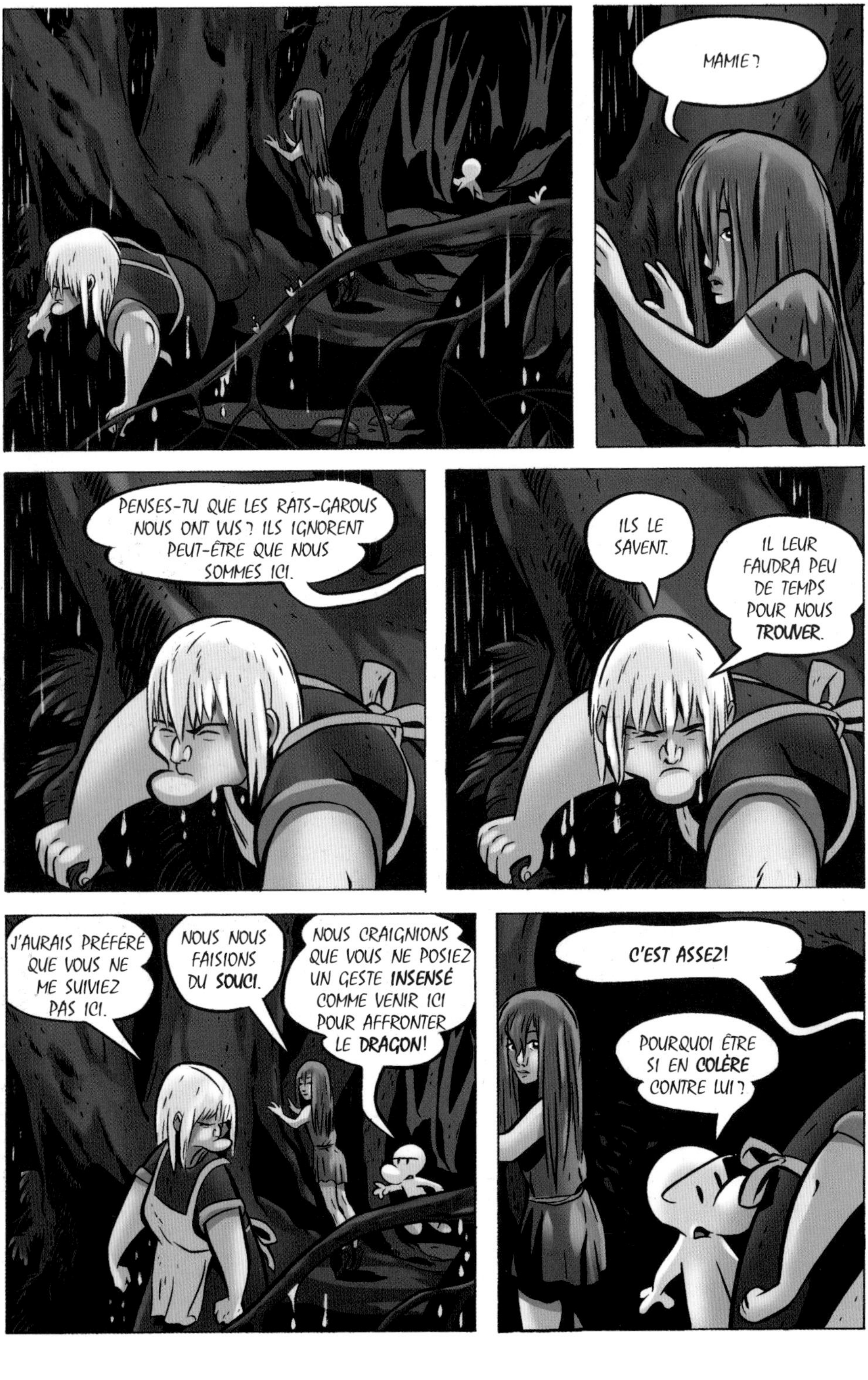
MAMIE ?
PENSES-TU QUE LES RATS-GAROUS NOUS ONT VUS ? ILS IGNORENT PEUT-ÊTRE QUE NOUS SOMMES ICI.
ILS LE SAVENT.
IL LEUR FAUDRA PEU DE TEMPS POUR NOUS TROUVER.
J'AURAIS PRÉFÉRÉ QUE VOUS NE ME SUIVIEZ PAS ICI.
NOUS NOUS FAISIONS DU SOUCI.
NOUS CRAIGNIONS QUE VOUS NE POSIEZ UN GESTE INSENSÉ COMME VENIR ICI POUR AFFRONTER LE DRAGON!
C'EST ASSEZ!
POURQUOI ÊTRE SI EN COLÈRE CONTRE LUI ?

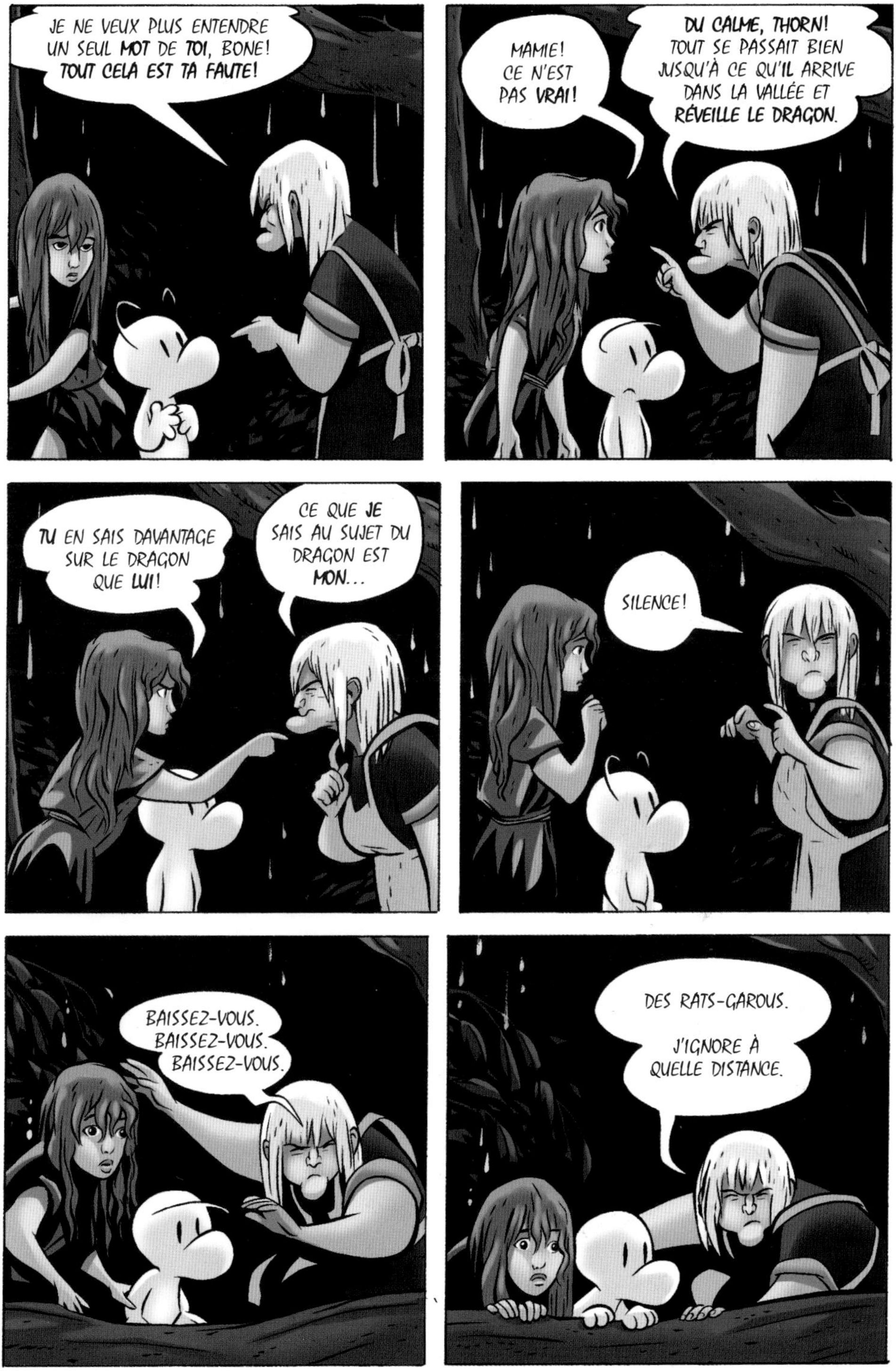
JE NE VEUX PLUS ENTENDRE UN SEUL MOT DE TOI, BONE! TOUT CELA EST TA FAUTE!
MAMIE! CE N'EST PAS VRAI!
DU CALME, THORN! TOUT SE PASSAIT BIEN JUSQU'À CE QU'IL ARRIVE DANS LA VALLÉE ET RÉVEILLE LE DRAGON.
TU EN SAIS DAVANTAGE SUR LE DRAGON QUE LUI!
CE QUE JE SAIS AU SUJET DU DRAGON EST MON...
SILENCE!
BAISSEZ-VOUS. BAISSEZ-VOUS. BAISSEZ-VOUS.
DES RATS-GAROUS.
J'IGNORE À QUELLE DISTANCE.

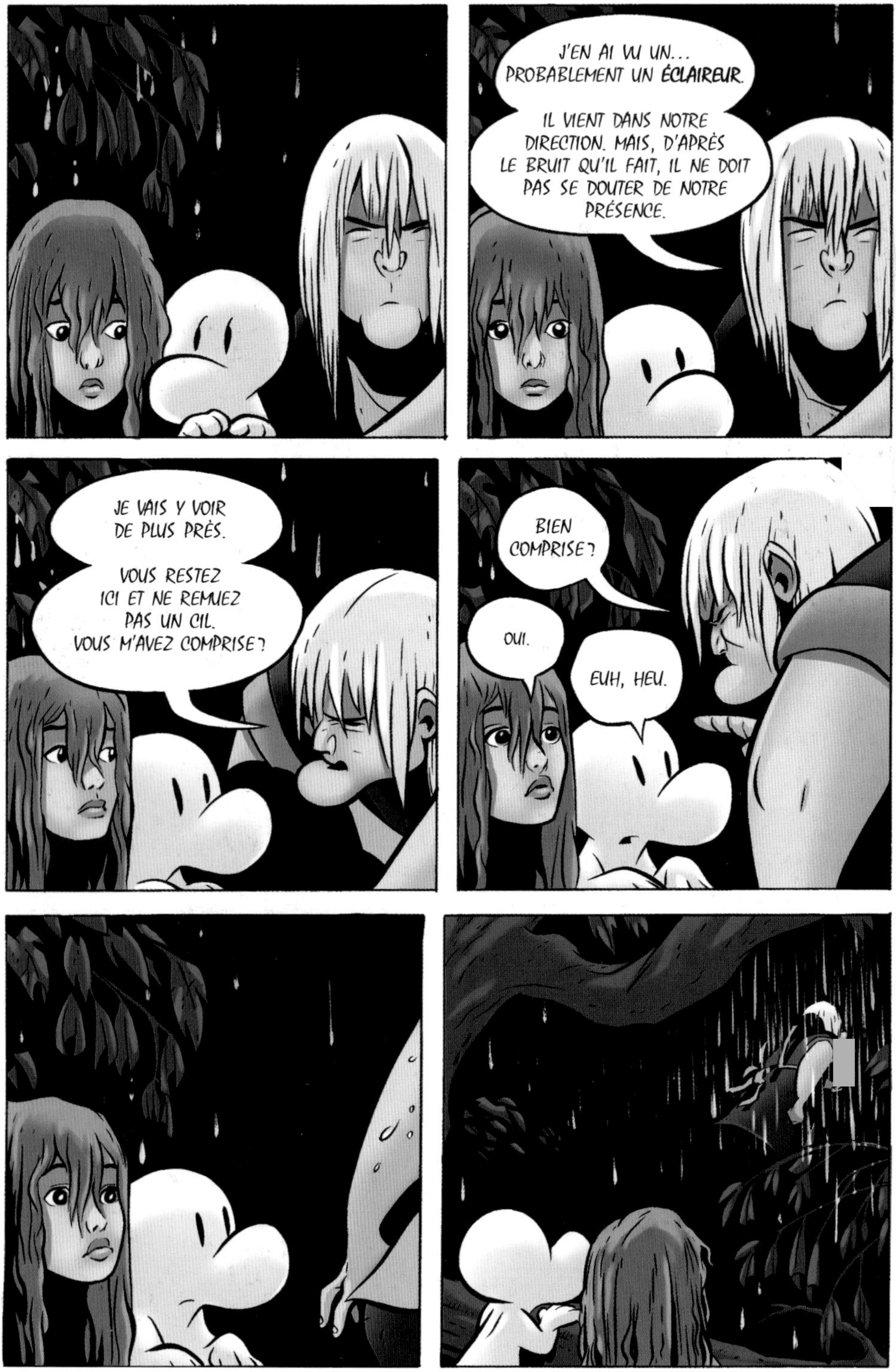
J'EN AI VU UN... PROBABLEMENT UN ÉCLAIREUR.
IL VIENT DANS NOTRE DIRECTION. MAIS, D'APRÈS LE BRUIT QU'IL FAIT, IL NE DOIT PAS SE DOUTER DE NOTRE PRÉSENCE.
JE VAIS Y VOIR DE PLUS PRÈS.
VOUS RESTEZ ICI ET NE REMUEZ PAS UN CIL. VOUS M'AVEZ COMPRISE?
BIEN COMPRISE?
OUI.
EUH, HEU.

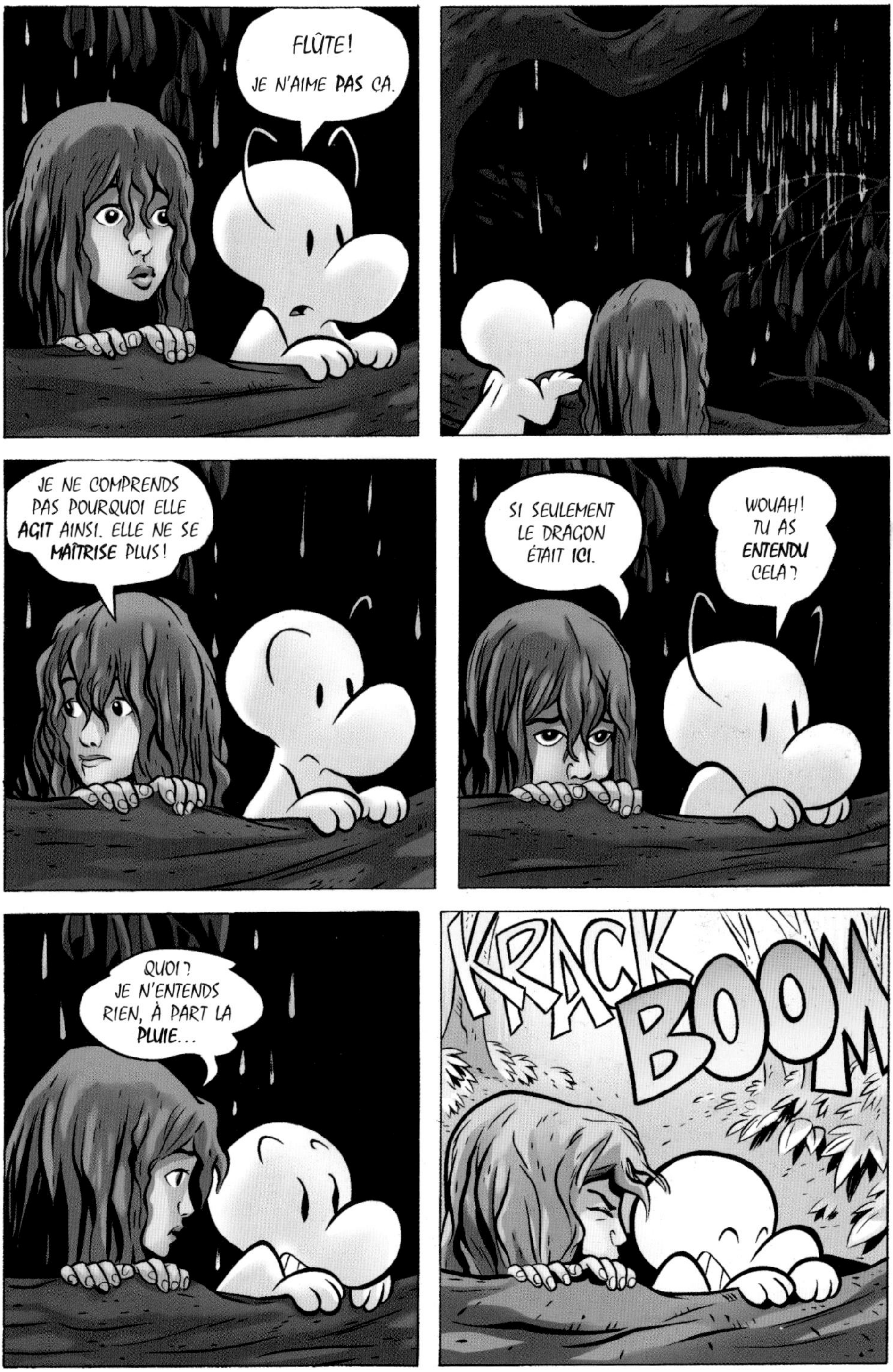
FLÛTE!
JE N'AIME **PAS** ÇA.
JE NE COMPRENDS PAS POURQUOI ELLE **AGIT** AINSI. ELLE NE SE **MAÎTRISE** PLUS!
SI SEULEMENT LE DRAGON ÉTAIT **ICI**.
WOUAH! TU AS **ENTENDU** CELA?
QUOI? JE N'ENTENDS RIEN, À PART LA **PLUIE**...
KRACK
BOOM

... ET LE TONNERRE!

QU'AS-*TU* ENTENDU?

CA VENAIT DE LA DIRECTION QU'A PRISE MAMIE.

ON... AURAIT DIT UN CRI!

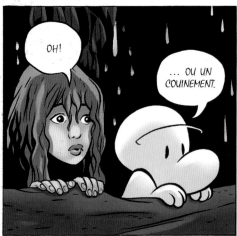

OH!

... OU UN COUINEMENT.

JE L'AI PEUT-ÊTRE IMAGINÉ.

QUE DEVRIONS-NOUS FAIRE?

JE NE SAIS PAS.

ALORS TU VAS RESTER LÀ À FIXER L'ENDROIT OÙ ELLE A **DISPARU**?

OUI.

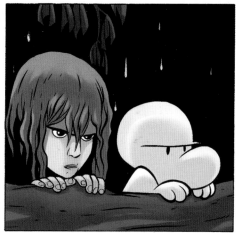

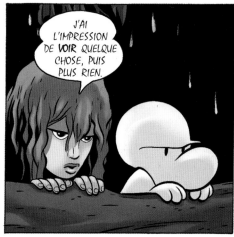

J'AI L'IMPRESSION DE **VOIR** QUELQUE CHOSE, PUIS PLUS RIEN.

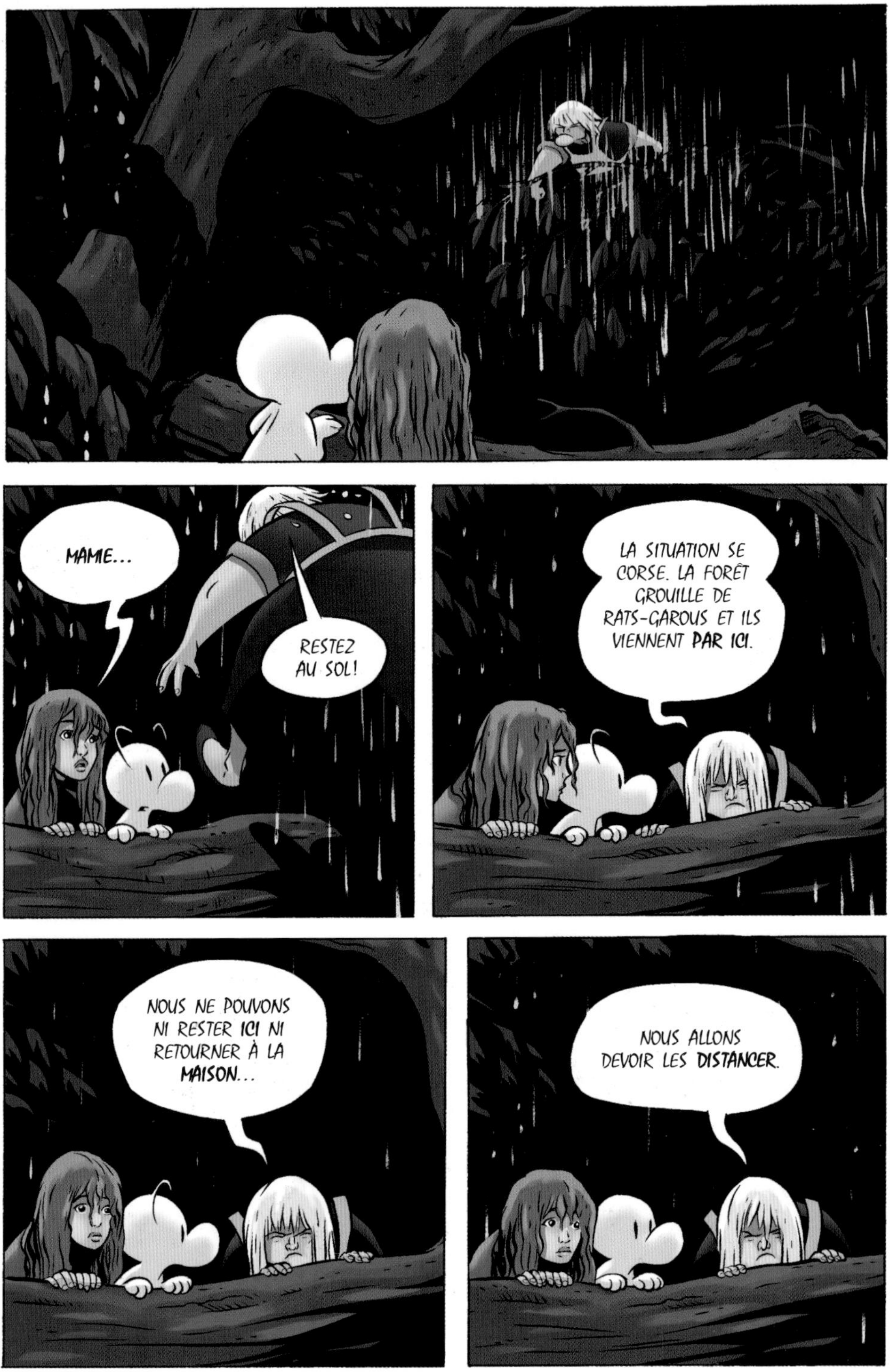
MAMIE...
RESTEZ AU SOL!
LA SITUATION SE CORSE. LA FORÊT GROUILLE DE RATS-GAROUS ET ILS VIENNENT **PAR ICI**.
NOUS NE POUVONS NI RESTER **ICI** NI RETOURNER À LA **MAISON**...
NOUS ALLONS DEVOIR LES **DISTANCER**.

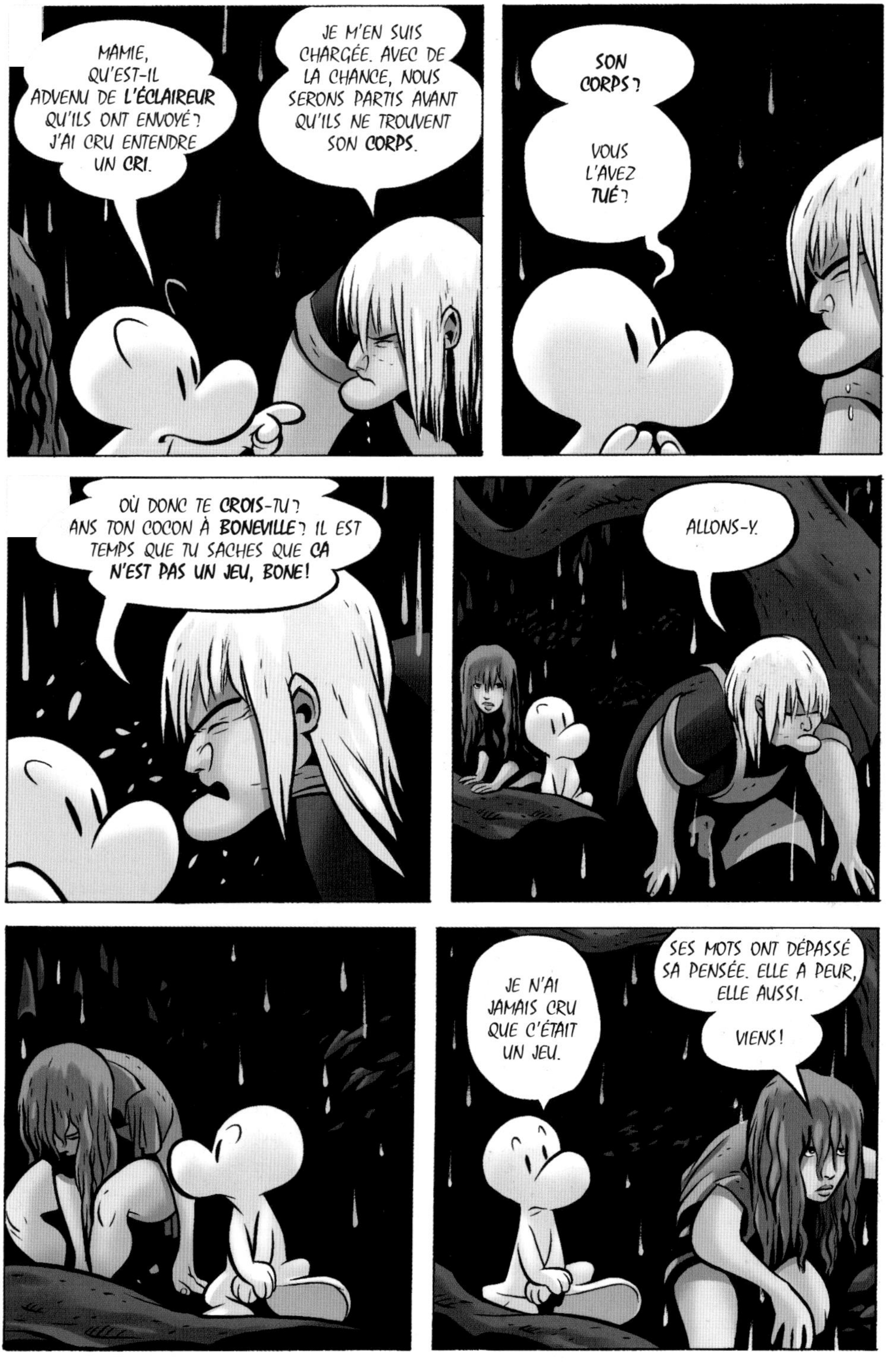
MAMIE, QU'EST-IL ADVENU DE L'ÉCLAIREUR QU'ILS ONT ENVOYÉ? J'AI CRU ENTENDRE UN CRI.
JE M'EN SUIS CHARGÉE. AVEC DE LA CHANCE, NOUS SERONS PARTIS AVANT QU'ILS NE TROUVENT SON CORPS.
SON CORPS?
VOUS L'AVEZ TUÉ?
OÙ DONC TE CROIS-TU? ANS TON COCON À BONEVILLE? IL EST TEMPS QUE TU SACHES QUE CA N'EST PAS UN JEU, BONE!
ALLONS-Y.
JE N'AI JAMAIS CRU QUE C'ÉTAIT UN JEU.
SES MOTS ONT DÉPASSÉ SA PENSÉE. ELLE A PEUR, ELLE AUSSI.
VIENS!

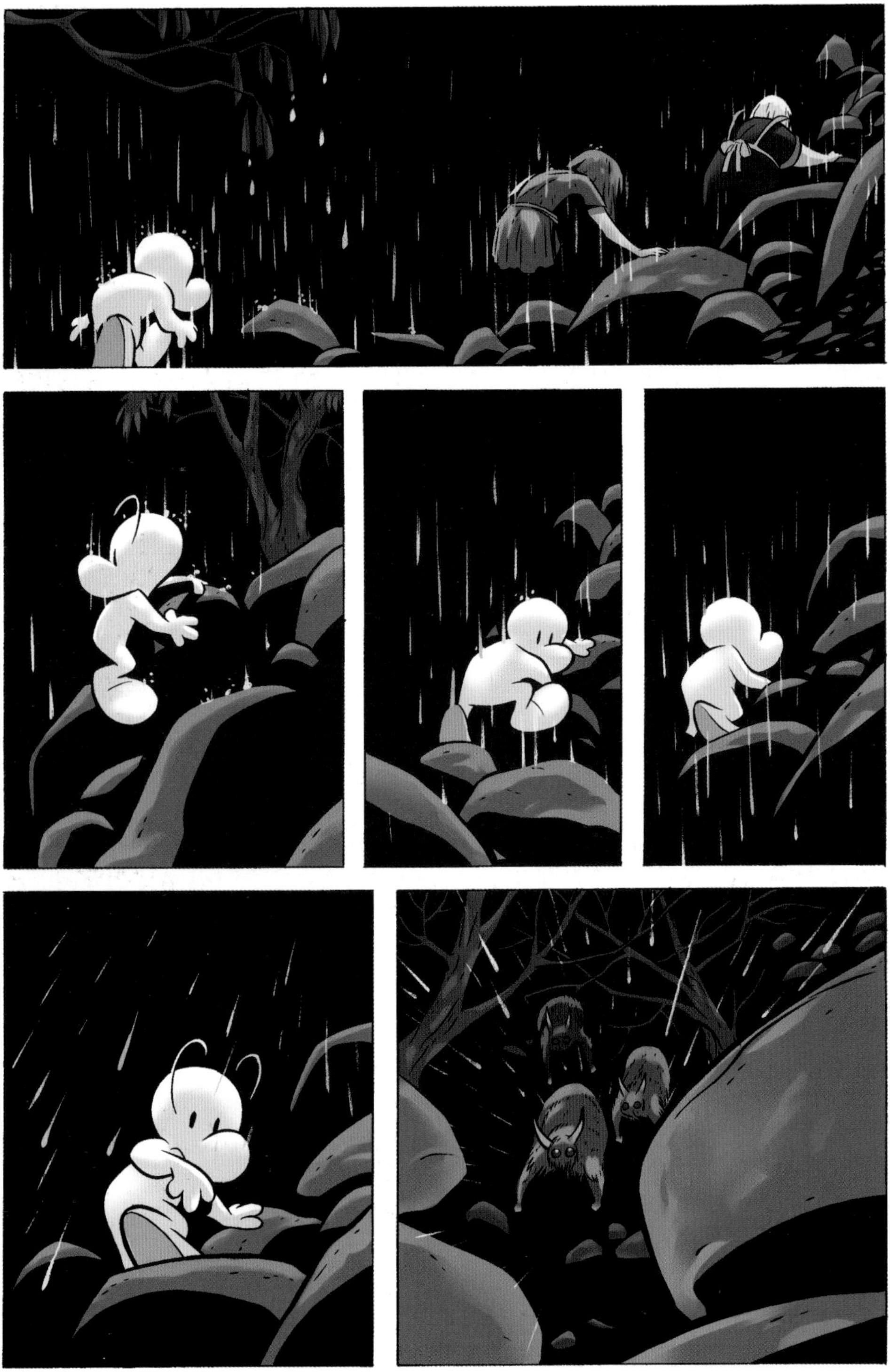

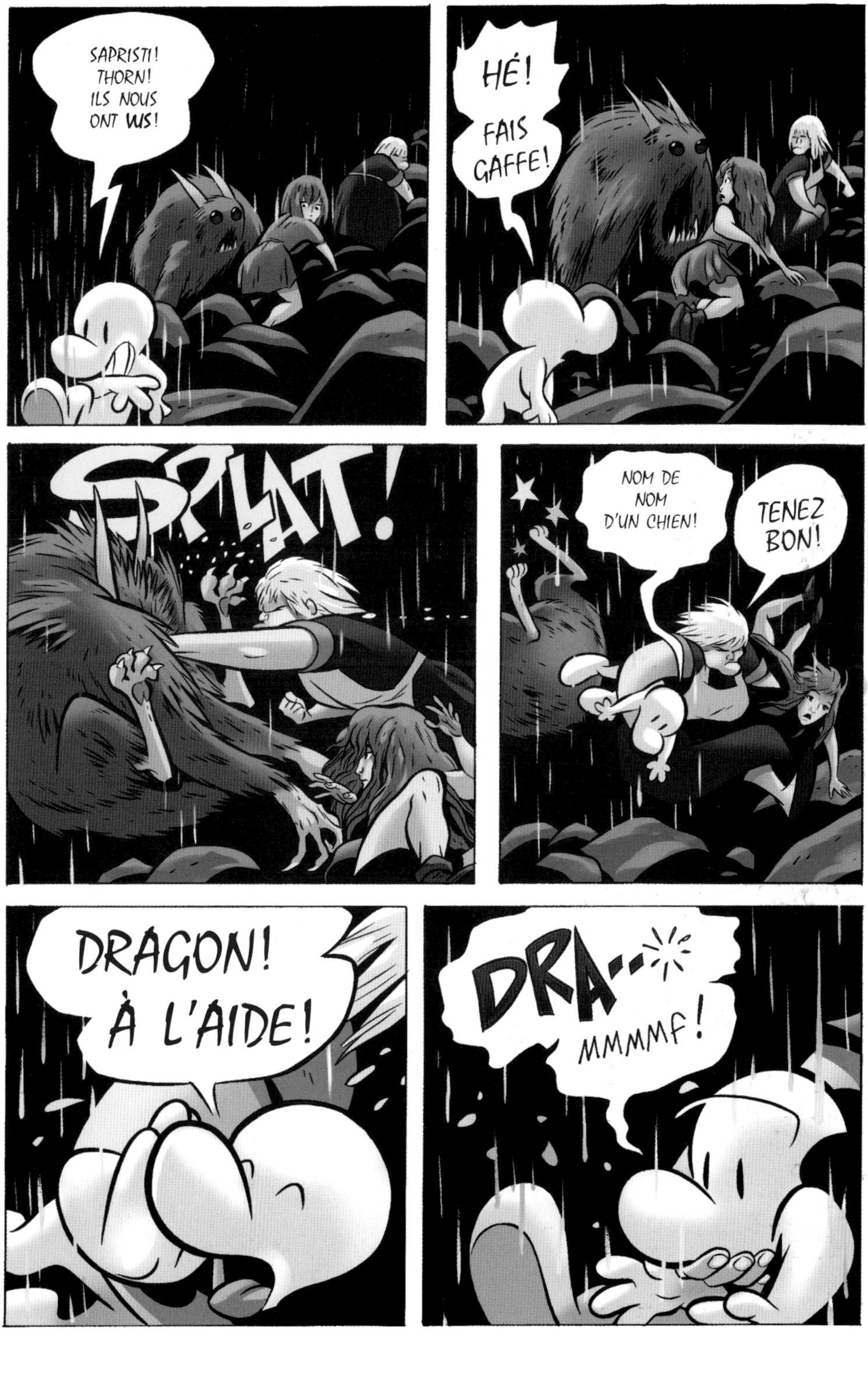
SAPRISTI! THORN! ILS NOUS ONT VUS!
HÉ!
FAIS GAFFE!
SPLAT!
NOM DE NOM D'UN CHIEN!
TENEZ BON!
DRAGON! À L'AIDE!
DRA..
MMMMF!

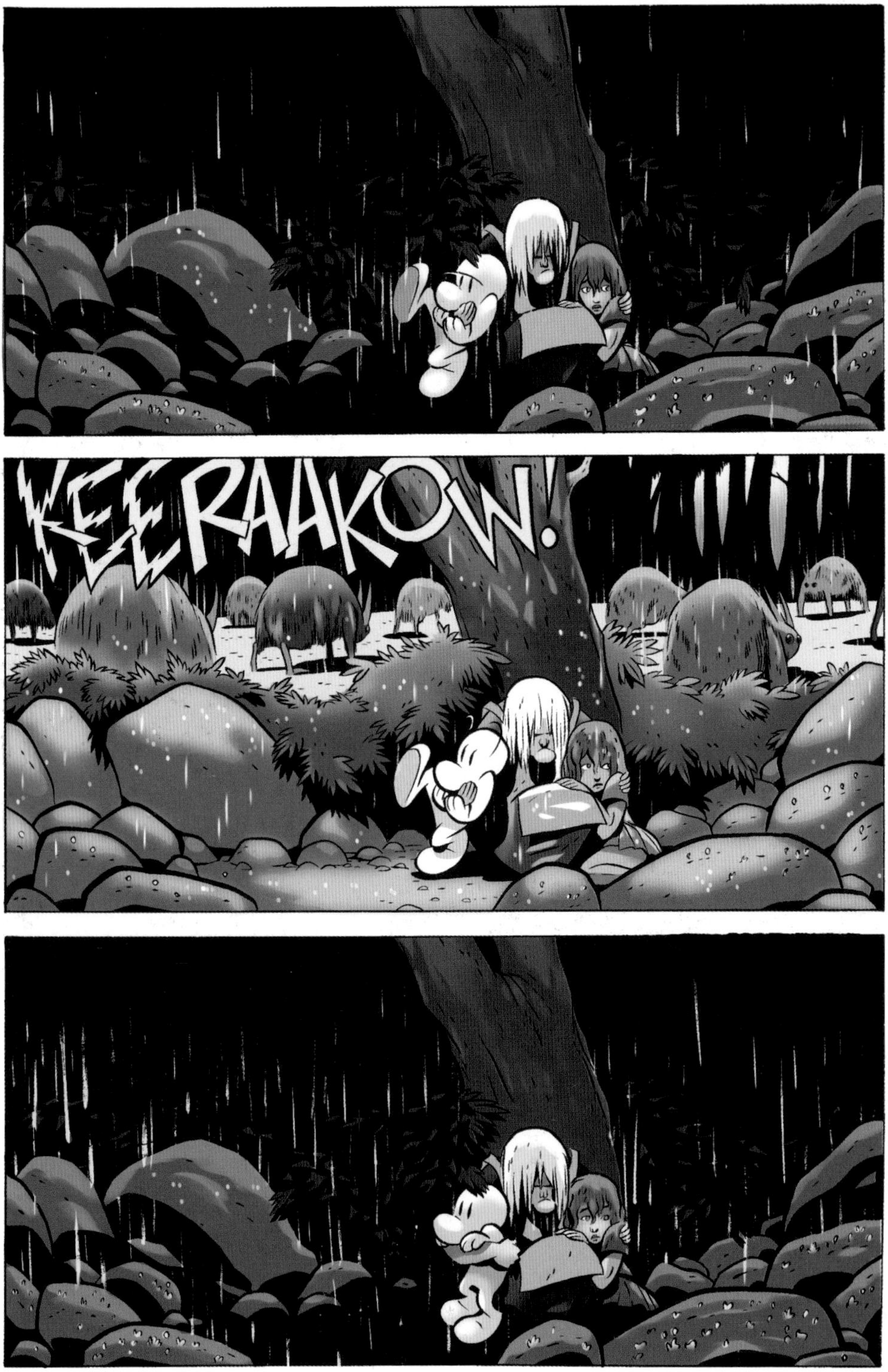
KEERAAKOW!

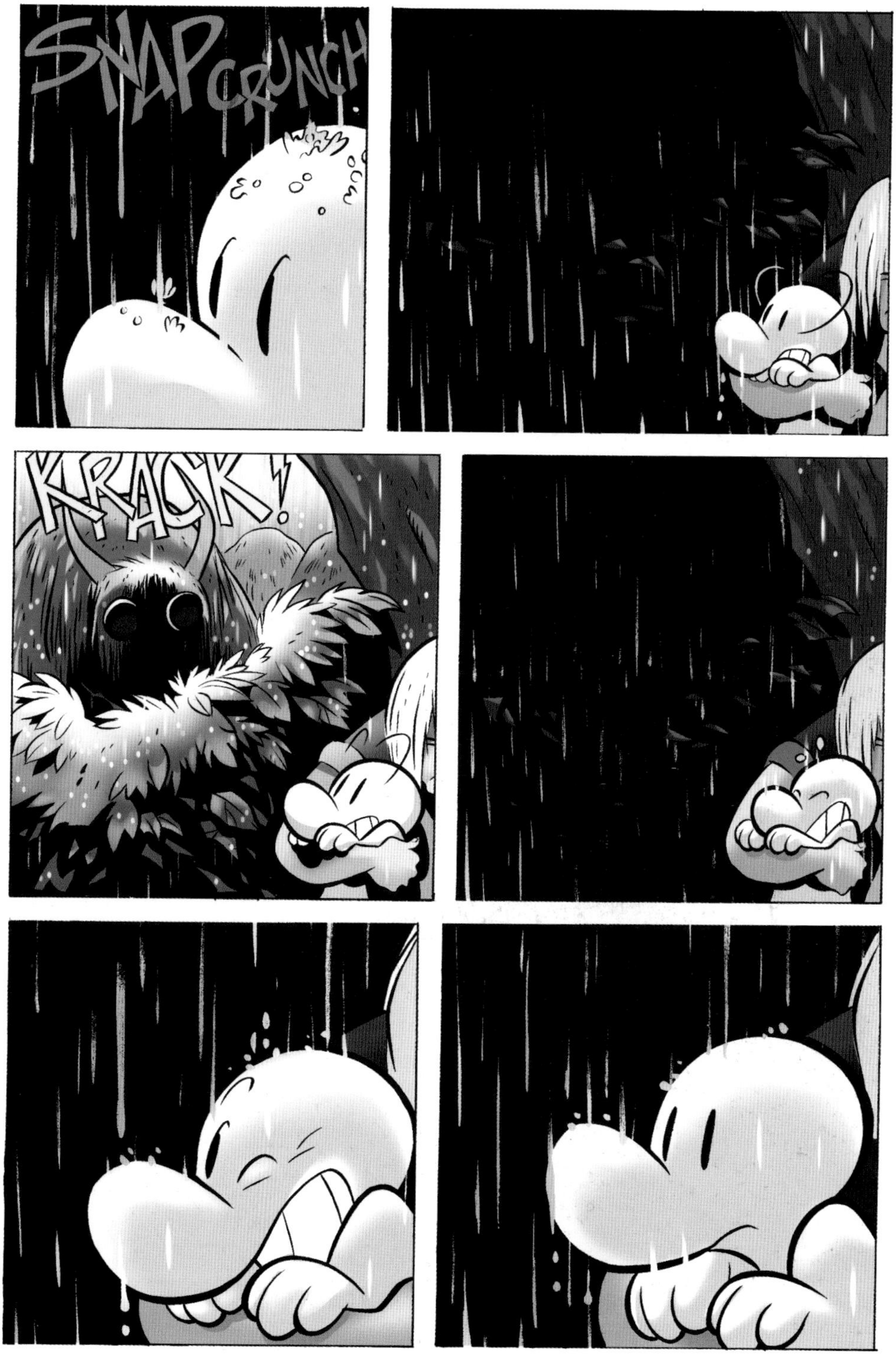
SNAP
CRUNCH
KRACK !

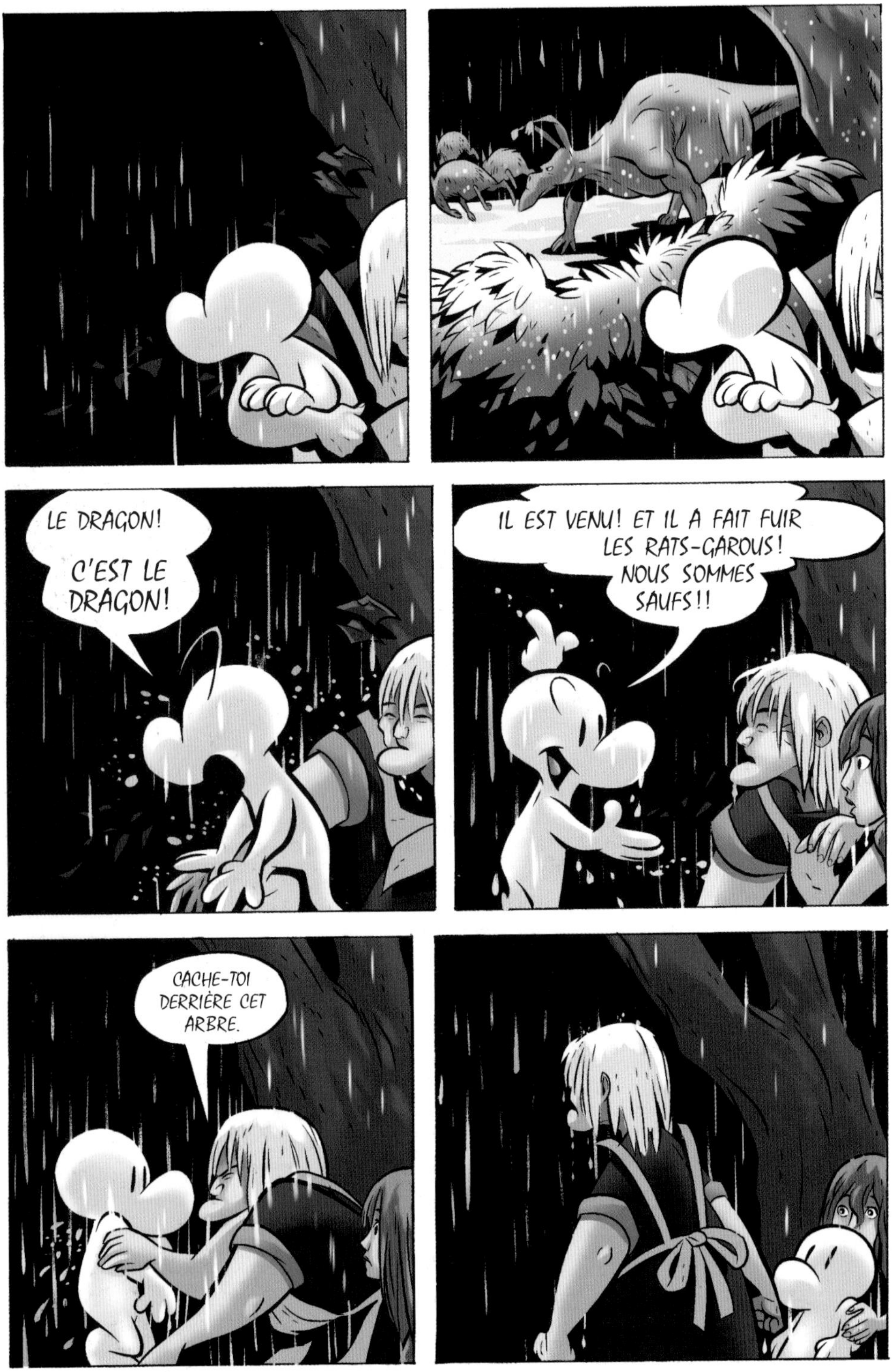
LE DRAGON!
C'EST LE DRAGON!
IL EST VENU! ET IL A FAIT FUIR LES RATS-GAROUS! NOUS SOMMES SAUFS!!
CACHE-TOI DERRIÈRE CET ARBRE.

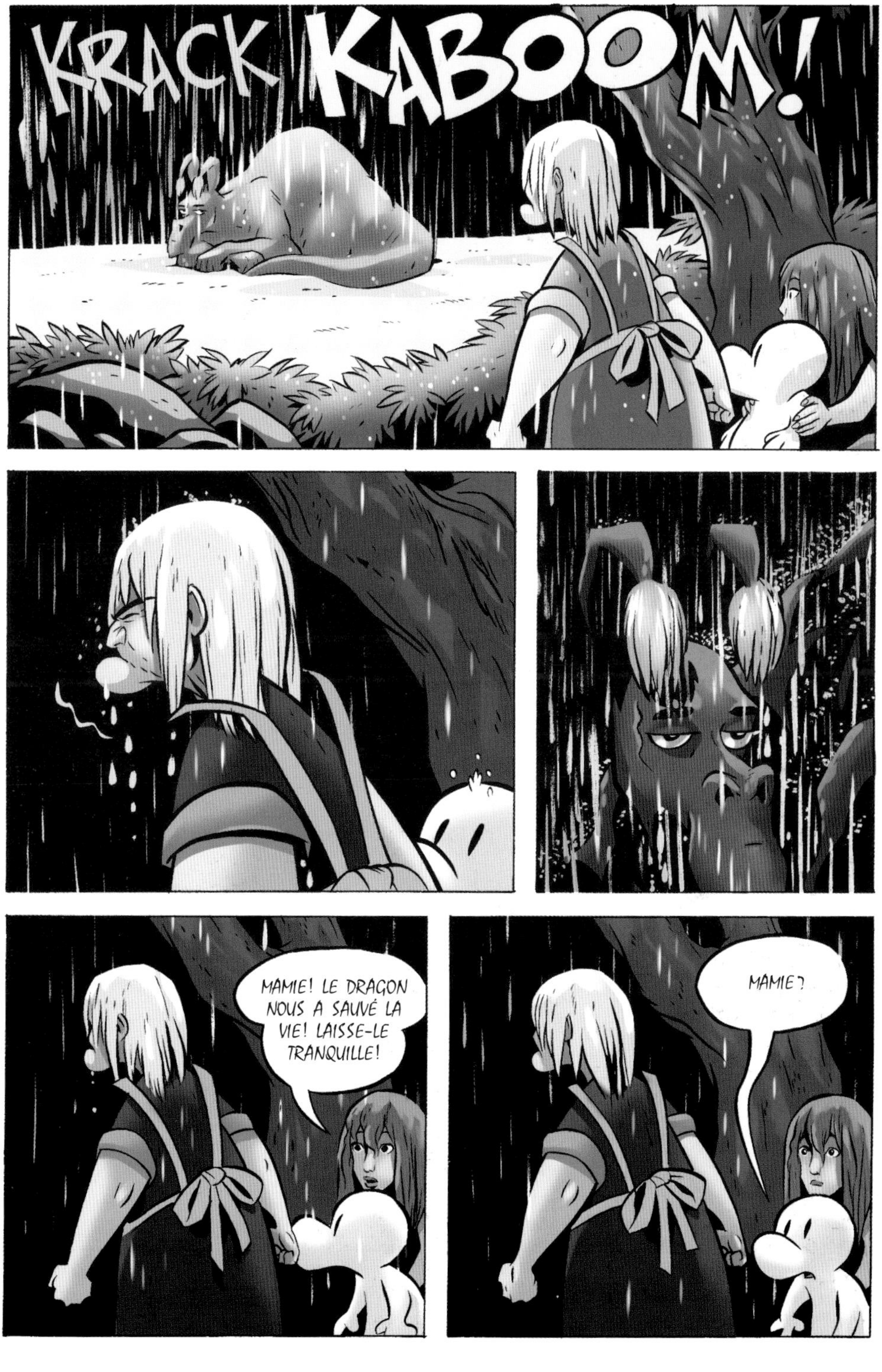
KRACK KABOOM!
MAMIE! LE DRAGON NOUS A SAUVÉ LA VIE! LAISSE-LE TRANQUILLE!
MAMIE?

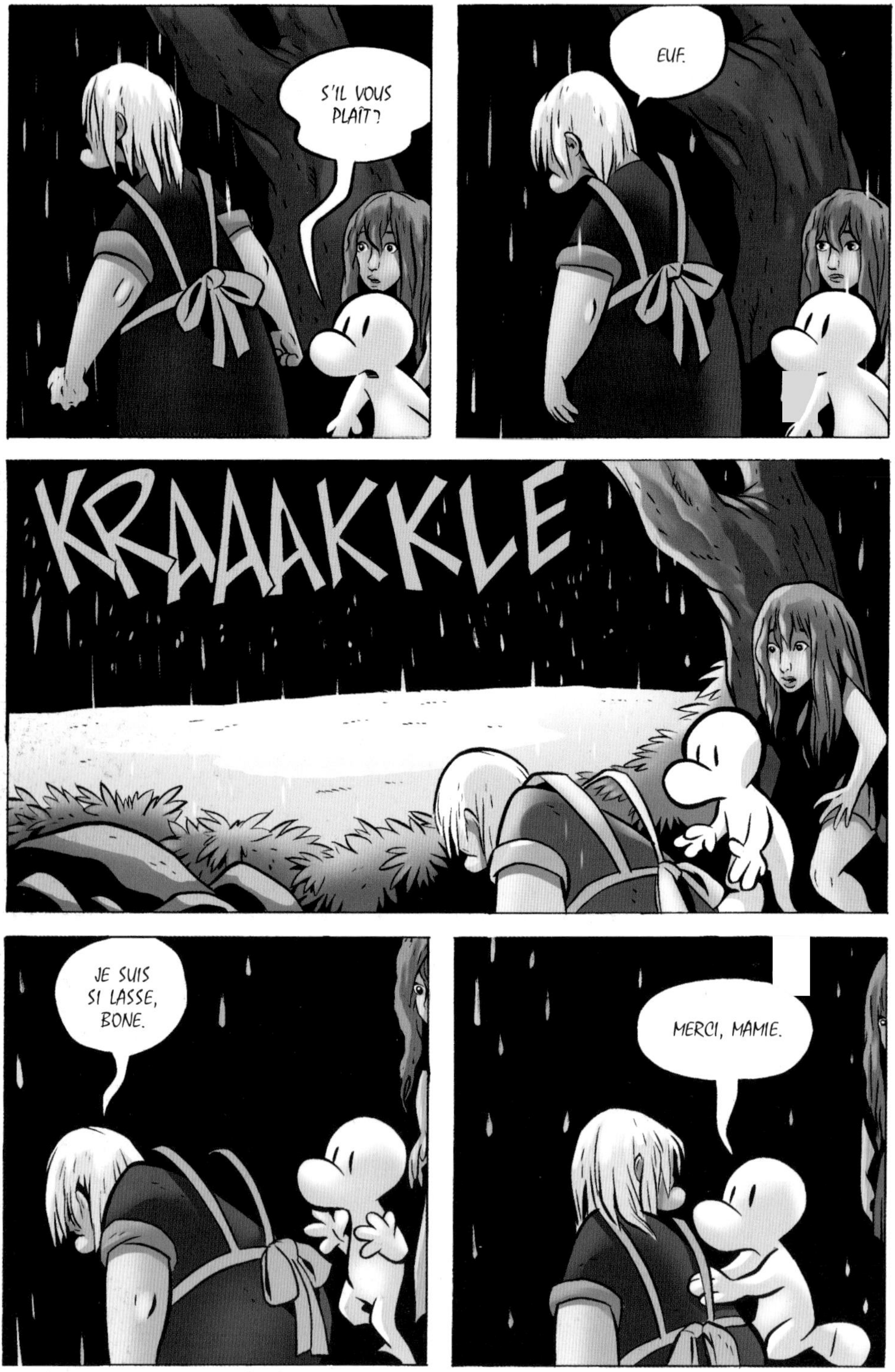
S'IL VOUS PLAÎT?
EUF.
KRAAAKKLE
JE SUIS SI LASSE, BONE.
MERCI, MAMIE.

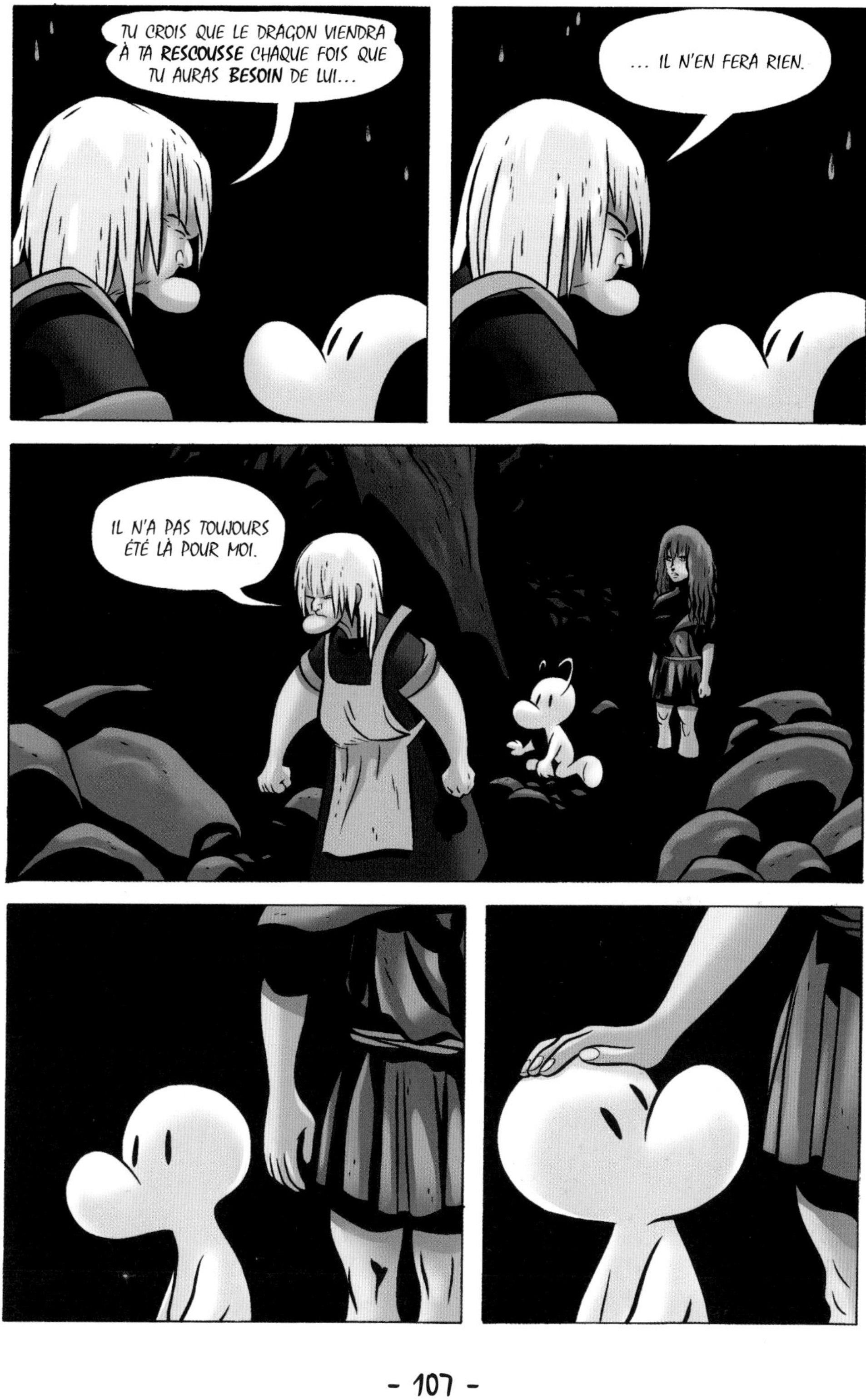
TU CROIS QUE LE DRAGON VIENDRA À TA **RESCOUSSE** CHAQUE FOIS QUE TU AURAS **BESOIN** DE LUI...
... IL N'EN FERA RIEN.
IL N'A PAS TOUJOURS ÉTÉ LÀ POUR MOI.

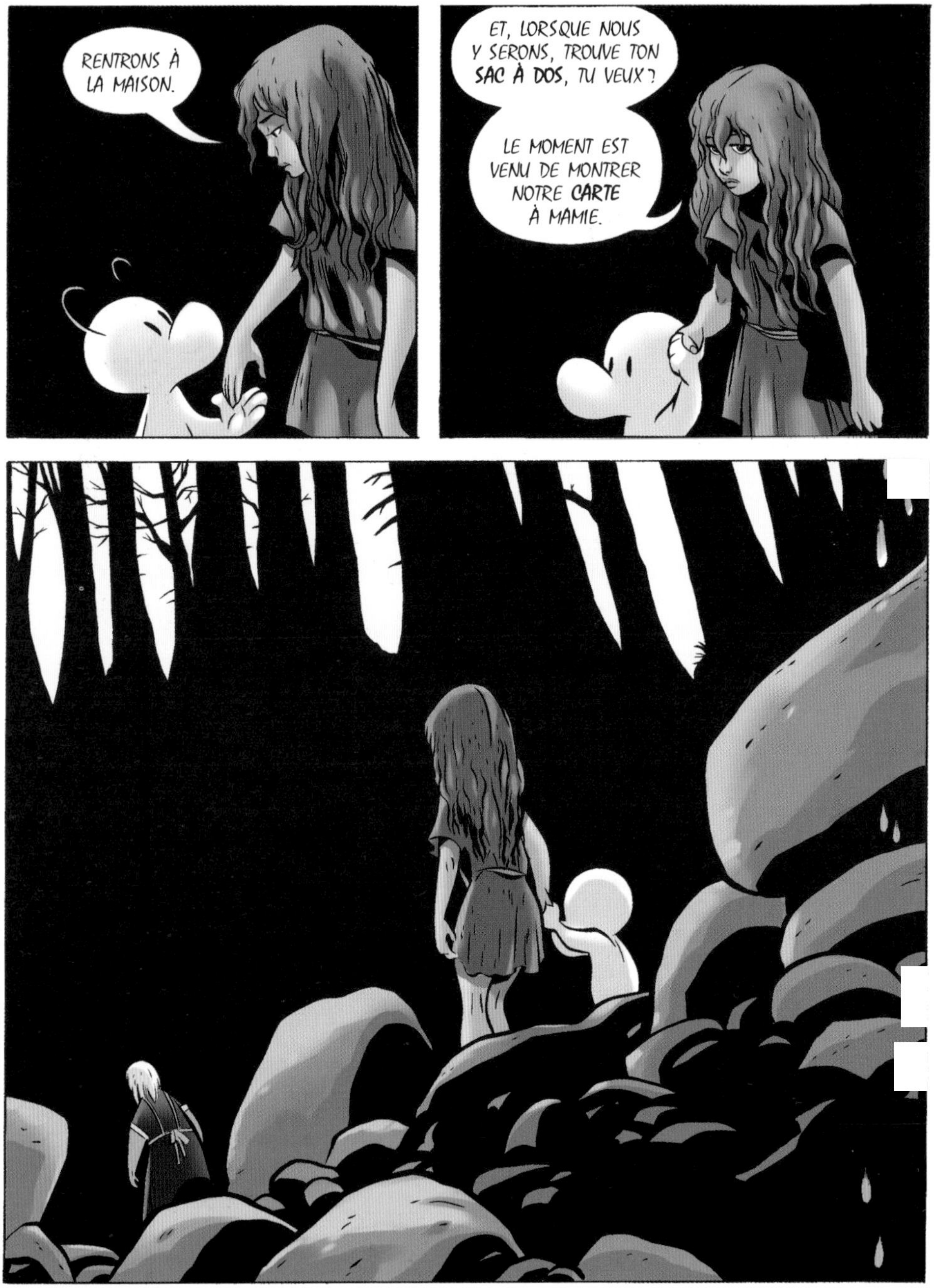
RENTRONS À LA MAISON.
ET, LORSQUE NOUS Y SERONS, TROUVE TON **SAC À DOS**, TU VEUX ?
LE MOMENT EST VENU DE MONTRER NOTRE **CARTE** À MAMIE.

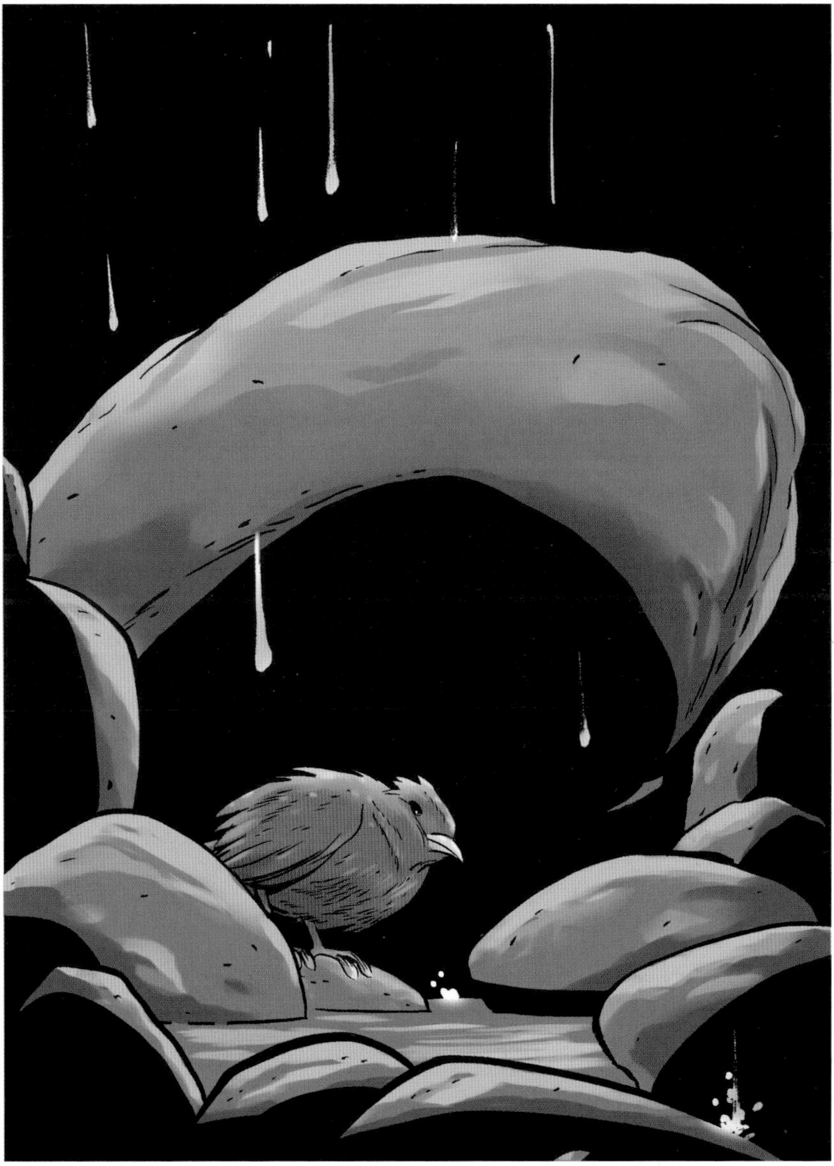

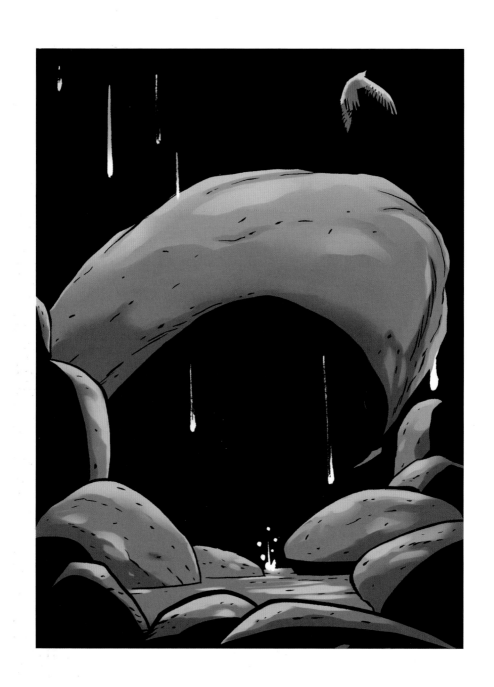

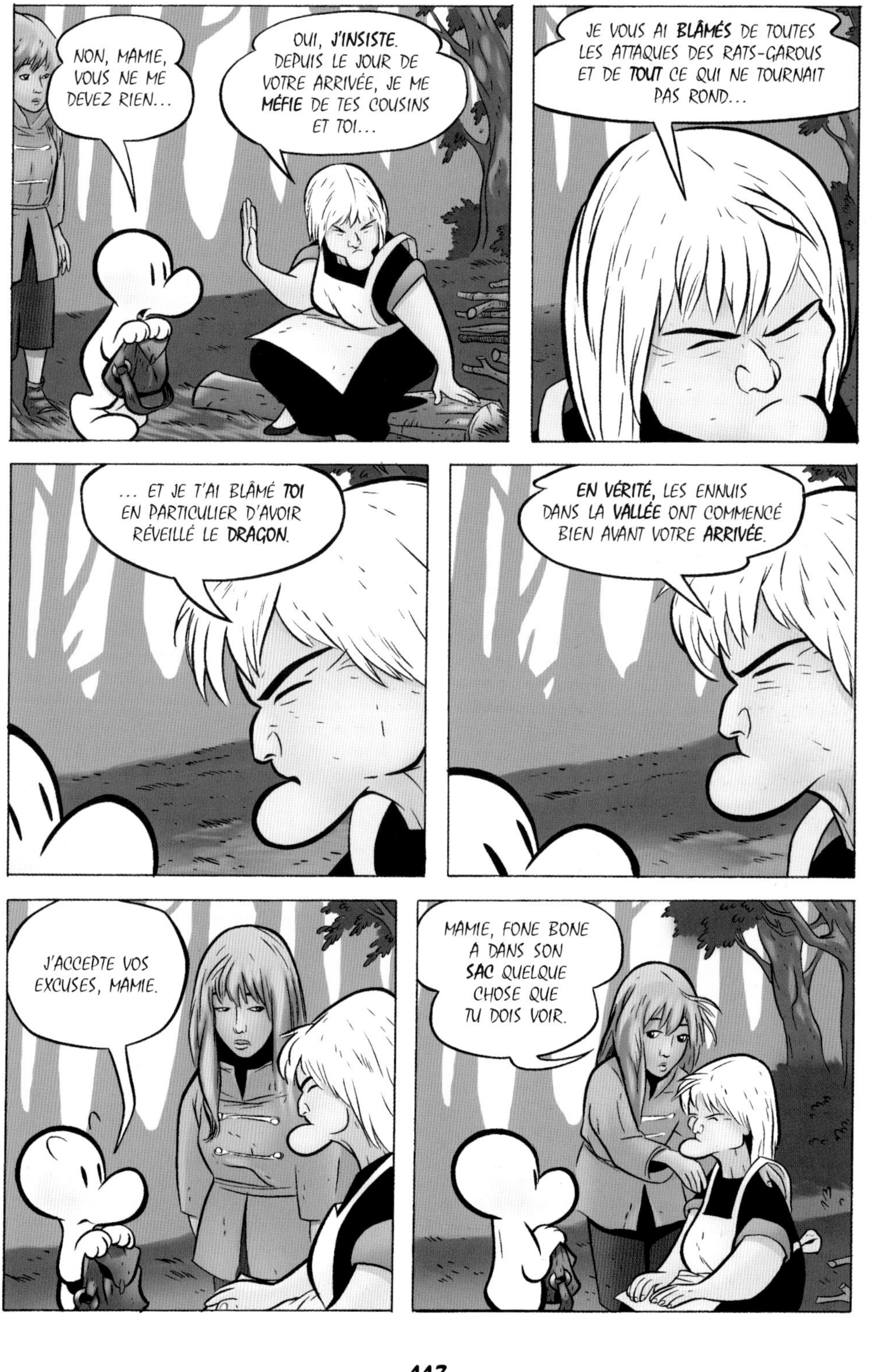
NON, MAMIE, VOUS NE ME DEVEZ RIEN...
OUI, J'INSISTE. DEPUIS LE JOUR DE VOTRE ARRIVÉE, JE ME MÉFIE DE TES COUSINS ET TOI...
JE VOUS AI BLÂMÉS DE TOUTES LES ATTAQUES DES RATS-GAROUS ET DE TOUT CE QUI NE TOURNAIT PAS ROND...
... ET JE T'AI BLÂMÉ TOI EN PARTICULIER D'AVOIR RÉVEILLÉ LE DRAGON.
EN VÉRITÉ, LES ENNUIS DANS LA VALLÉE ONT COMMENCÉ BIEN AVANT VOTRE ARRIVÉE.
J'ACCEPTE VOS EXCUSES, MAMIE.
MAMIE, FONE BONE A DANS SON SAC QUELQUE CHOSE QUE TU DOIS VOIR.

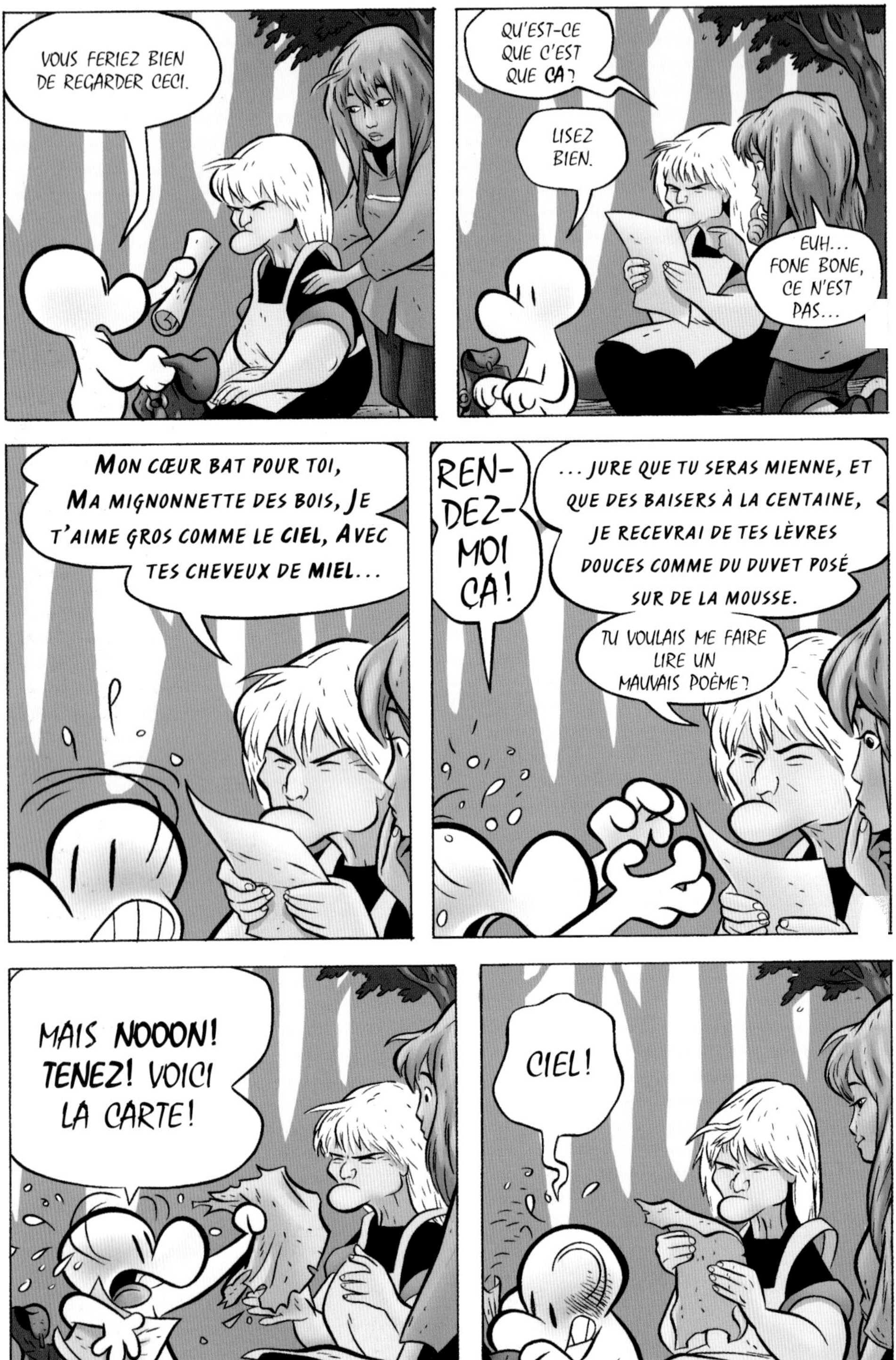
VOUS FERIEZ BIEN DE REGARDER CECI.
QU'EST-CE QUE C'EST QUE ÇA?
LISEZ BIEN.
EUH... FONE BONE, CE N'EST PAS...
MON CŒUR BAT POUR TOI, MA MIGNONNETTE DES BOIS, JE T'AIME GROS COMME LE CIEL, AVEC TES CHEVEUX DE MIEL...
RENDEZ-MOI ÇA!
... JURE QUE TU SERAS MIENNE, ET QUE DES BAISERS À LA CENTAINE, JE RECEVRAI DE TES LÈVRES DOUCES COMME DU DUVET POSÉ SUR DE LA MOUSSE.
TU VOULAIS ME FAIRE LIRE UN MAUVAIS POÈME?
MAIS NOOON! TENEZ! VOICI LA CARTE!
CIEL!

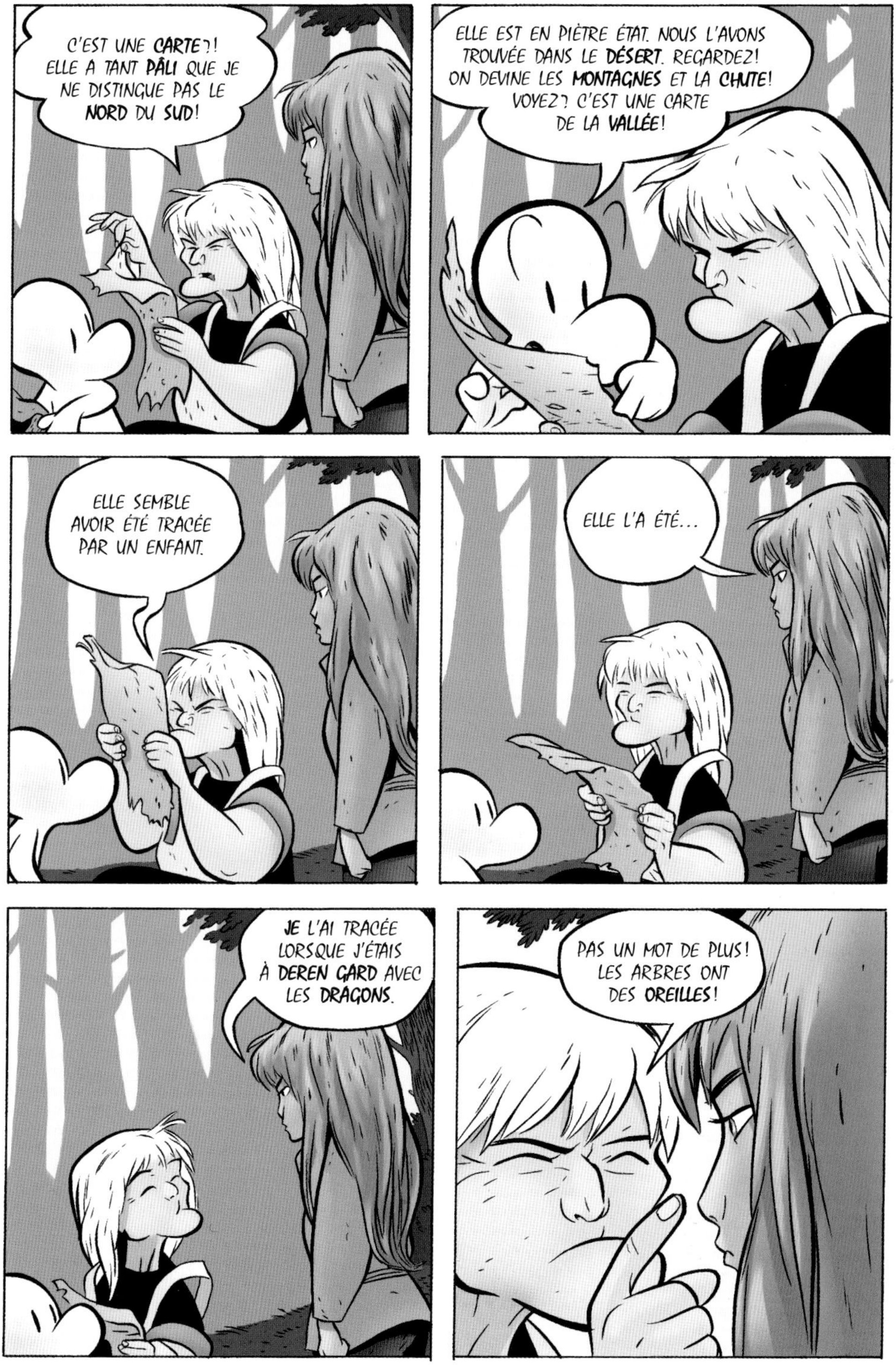
C'EST UNE CARTE?! ELLE A TANT PÂLI QUE JE NE DISTINGUE PAS LE NORD DU SUD!
ELLE EST EN PIÈTRE ÉTAT. NOUS L'AVONS TROUVÉE DANS LE DÉSERT. REGARDEZ! ON DEVINE LES MONTAGNES ET LA CHUTE! VOYEZ?! C'EST UNE CARTE DE LA VALLÉE!
ELLE SEMBLE AVOIR ÉTÉ TRACÉE PAR UN ENFANT.
ELLE L'A ÉTÉ...
JE L'AI TRACÉE LORSQUE J'ÉTAIS À DEREN GARD AVEC LES DRAGONS.
PAS UN MOT DE PLUS! LES ARBRES ONT DES OREILLES!

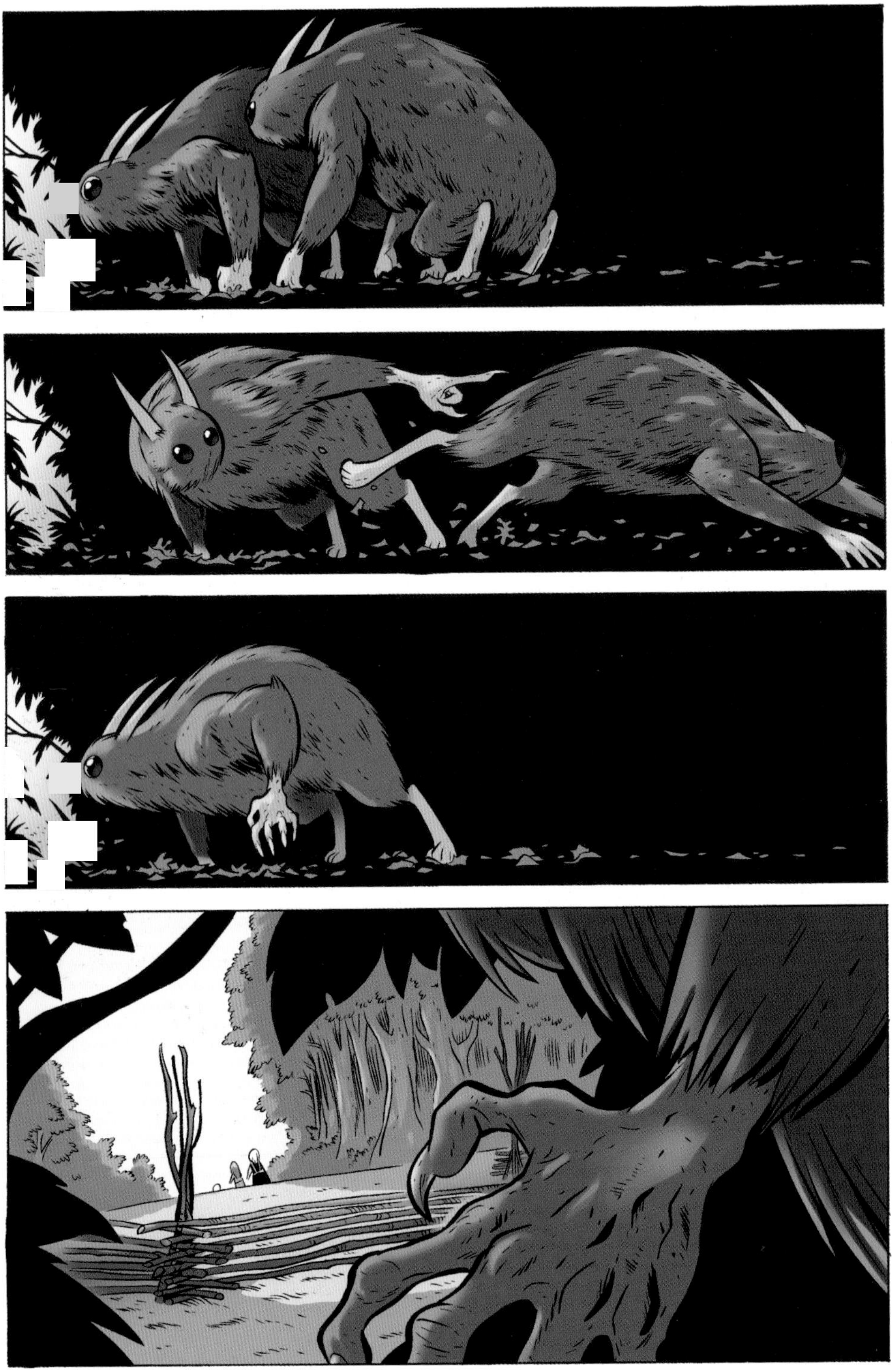

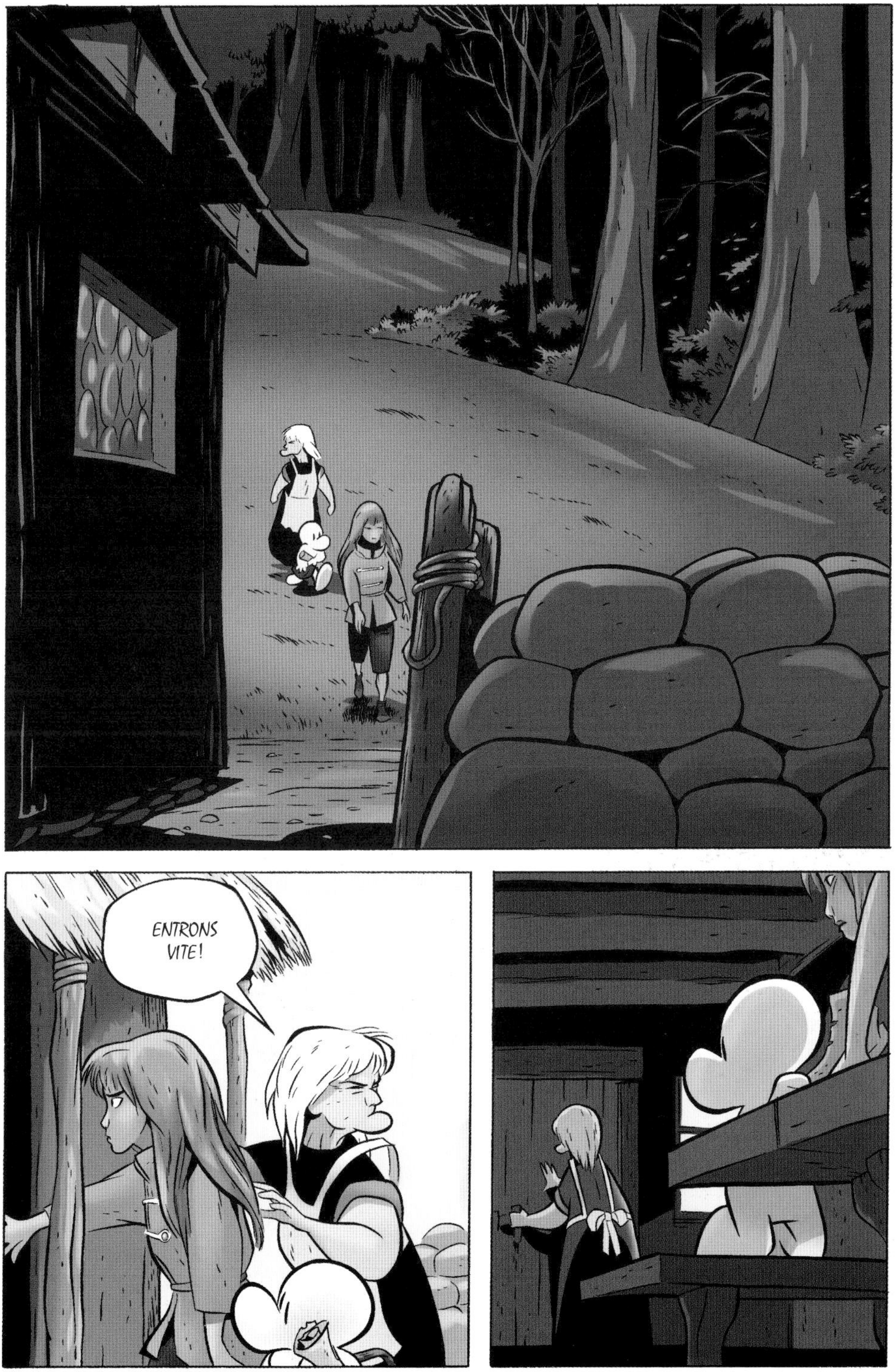
ENTRONS VITE!

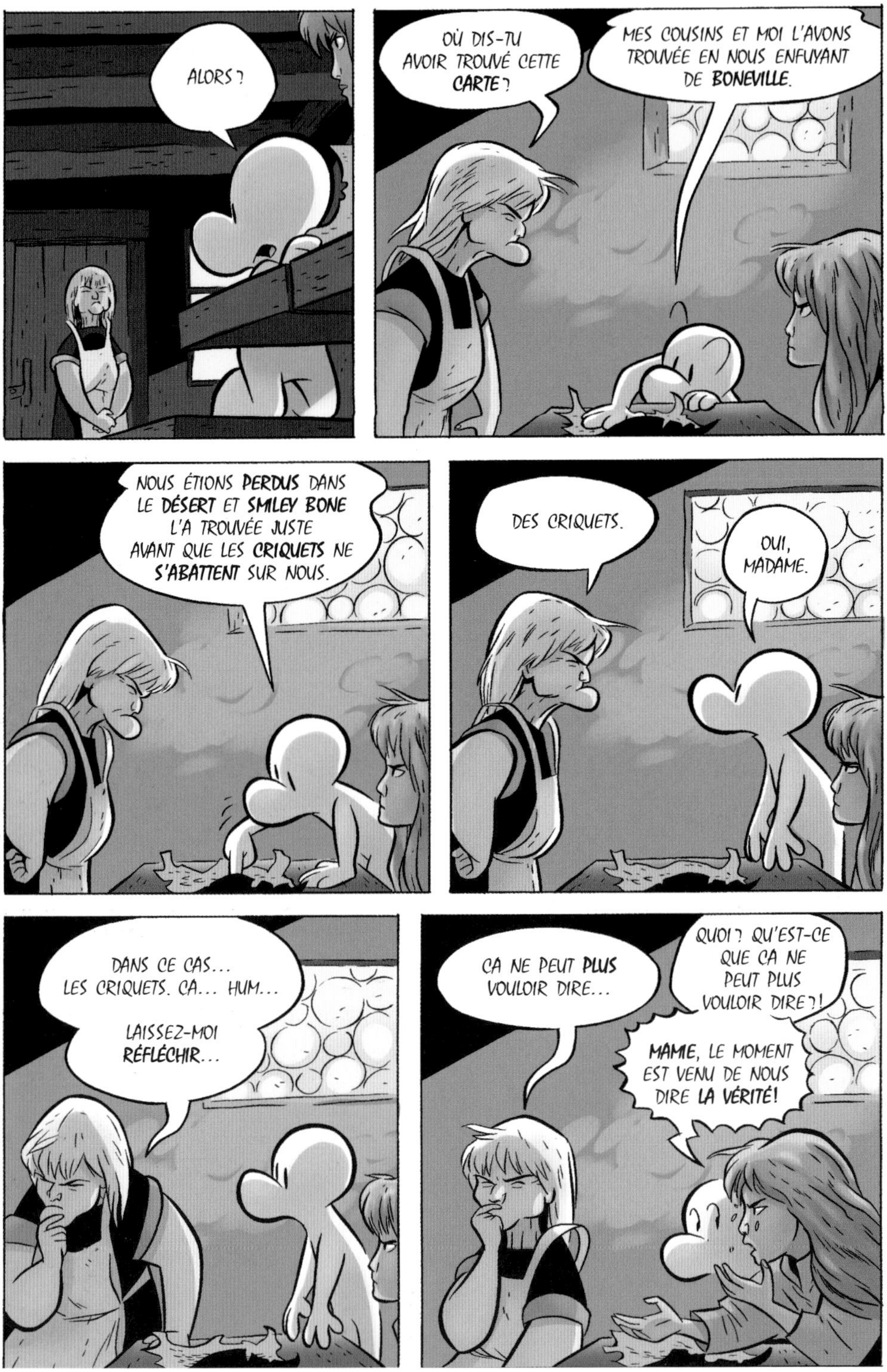
ALORS ?
OÙ DIS-TU AVOIR TROUVÉ CETTE CARTE ?
MES COUSINS ET MOI L'AVONS TROUVÉE EN NOUS ENFUYANT DE BONEVILLE.
NOUS ÉTIONS PERDUS DANS LE DÉSERT ET SMILEY BONE L'A TROUVÉE JUSTE AVANT QUE LES CRIQUETS NE S'ABATTENT SUR NOUS.
DES CRIQUETS.
OUI, MADAME.
DANS CE CAS... LES CRIQUETS. ÇA... HUM...
LAISSEZ-MOI RÉFLÉCHIR...
ÇA NE PEUT PLUS VOULOIR DIRE...
QUOI ? QU'EST-CE QUE ÇA NE PEUT PLUS VOULOIR DIRE ?!
MAMIE, LE MOMENT EST VENU DE NOUS DIRE LA VÉRITÉ !

FONE BONE...
SOIS GENTIL...
VA ME CHERCHER
UN VERRE D'EAU...

OUI,
MADAME.

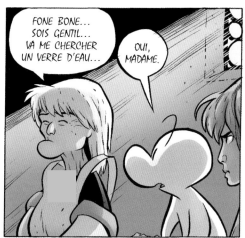

GRAND-MÈRE,
J'ATTENDS.

OUI.

BIEN SÛR,
QUE TU
ATTENDS...

... JE NE SAIS PAS PAR
OÙ COMMENCER.

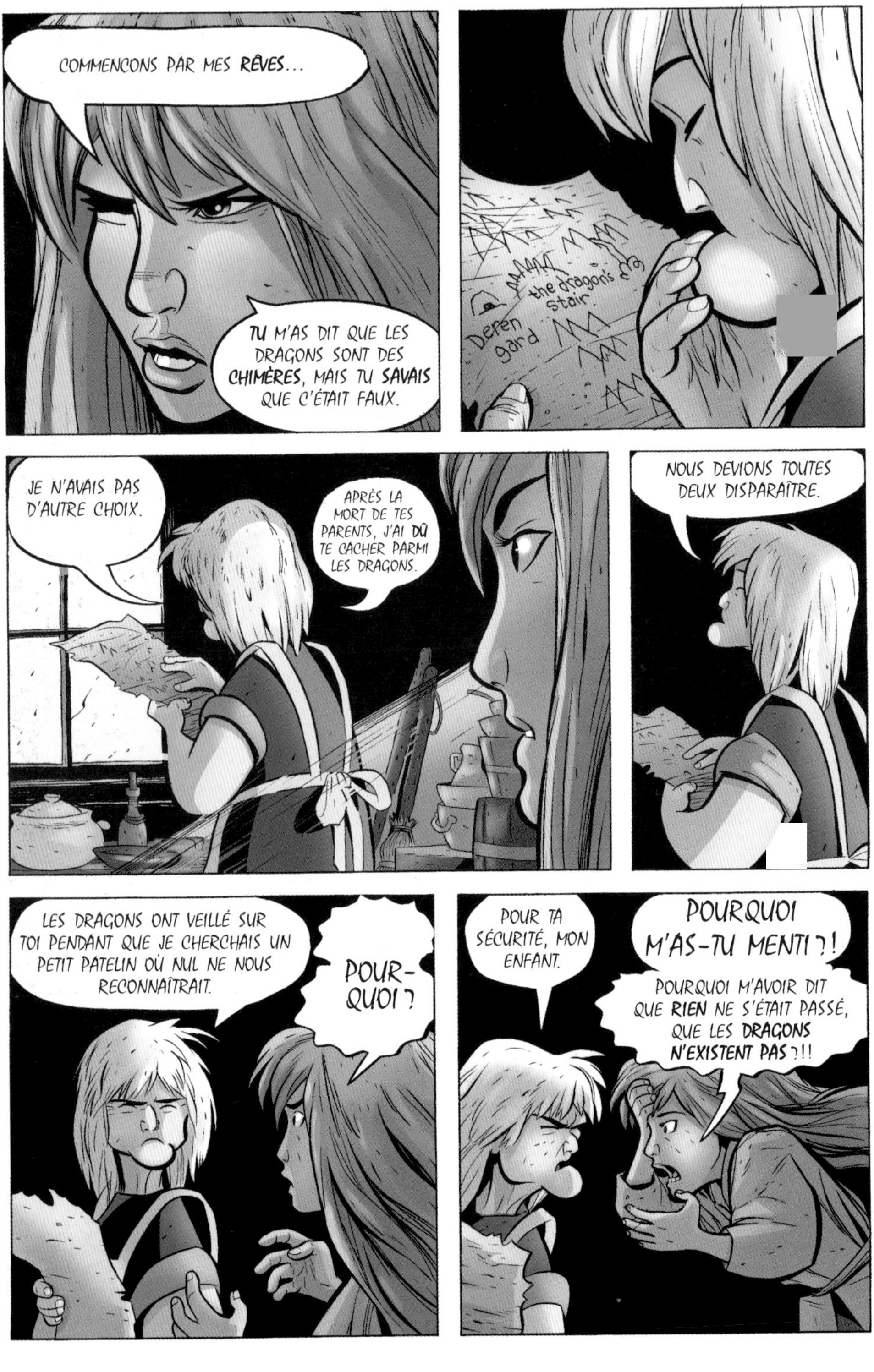
COMMENÇONS PAR MES **RÊVES**...
TU M'AS DIT QUE LES DRAGONS SONT DES **CHIMÈRES**, MAIS TU **SAVAIS** QUE C'ÉTAIT FAUX.
the dragon's stair
Deren gard
JE N'AVAIS PAS D'AUTRE CHOIX.
APRÈS LA MORT DE TES PARENTS, J'AI **DÛ** TE CACHER PARMI LES DRAGONS.
NOUS DEVIONS TOUTES DEUX DISPARAÎTRE.
LES DRAGONS ONT VEILLÉ SUR TOI PENDANT QUE JE CHERCHAIS UN PETIT PATELIN OÙ NUL NE NOUS RECONNAÎTRAIT.
POUR-QUOI ?
POUR TA SÉCURITÉ, MON ENFANT.
POURQUOI M'AS-TU MENTI ?!
POURQUOI M'AVOIR DIT QUE **RIEN** NE S'ÉTAIT PASSÉ, QUE LES **DRAGONS N'EXISTENT PAS** ?!!

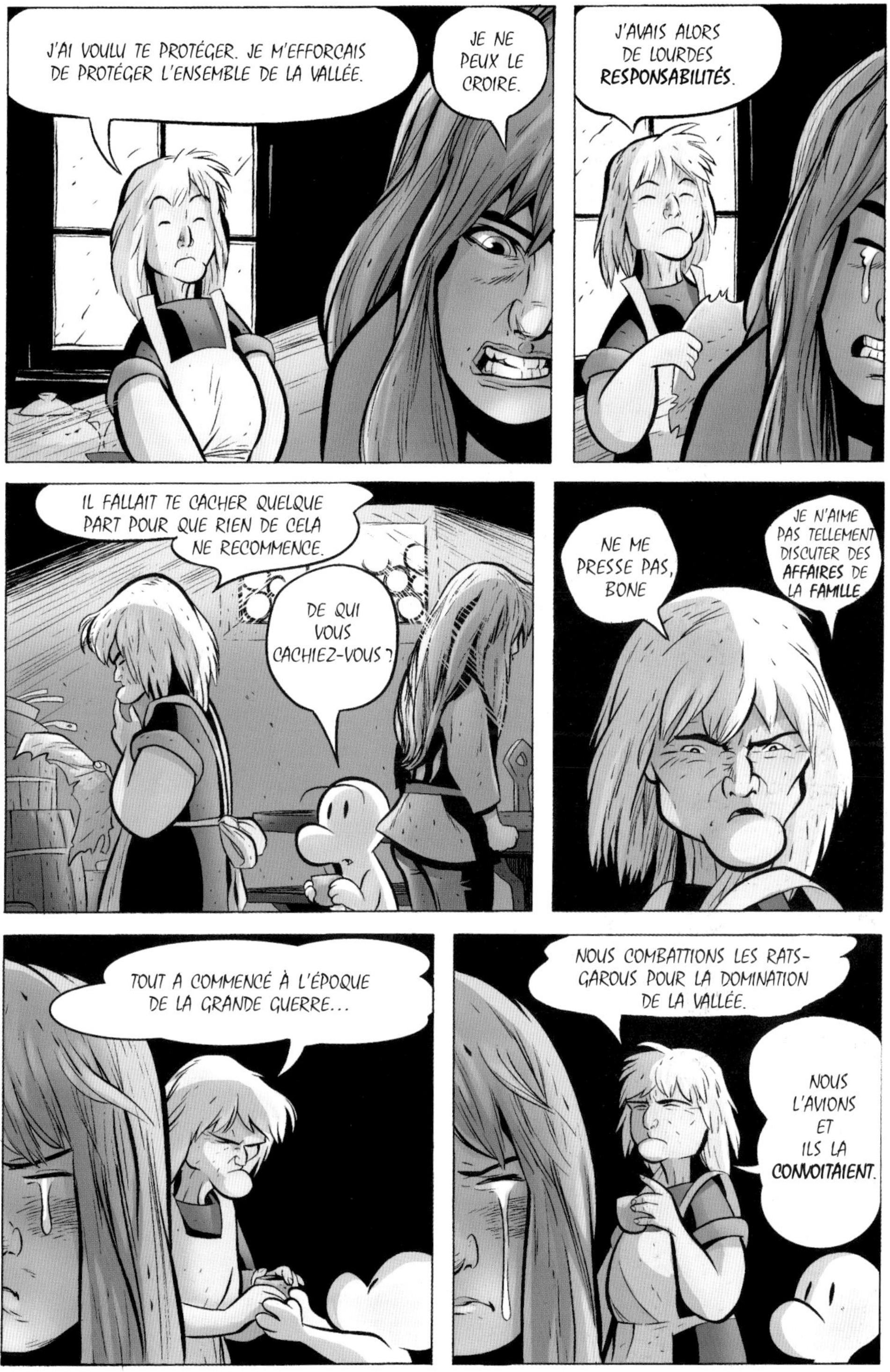
J'AI VOULU TE PROTÉGER. JE M'EFFORCAIS DE PROTÉGER L'ENSEMBLE DE LA VALLÉE.
JE NE PEUX LE CROIRE.
J'AVAIS ALORS DE LOURDES RESPONSABILITÉS.
IL FALLAIT TE CACHER QUELQUE PART POUR QUE RIEN DE CELA NE RECOMMENCE.
DE QUI VOUS CACHIEZ-VOUS ?
JE N'AIME PAS TELLEMENT DISCUTER DES AFFAIRES DE LA FAMILLE.
NE ME PRESSE PAS, BONE
TOUT A COMMENCÉ À L'ÉPOQUE DE LA GRANDE GUERRE...
NOUS COMBATTIONS LES RATS-GAROUS POUR LA DOMINATION DE LA VALLÉE.
NOUS L'AVIONS ET ILS LA CONVOITAIENT.

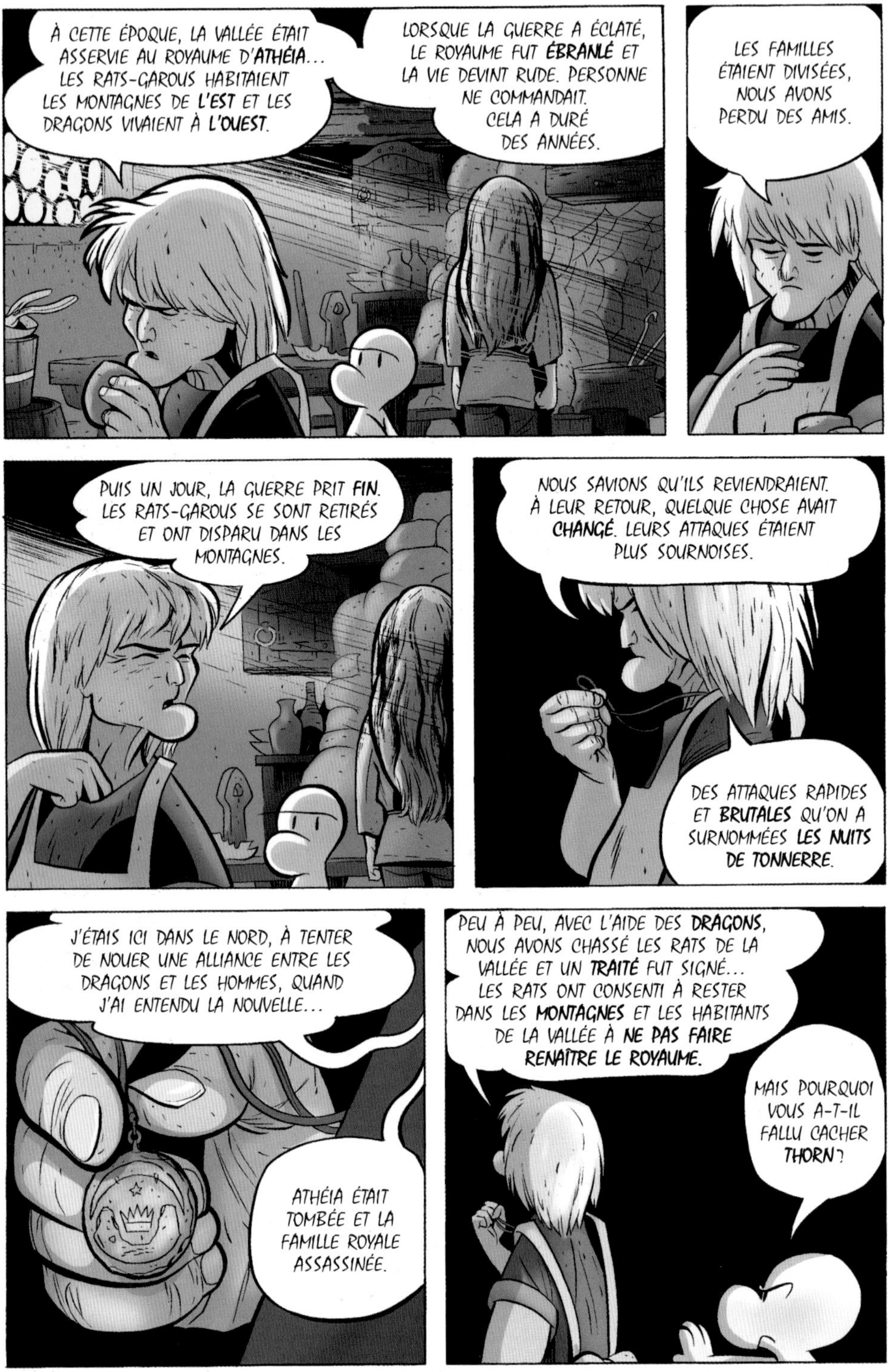
À CETTE ÉPOQUE, LA VALLÉE ÉTAIT ASSERVIE AU ROYAUME D'ATHÉIA... LES RATS-GAROUS HABITAIENT LES MONTAGNES DE L'EST ET LES DRAGONS VIVAIENT À L'OUEST.
LORSQUE LA GUERRE A ÉCLATÉ, LE ROYAUME FUT ÉBRANLÉ ET LA VIE DEVINT RUDE. PERSONNE NE COMMANDAIT. CELA A DURÉ DES ANNÉES.
LES FAMILLES ÉTAIENT DIVISÉES, NOUS AVONS PERDU DES AMIS.
PUIS UN JOUR, LA GUERRE PRIT FIN. LES RATS-GAROUS SE SONT RETIRÉS ET ONT DISPARU DANS LES MONTAGNES.
NOUS SAVIONS QU'ILS REVIENDRAIENT. À LEUR RETOUR, QUELQUE CHOSE AVAIT CHANGÉ. LEURS ATTAQUES ÉTAIENT PLUS SOURNOISES.
DES ATTAQUES RAPIDES ET BRUTALES QU'ON A SURNOMMÉES LES NUITS DE TONNERRE.
J'ÉTAIS ICI DANS LE NORD, À TENTER DE NOUER UNE ALLIANCE ENTRE LES DRAGONS ET LES HOMMES, QUAND J'AI ENTENDU LA NOUVELLE...
ATHÉIA ÉTAIT TOMBÉE ET LA FAMILLE ROYALE ASSASSINÉE.
PEU À PEU, AVEC L'AIDE DES DRAGONS, NOUS AVONS CHASSÉ LES RATS DE LA VALLÉE ET UN TRAITÉ FUT SIGNÉ... LES RATS ONT CONSENTI À RESTER DANS LES MONTAGNES ET LES HABITANTS DE LA VALLÉE À NE PAS FAIRE RENAÎTRE LE ROYAUME.
MAIS POURQUOI VOUS A-T-IL FALLU CACHER THORN?

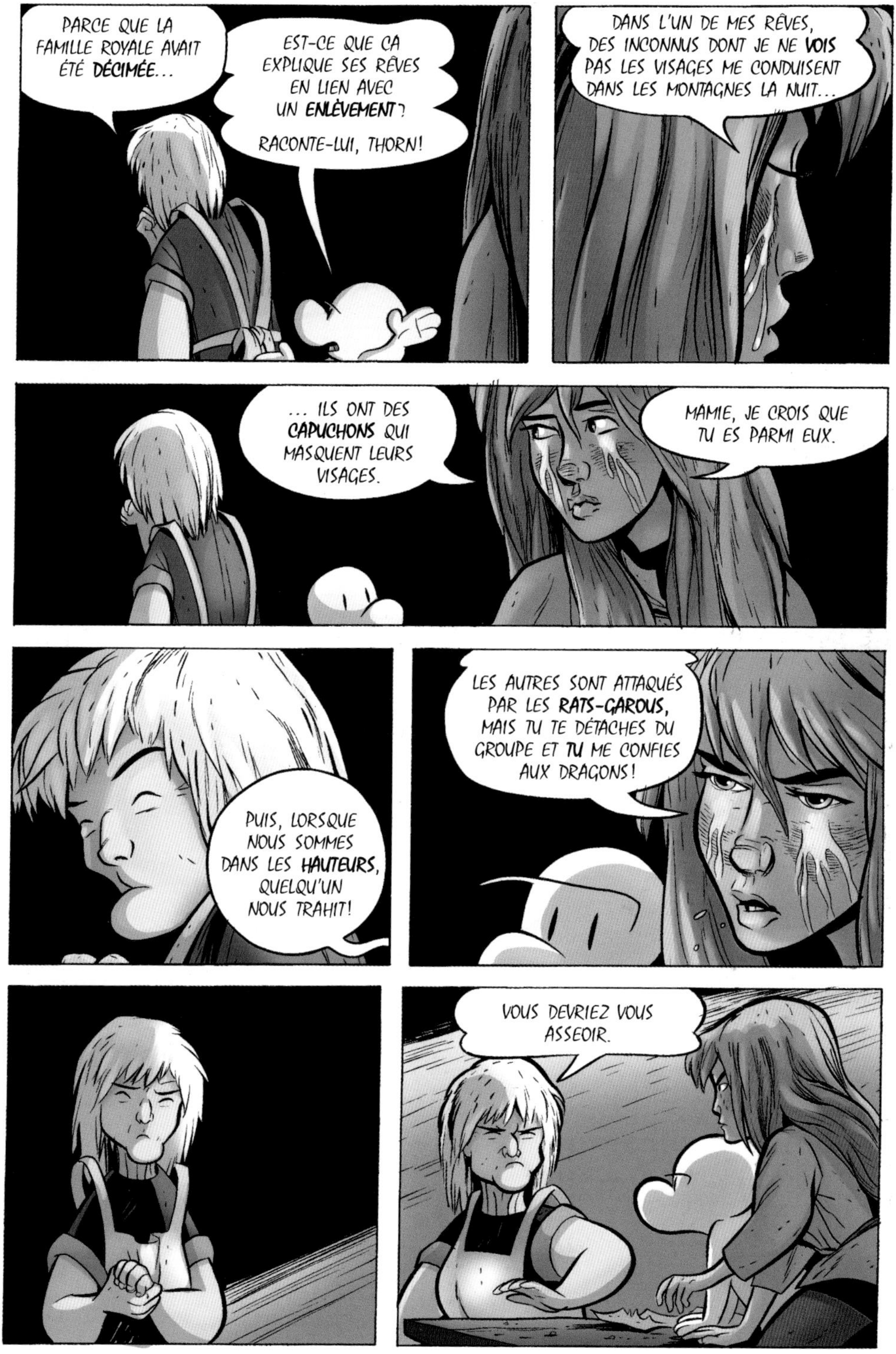
PARCE QUE LA FAMILLE ROYALE AVAIT ÉTÉ **DÉCIMÉE**...
EST-CE QUE ÇA EXPLIQUE SES RÊVES EN LIEN AVEC UN **ENLÈVEMENT**?
RACONTE-LUI, THORN!
DANS L'UN DE MES RÊVES, DES INCONNUS DONT JE NE **VOIS** PAS LES VISAGES ME CONDUISENT DANS LES MONTAGNES LA NUIT...
... ILS ONT DES **CAPUCHONS** QUI MASQUENT LEURS VISAGES.
MAMIE, JE CROIS QUE TU ES PARMI EUX.
PUIS, LORSQUE NOUS SOMMES DANS LES **HAUTEURS**, QUELQU'UN NOUS TRAHIT!
LES AUTRES SONT ATTAQUÉS PAR LES **RATS-GAROUS**, MAIS TU TE DÉTACHES DU GROUPE ET **TU** ME CONFIES AUX DRAGONS!
VOUS DEVRIEZ VOUS ASSEOIR.

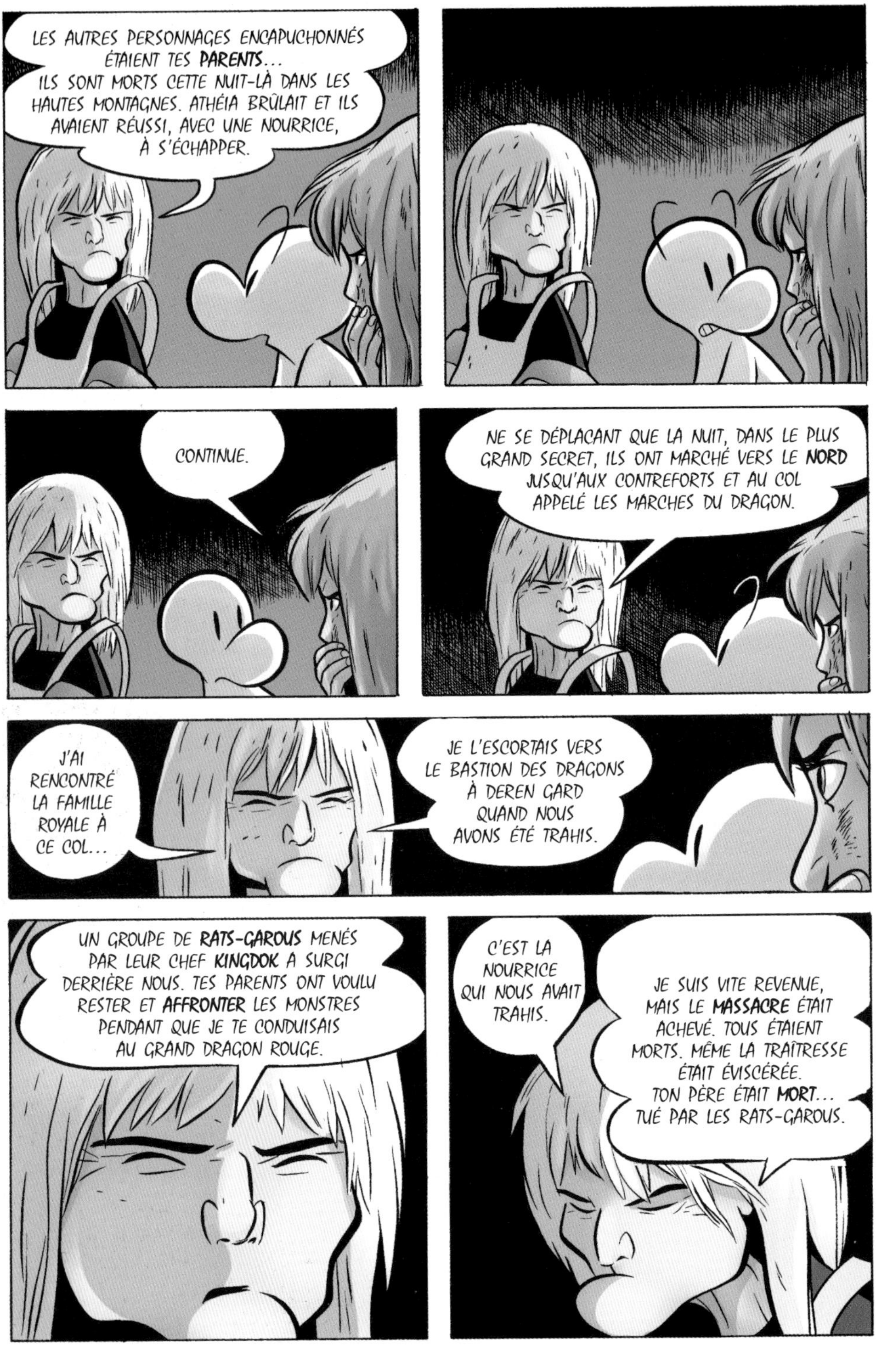
LES AUTRES PERSONNAGES ENCAPUCHONNÉS ÉTAIENT TES **PARENTS**... ILS SONT MORTS CETTE NUIT-LÀ DANS LES HAUTES MONTAGNES. ATHÉIA BRÛLAIT ET ILS AVAIENT RÉUSSI, AVEC UNE NOURRICE, À S'ÉCHAPPER.
CONTINUE.
NE SE DÉPLACANT QUE LA NUIT, DANS LE PLUS GRAND SECRET, ILS ONT MARCHÉ VERS LE **NORD** JUSQU'AUX CONTREFORTS ET AU COL APPELÉ LES MARCHES DU DRAGON.
J'AI RENCONTRÉ LA FAMILLE ROYALE À CE COL...
JE L'ESCORTAIS VERS LE BASTION DES DRAGONS À DEREN GARD QUAND NOUS AVONS ÉTÉ TRAHIS.
UN GROUPE DE **RATS-GAROUS** MENÉS PAR LEUR CHEF **KINGDOK** A SURGI DERRIÈRE NOUS. TES PARENTS ONT VOULU RESTER ET **AFFRONTER** LES MONSTRES PENDANT QUE JE TE CONDUISAIS AU GRAND DRAGON ROUGE.
C'EST LA NOURRICE QUI NOUS AVAIT TRAHIS.
JE SUIS VITE REVENUE, MAIS LE **MASSACRE** ÉTAIT ACHEVÉ. TOUS ÉTAIENT MORTS. MÊME LA TRAÎTRESSE ÉTAIT ÉVISCÉRÉE. TON PÈRE ÉTAIT **MORT**... TUÉ PAR LES RATS-GAROUS.

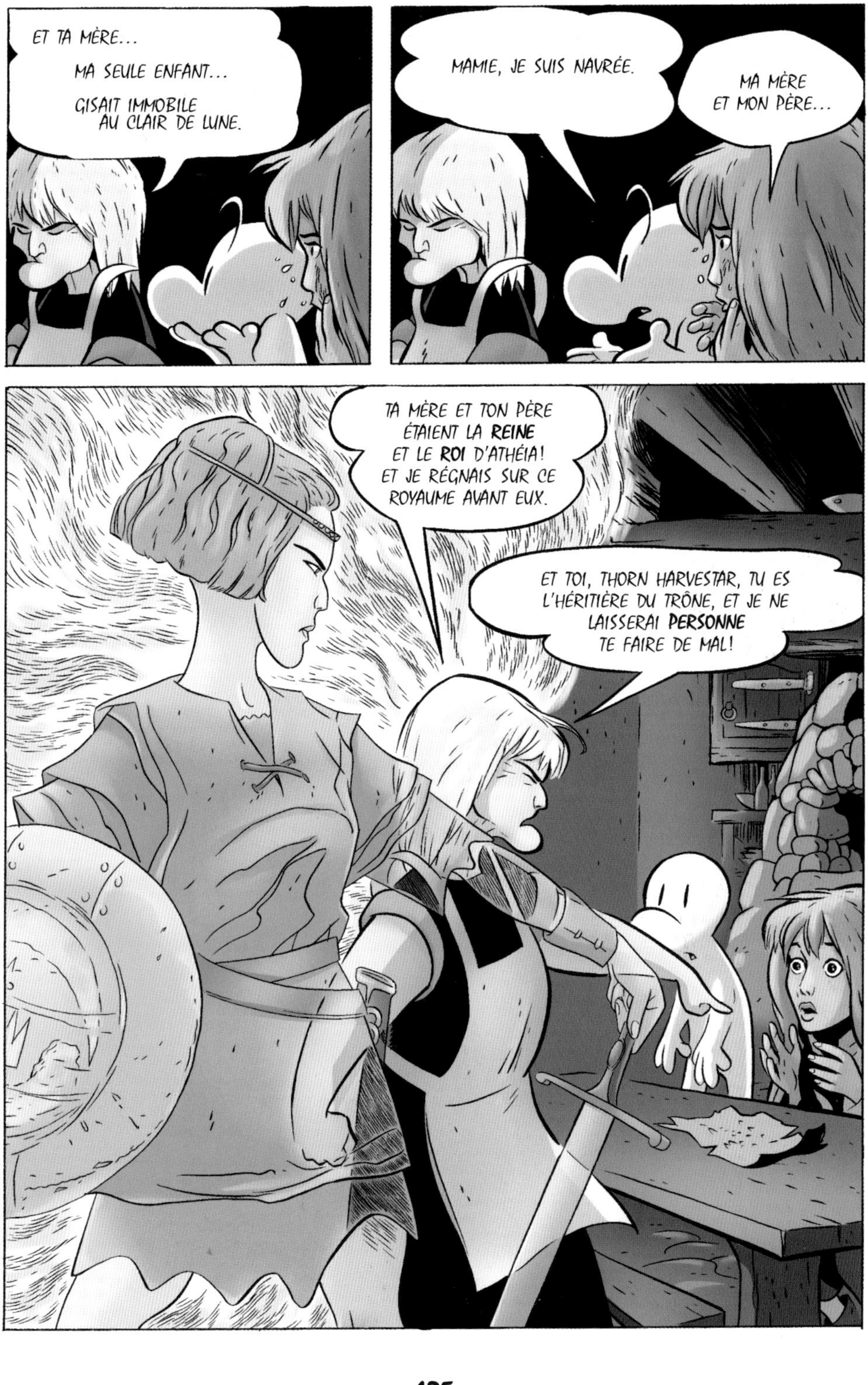
ET TA MÈRE...
MA SEULE ENFANT...
GISAIT IMMOBILE AU CLAIR DE LUNE.
MAMIE, JE SUIS NAVRÉE.
MA MÈRE ET MON PÈRE...
TA MÈRE ET TON PÈRE ÉTAIENT LA REINE ET LE ROI D'ATHÉIA! ET JE RÉGNAIS SUR CE ROYAUME AVANT EUX.
ET TOI, THORN HARVESTAR, TU ES L'HÉRITIÈRE DU TRÔNE, ET JE NE LAISSERAI PERSONNE TE FAIRE DE MAL!

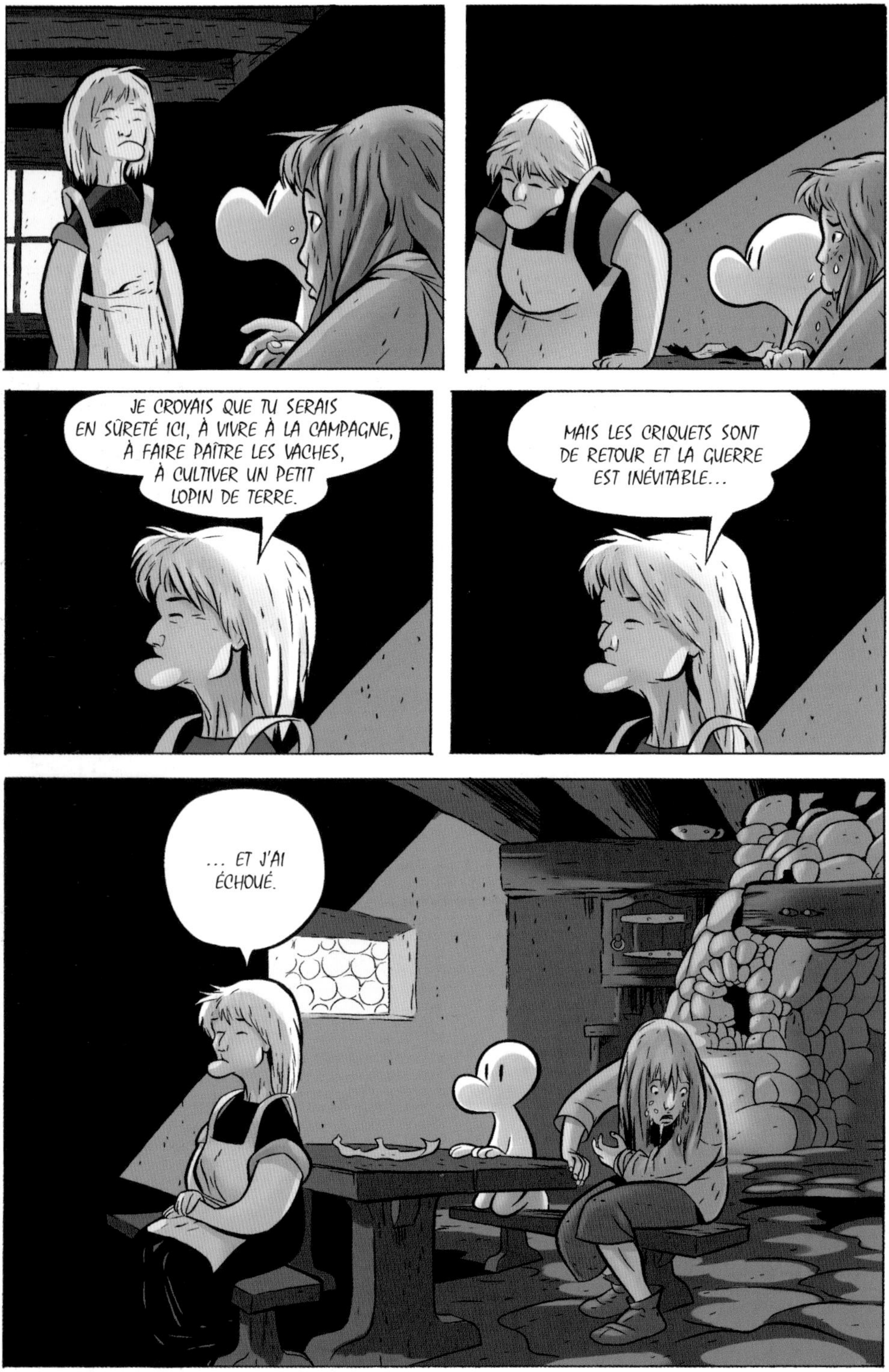
JE CROYAIS QUE TU SERAIS EN SÛRETÉ ICI, À VIVRE À LA CAMPAGNE, À FAIRE PAÎTRE LES VACHES, À CULTIVER UN PETIT LOPIN DE TERRE.
MAIS LES CRIQUETS SONT DE RETOUR ET LA GUERRE EST INÉVITABLE...
... ET J'AI ÉCHOUÉ.

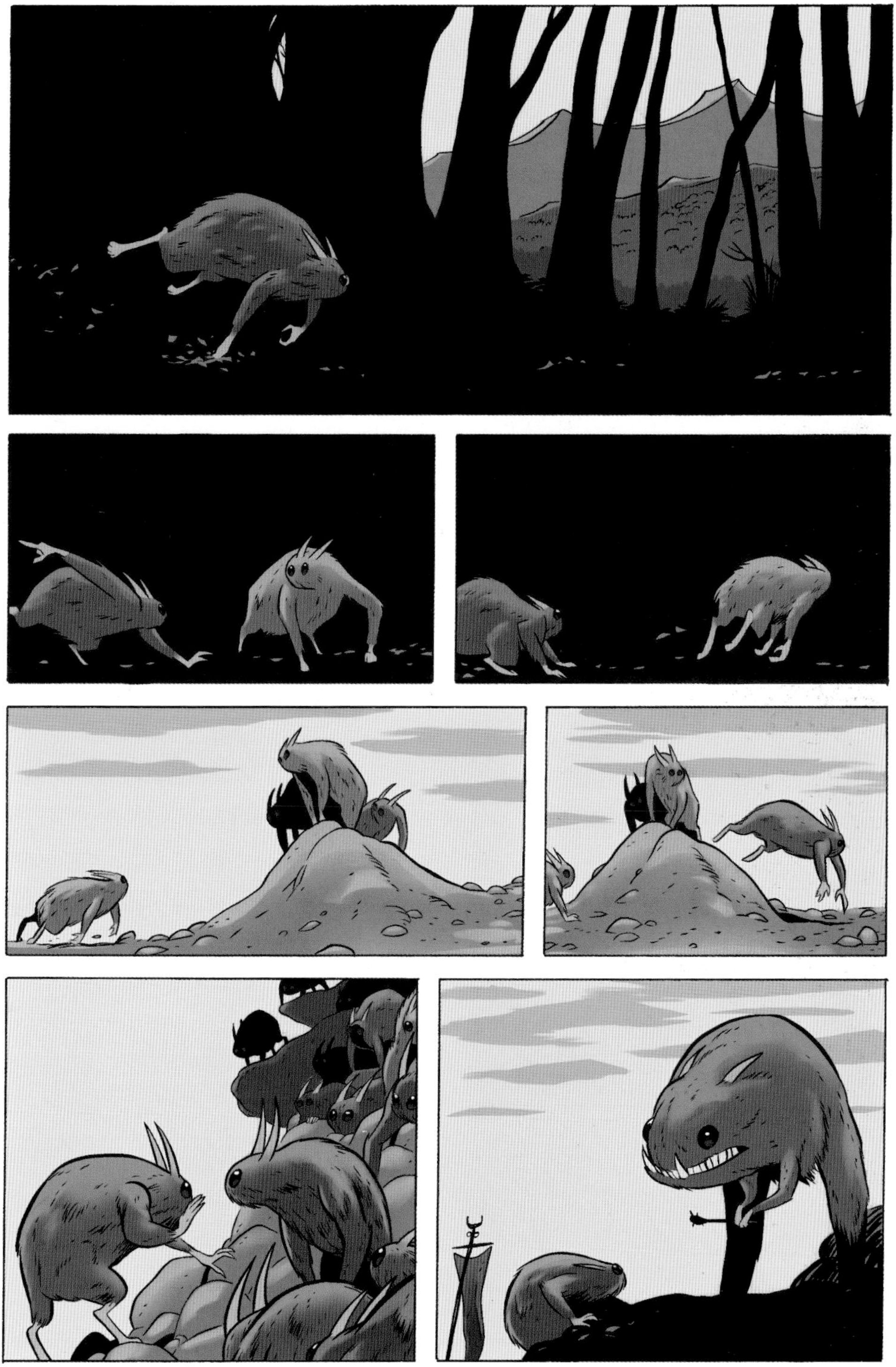

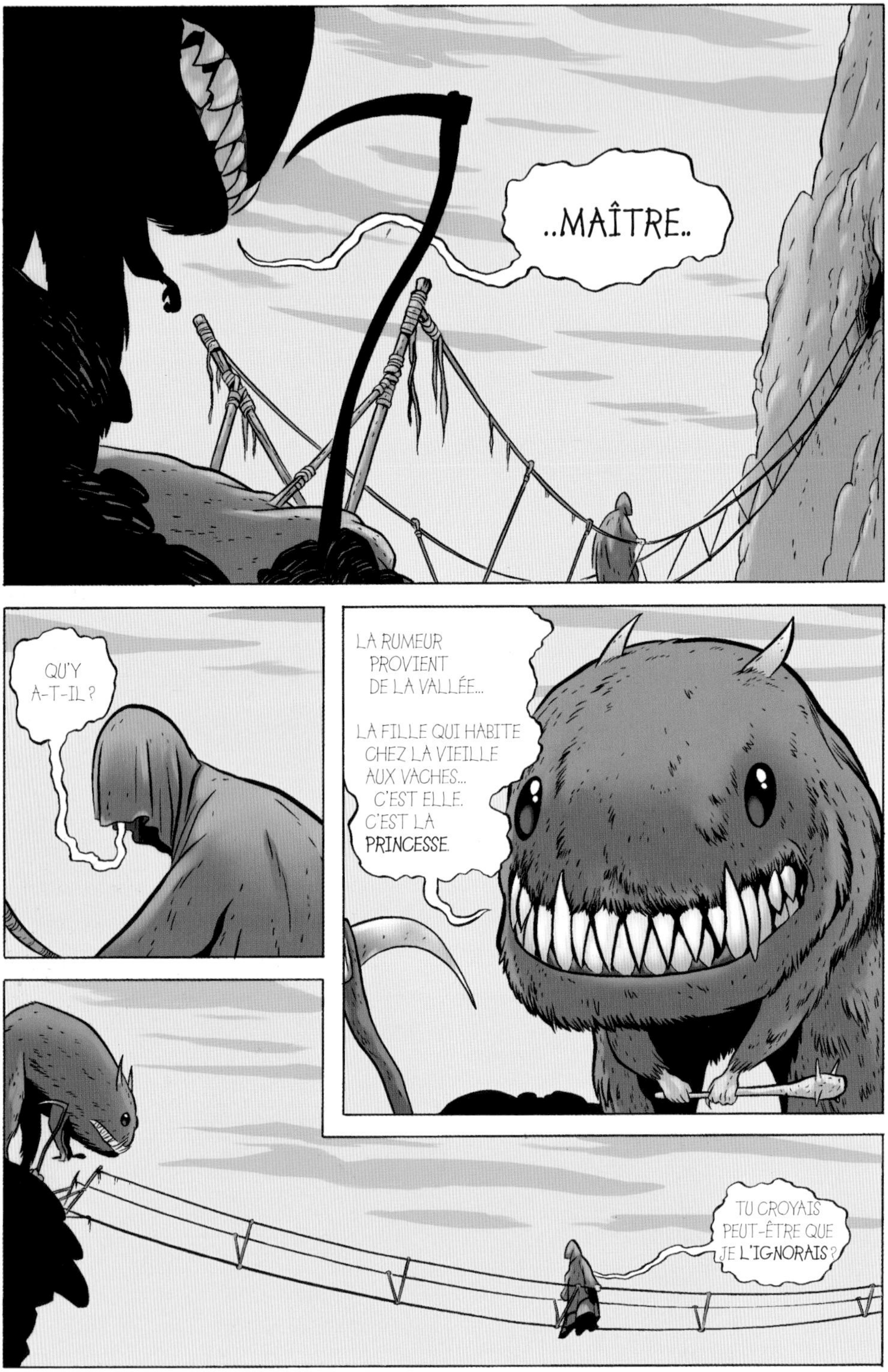
..MAÎTRE..
QU'Y A-T-IL ?
LA RUMEUR PROVIENT DE LA VALLÉE...
LA FILLE QUI HABITE CHEZ LA VIEILLE AUX VACHES... C'EST ELLE. C'EST LA PRINCESSE.
TU CROYAIS PEUT-ÊTRE QUE JE L'IGNORAIS ?

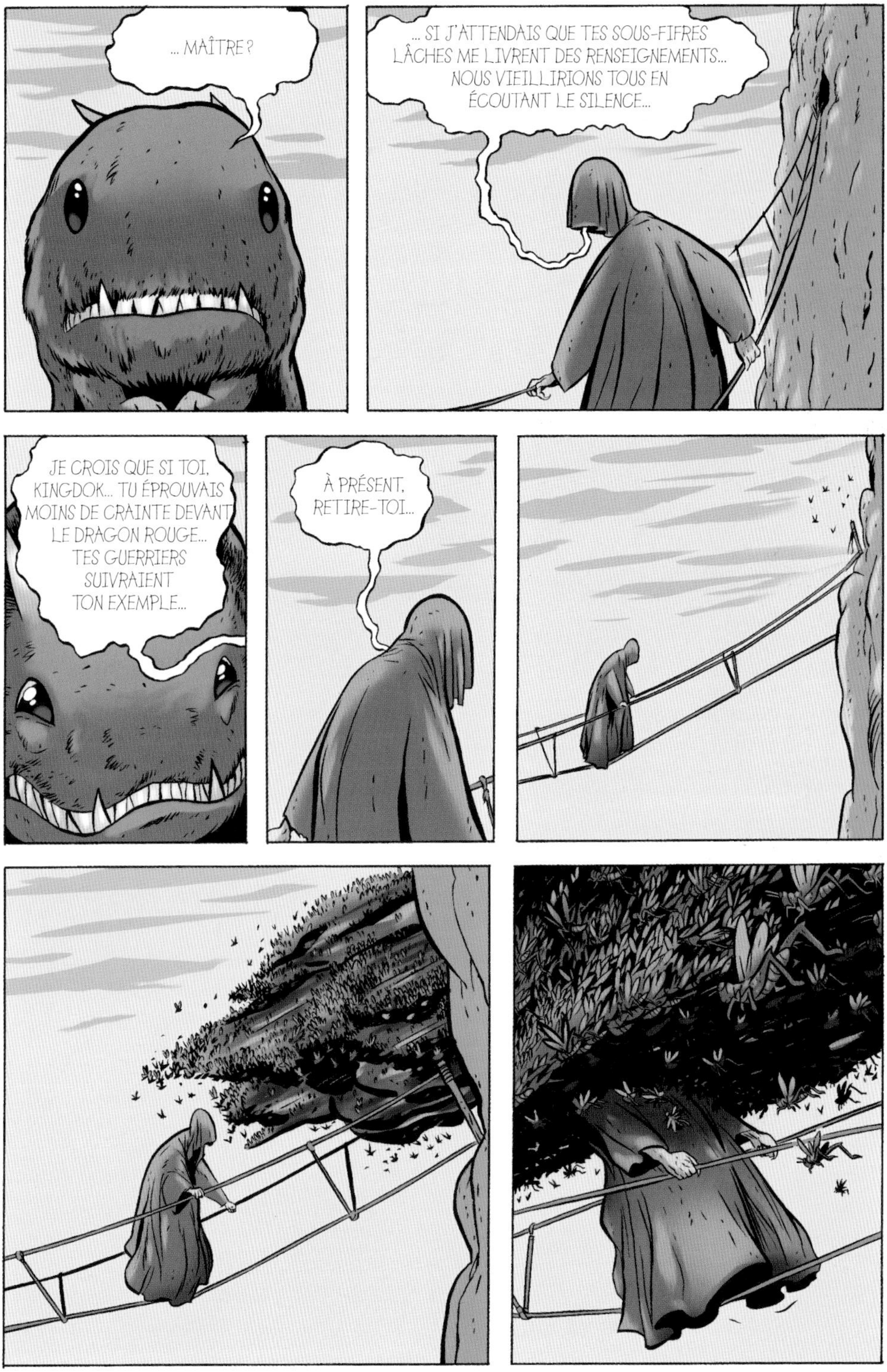
... MAÎTRE ?
... SI J'ATTENDAIS QUE TES SOUS-FIFRES LÂCHES ME LIVRENT DES RENSEIGNEMENTS... NOUS VIEILLIRIONS TOUS EN ÉCOUTANT LE SILENCE...
JE CROIS QUE SI TOI, KINGDOK... TU ÉPROUVAIS MOINS DE CRAINTE DEVANT LE DRAGON ROUGE... TES GUERRIERS SUIVRAIENT TON EXEMPLE...
À PRÉSENT, RETIRE-TOI...

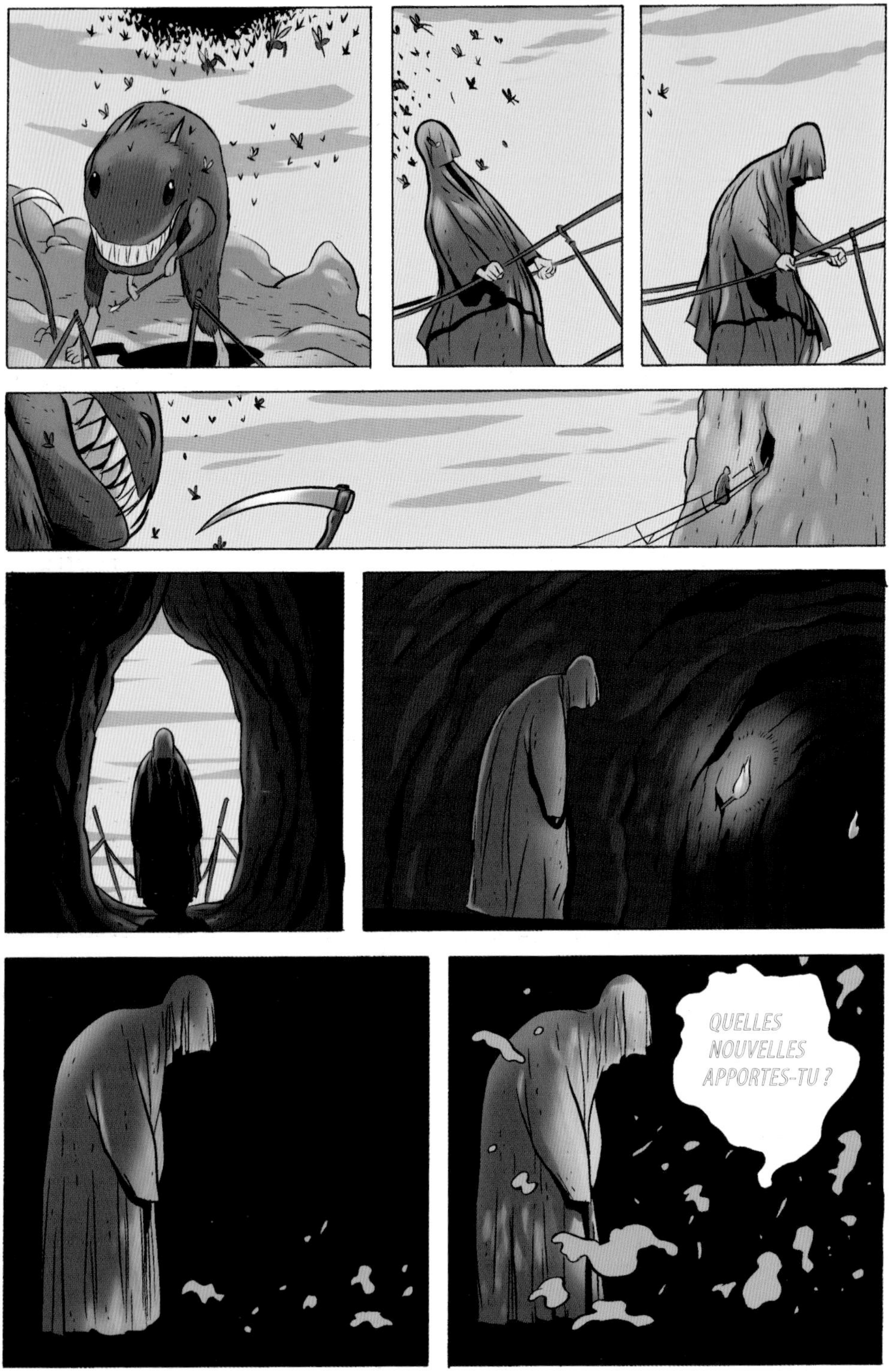
QUELLES NOUVELLES APPORTES-TU ?

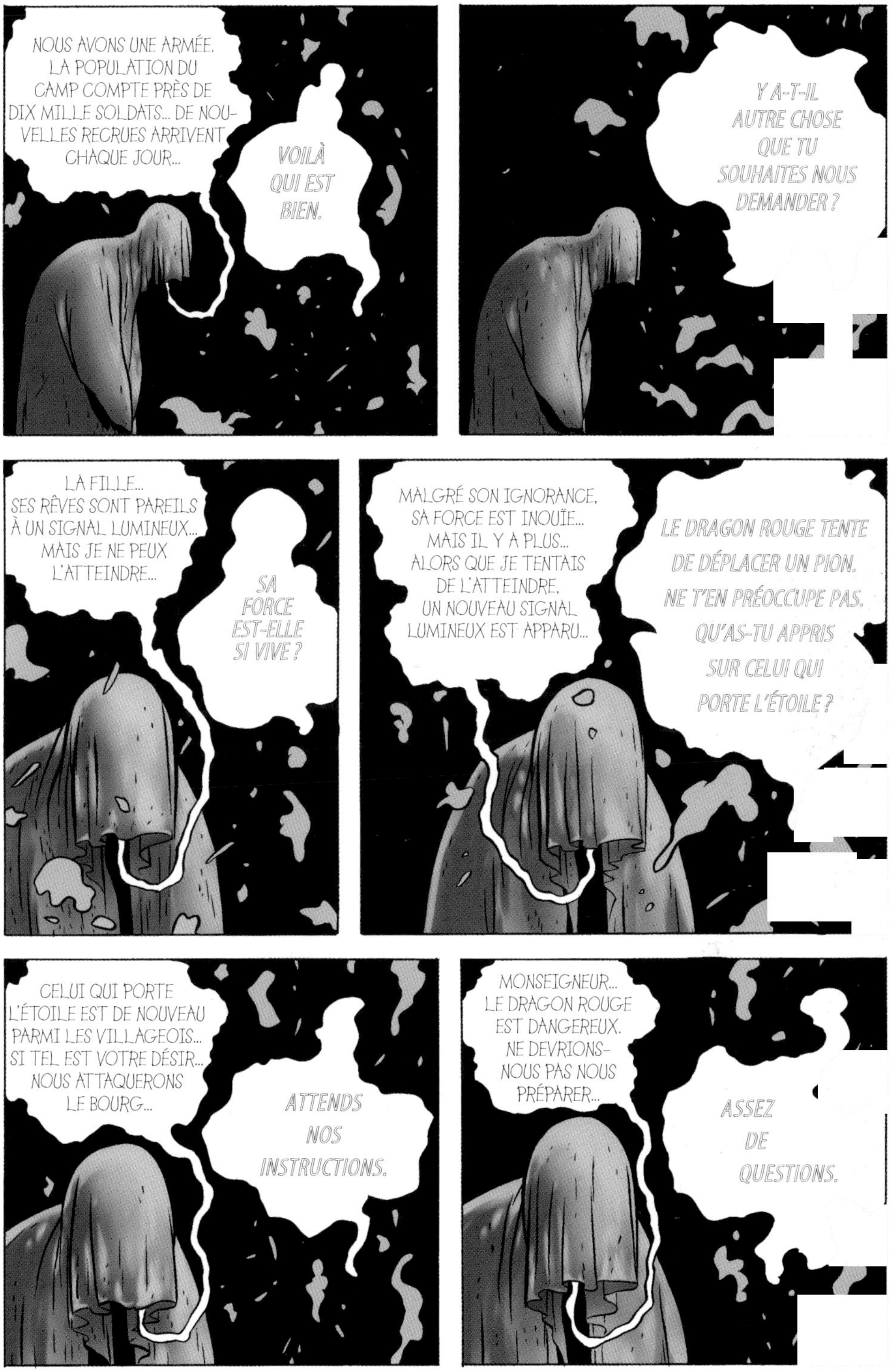
NOUS AVONS UNE ARMÉE. LA POPULATION DU CAMP COMPTE PRÈS DE DIX MILLE SOLDATS... DE NOUVELLES RECRUES ARRIVENT CHAQUE JOUR...
VOILÀ QUI EST BIEN.
Y A-T-IL AUTRE CHOSE QUE TU SOUHAITES NOUS DEMANDER ?
LA FILLE... SES RÊVES SONT PAREILS À UN SIGNAL LUMINEUX... MAIS JE NE PEUX L'ATTEINDRE...
SA FORCE EST-ELLE SI VIVE ?
MALGRÉ SON IGNORANCE, SA FORCE EST INOUÏE... MAIS IL Y A PLUS... ALORS QUE JE TENTAIS DE L'ATTEINDRE, UN NOUVEAU SIGNAL LUMINEUX EST APPARU...
LE DRAGON ROUGE TENTE DE DÉPLACER UN PION. NE T'EN PRÉOCCUPE PAS. QU'AS-TU APPRIS SUR CELUI QUI PORTE L'ÉTOILE ?
CELUI QUI PORTE L'ÉTOILE EST DE NOUVEAU PARMI LES VILLAGEOIS... SI TEL EST VOTRE DÉSIR... NOUS ATTAQUERONS LE BOURG...
ATTENDS NOS INSTRUCTIONS.
MONSEIGNEUR... LE DRAGON ROUGE EST DANGEREUX. NE DEVRIONS-NOUS PAS NOUS PRÉPARER...
ASSEZ DE QUESTIONS.

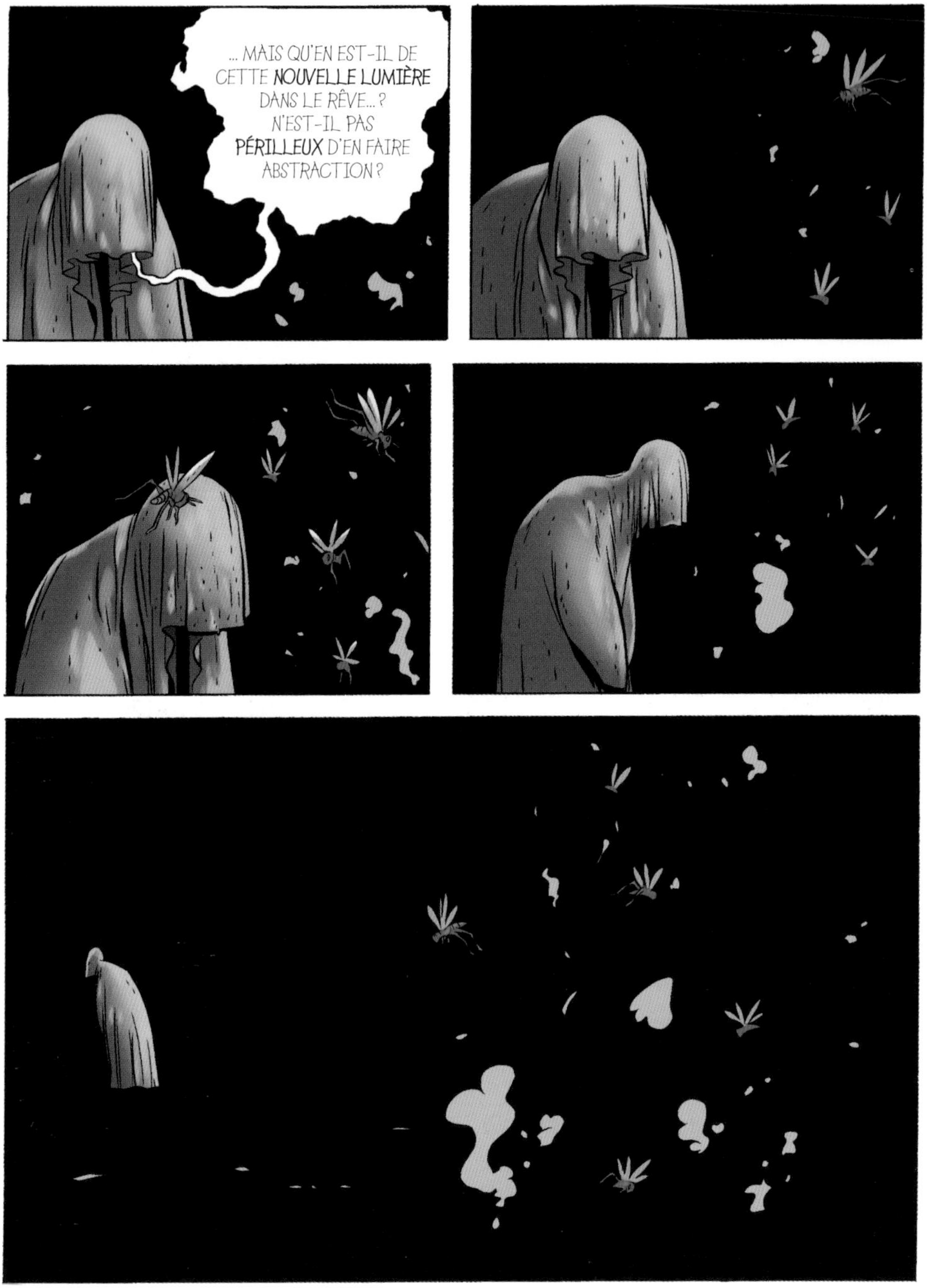
... MAIS QU'EN EST-IL DE CETTE NOUVELLE LUMIÈRE DANS LE RÊVE... ? N'EST-IL PAS PÉRILLEUX D'EN FAIRE ABSTRACTION ?

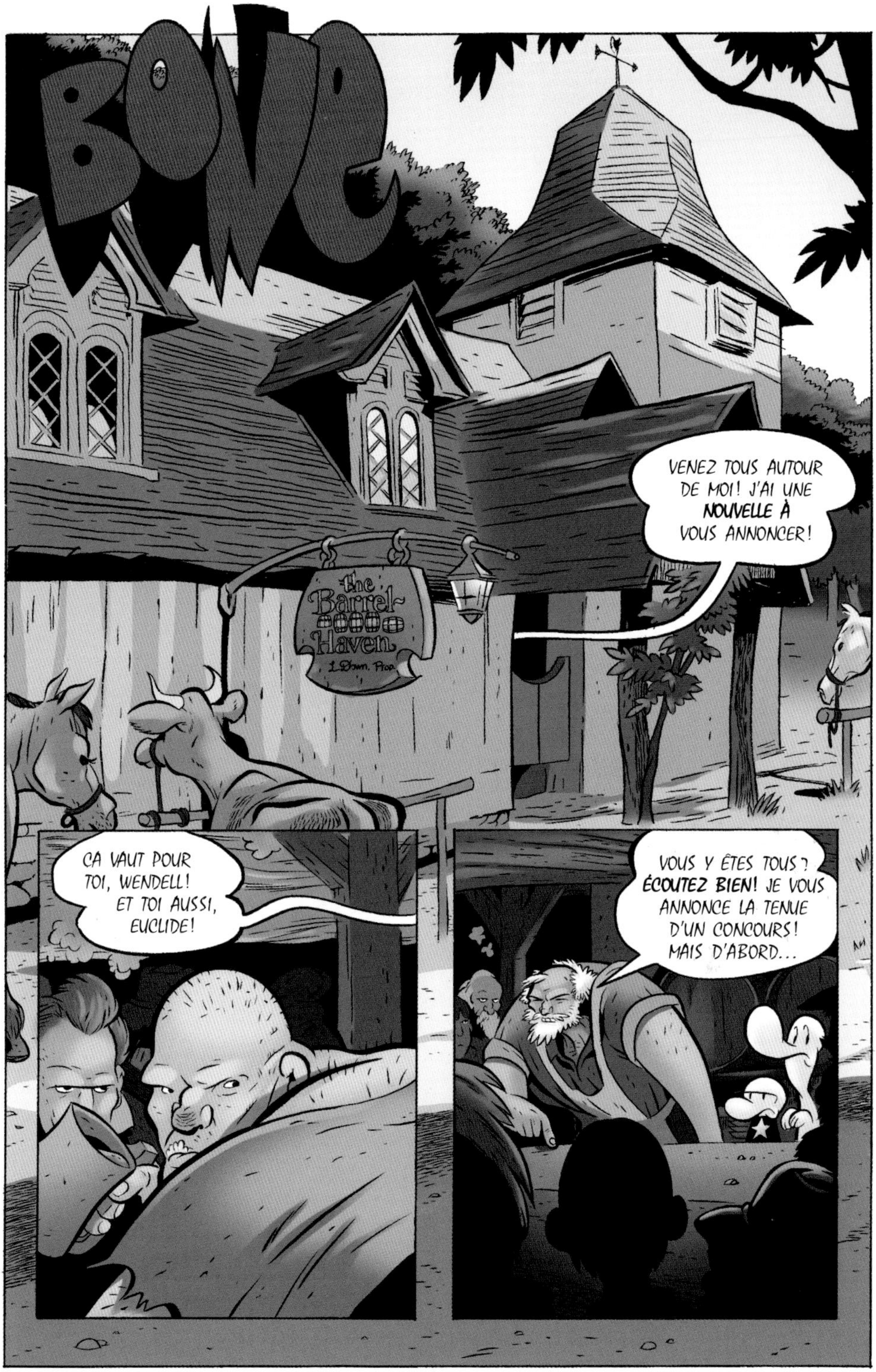
BONG
VENEZ TOUS AUTOUR DE MOI! J'AI UNE **NOUVELLE À** VOUS ANNONCER!
The Barrel Haven
ÇA VAUT POUR TOI, WENDELL! ET TOI AUSSI, EUCLIDE!
VOUS Y ÊTES TOUS? **ÉCOUTEZ BIEN!** JE VOUS ANNONCE LA TENUE D'UN CONCOURS! MAIS D'ABORD...

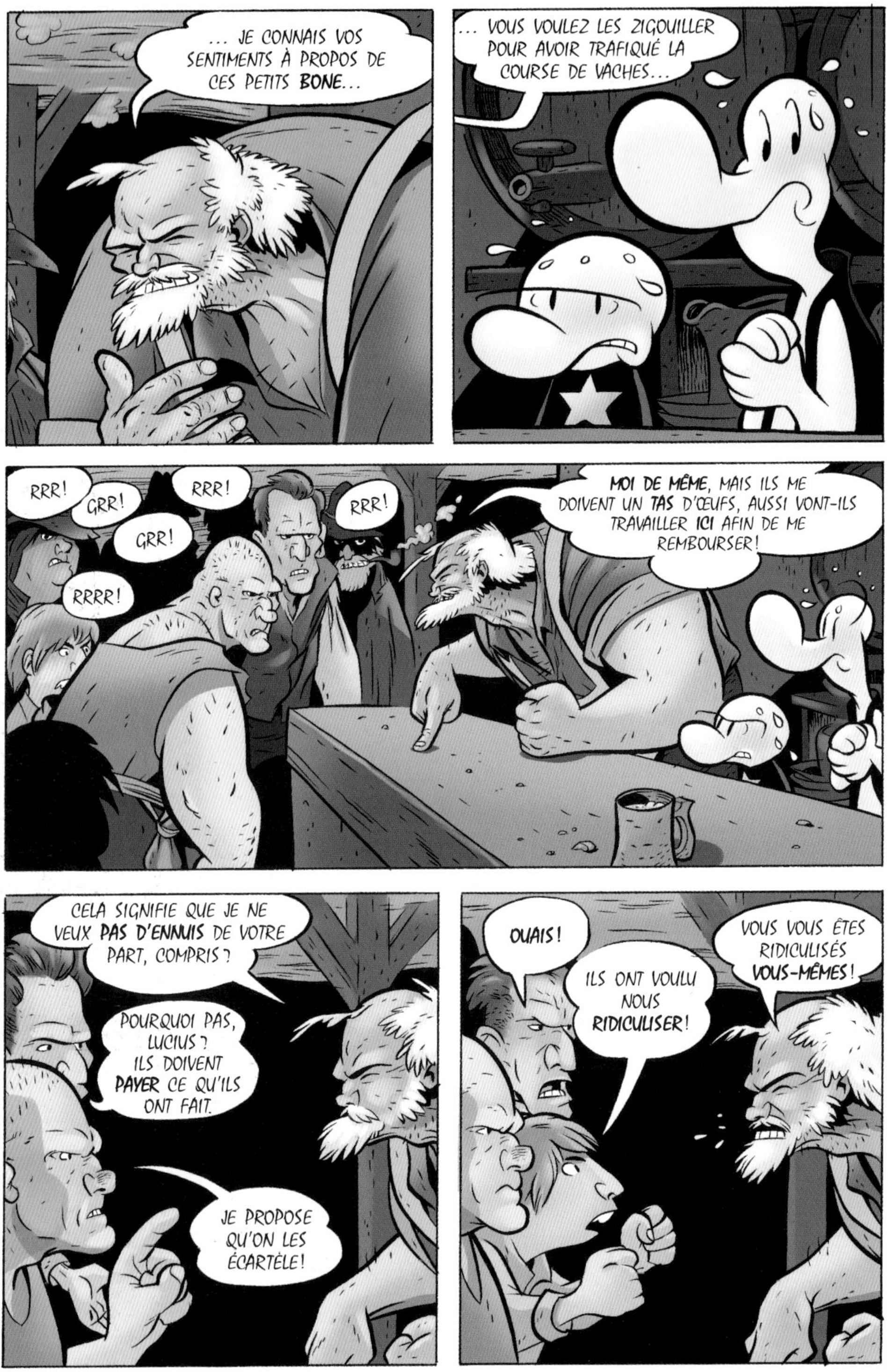
... JE CONNAIS VOS SENTIMENTS À PROPOS DE CES PETITS BONE...
... VOUS VOULEZ LES ZIGOUILLER POUR AVOIR TRAFIQUÉ LA COURSE DE VACHES...
RRR!
GRR!
RRR!
GRR!
RRR!
RRRR!
MOI DE MÊME, MAIS ILS ME DOIVENT UN TAS D'ŒUFS, AUSSI VONT-ILS TRAVAILLER ICI AFIN DE ME REMBOURSER!
CELA SIGNIFIE QUE JE NE VEUX PAS D'ENNUIS DE VOTRE PART, COMPRIS?
POURQUOI PAS, LUCIUS? ILS DOIVENT PAYER CE QU'ILS ONT FAIT.
JE PROPOSE QU'ON LES ÉCARTÈLE!
OUAIS!
ILS ONT VOULU NOUS RIDICULISER!
VOUS VOUS ÊTES RIDICULISÉS VOUS-MÊMES!

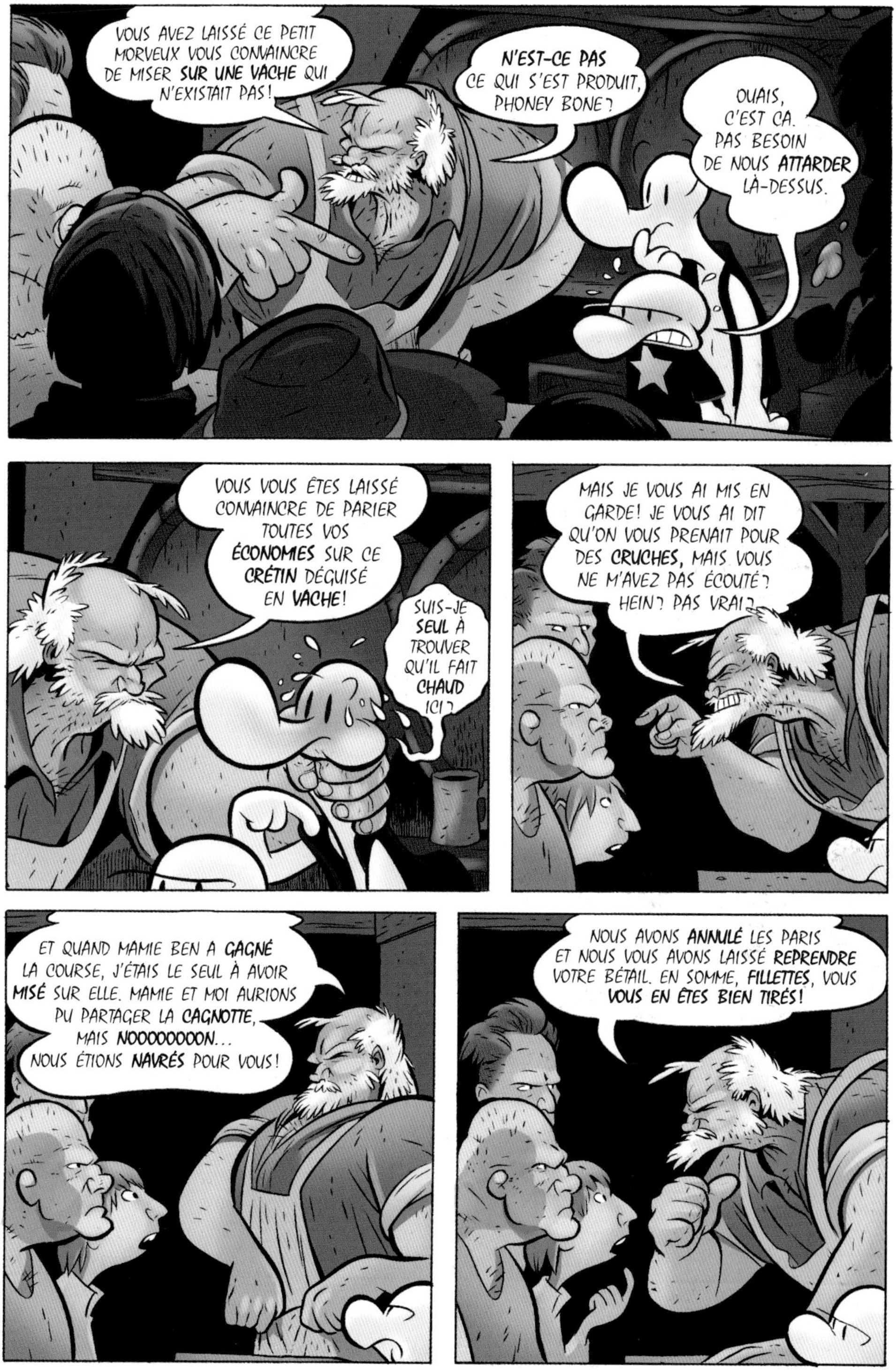
VOUS AVEZ LAISSÉ CE PETIT MORVEUX VOUS CONVAINCRE DE MISER **SUR UNE VACHE** QUI N'EXISTAIT PAS!
N'EST-CE PAS CE QUI S'EST PRODUIT, PHONEY BONE?
OUAIS, C'EST ÇA. PAS BESOIN DE NOUS **ATTARDER** LÀ-DESSUS.
VOUS VOUS ÊTES LAISSÉ CONVAINCRE DE PARIER TOUTES VOS **ÉCONOMIES** SUR CE **CRÉTIN** DÉGUISÉ EN **VACHE**!
SUIS-JE **SEUL** À TROUVER QU'IL FAIT **CHAUD** ICI?
MAIS JE VOUS AI MIS EN GARDE! JE VOUS AI DIT QU'ON VOUS PRENAIT POUR DES **CRUCHES**, MAIS VOUS NE M'AVEZ PAS ÉCOUTÉ? HEIN? PAS VRAI?
ET QUAND MAMIE BEN A **GAGNÉ** LA COURSE, J'ÉTAIS LE SEUL À AVOIR **MISÉ** SUR ELLE. MAMIE ET MOI AURIONS PU PARTAGER LA **CAGNOTTE**, MAIS **NOOOOOOOOON**... NOUS ÉTIONS **NAVRÉS** POUR VOUS!
NOUS AVONS **ANNULÉ** LES PARIS ET NOUS VOUS AVONS LAISSÉ **REPRENDRE** VOTRE BÉTAIL. EN SOMME, **FILLETTES**, VOUS **VOUS EN ÊTES BIEN TIRÉS!**

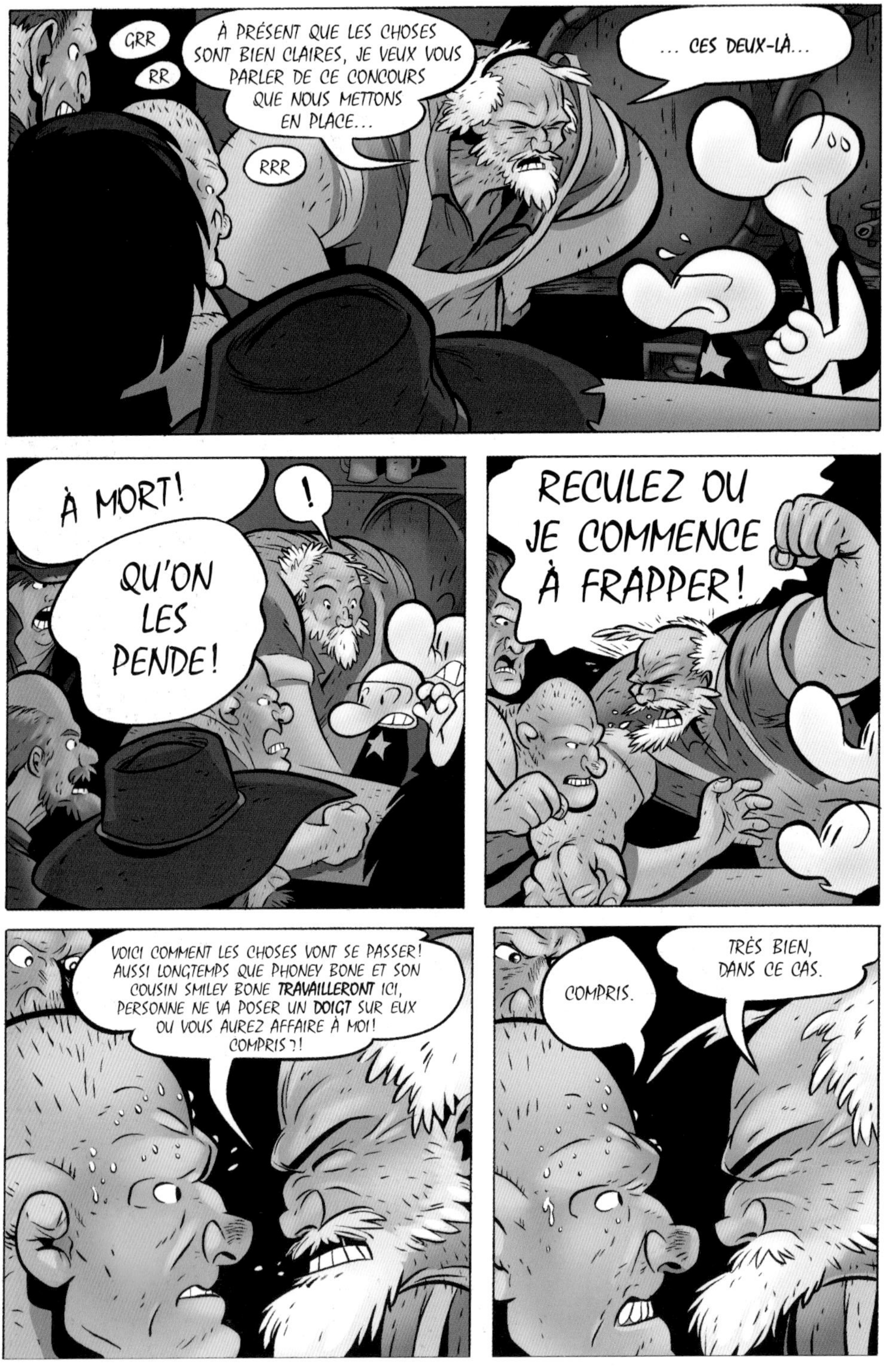
GRR
RR
À PRÉSENT QUE LES CHOSES SONT BIEN CLAIRES, JE VEUX VOUS PARLER DE CE CONCOURS QUE NOUS METTONS EN PLACE...
RRR
... CES DEUX-LÀ...
À MORT!
!
QU'ON LES PENDE!
RECULEZ OU JE COMMENCE À FRAPPER!
VOICI COMMENT LES CHOSES VONT SE PASSER! AUSSI LONGTEMPS QUE PHONEY BONE ET SON COUSIN SMILEY BONE TRAVAILLERONT ICI, PERSONNE NE VA POSER UN DOIGT SUR EUX OU VOUS AUREZ AFFAIRE À MOI! COMPRIS ?!
COMPRIS.
TRÈS BIEN, DANS CE CAS.

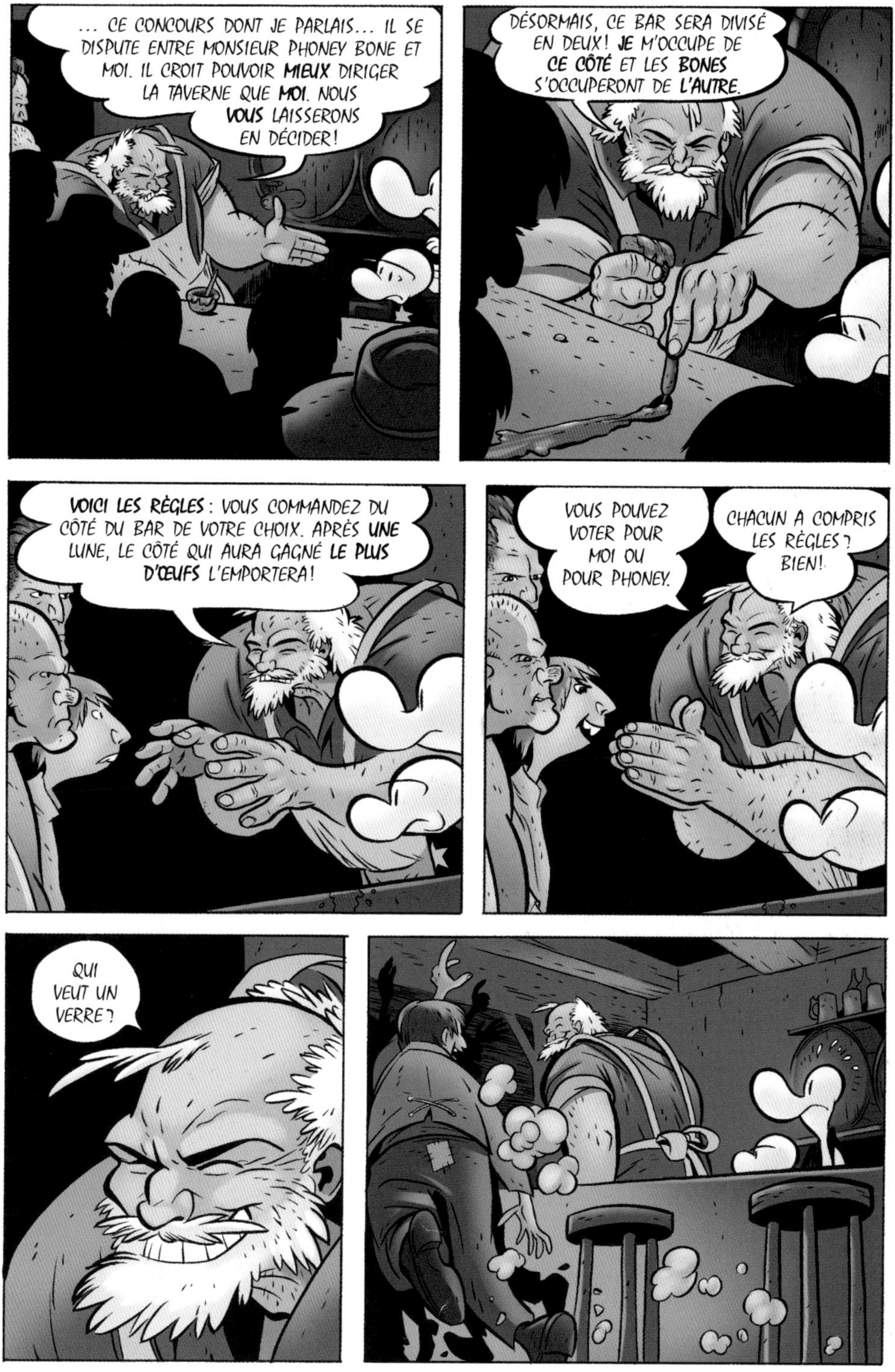
... CE CONCOURS DONT JE PARLAIS... IL SE DISPUTE ENTRE MONSIEUR PHONEY BONE ET MOI. IL CROIT POUVOIR MIEUX DIRIGER LA TAVERNE QUE MOI. NOUS VOUS LAISSERONS EN DÉCIDER!
DÉSORMAIS, CE BAR SERA DIVISÉ EN DEUX! JE M'OCCUPE DE CE CÔTÉ ET LES BONES S'OCCUPERONT DE L'AUTRE.
VOICI LES RÈGLES : VOUS COMMANDEZ DU CÔTÉ DU BAR DE VOTRE CHOIX. APRÈS UNE LUNE, LE CÔTÉ QUI AURA GAGNÉ LE PLUS D'ŒUFS L'EMPORTERA!
VOUS POUVEZ VOTER POUR MOI OU POUR PHONEY.
CHACUN A COMPRIS LES RÈGLES ? BIEN!
QUI VEUT UN VERRE ?

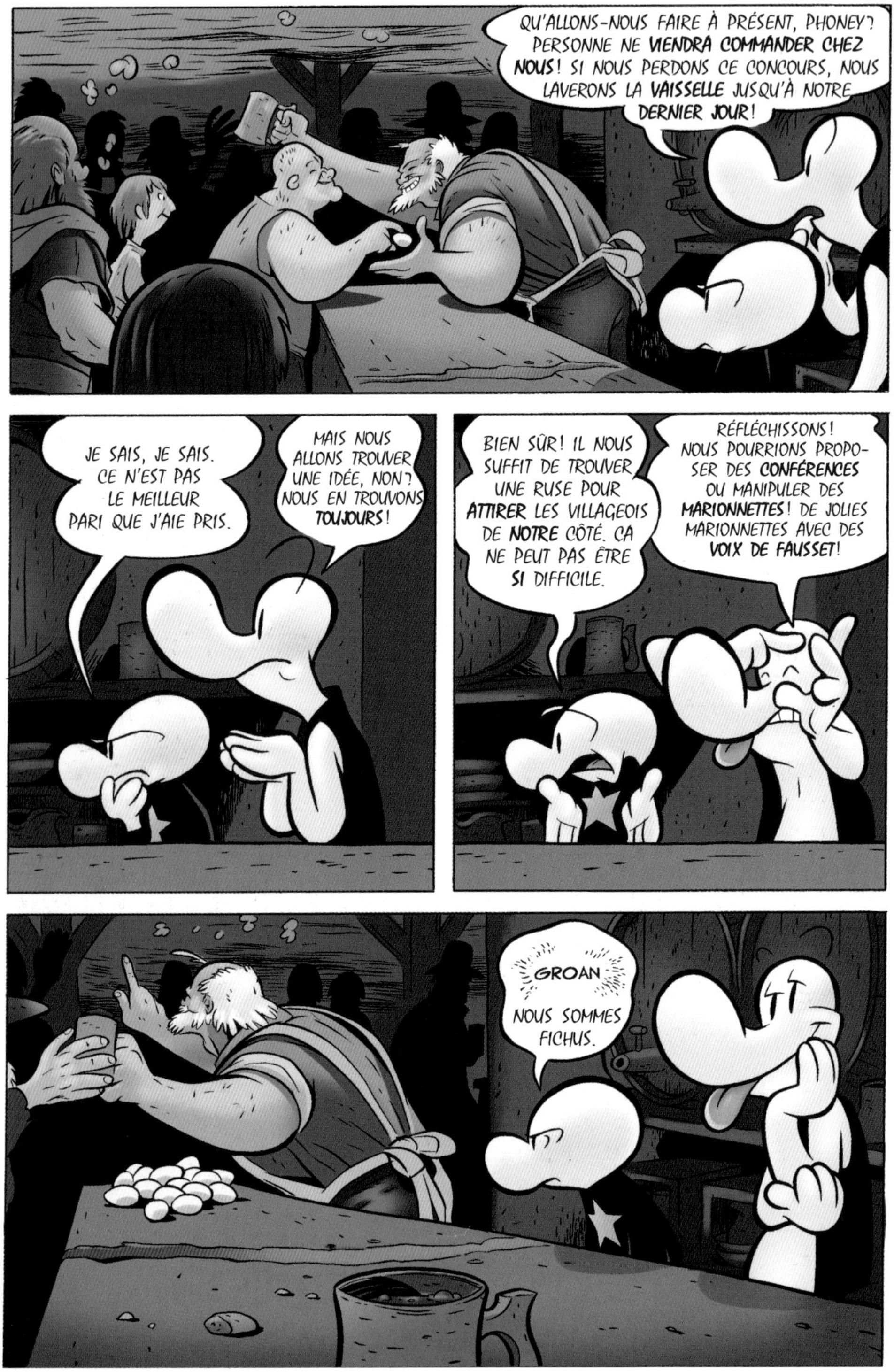
QU'ALLONS-NOUS FAIRE À PRÉSENT, PHONEY? PERSONNE NE VIENDRA COMMANDER CHEZ NOUS! SI NOUS PERDONS CE CONCOURS, NOUS LAVERONS LA VAISSELLE JUSQU'À NOTRE DERNIER JOUR!
JE SAIS, JE SAIS. CE N'EST PAS LE MEILLEUR PARI QUE J'AIE PRIS.
MAIS NOUS ALLONS TROUVER UNE IDÉE, NON? NOUS EN TROUVONS TOUJOURS!
BIEN SÛR! IL NOUS SUFFIT DE TROUVER UNE RUSE POUR ATTIRER LES VILLAGEOIS DE NOTRE CÔTÉ. ÇA NE PEUT PAS ÊTRE SI DIFFICILE.
RÉFLÉCHISSONS! NOUS POURRIONS PROPOSER DES CONFÉRENCES OU MANIPULER DES MARIONNETTES! DE JOLIES MARIONNETTES AVEC DES VOIX DE FAUSSET!
GROAN
NOUS SOMMES FICHUS.

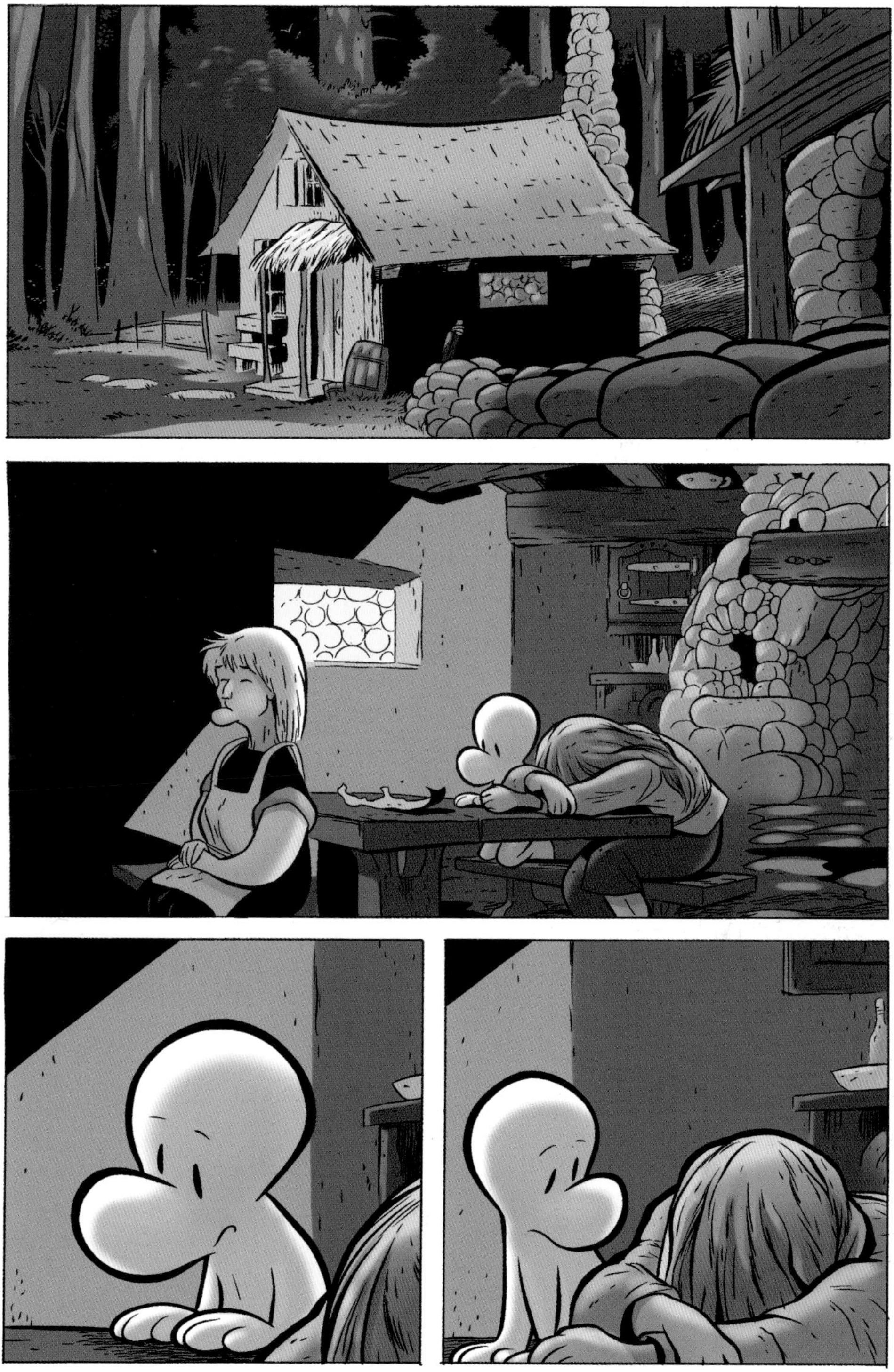

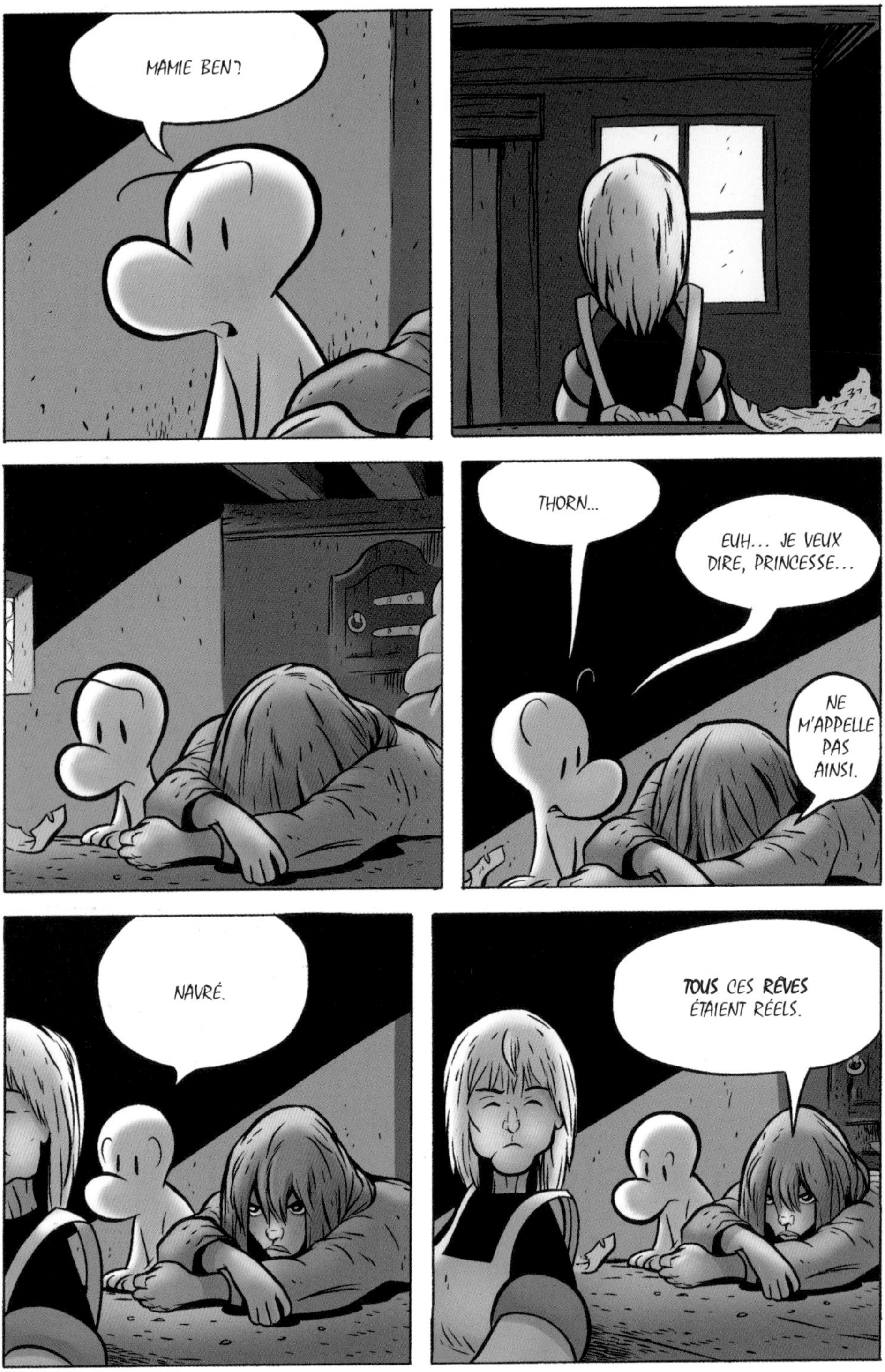
MAMIE BEN?
THORN...
EUH... JE VEUX DIRE, PRINCESSE...
NE M'APPELLE PAS AINSI.
NAVRÉ.
TOUS CES RÊVES ÉTAIENT RÉELS.

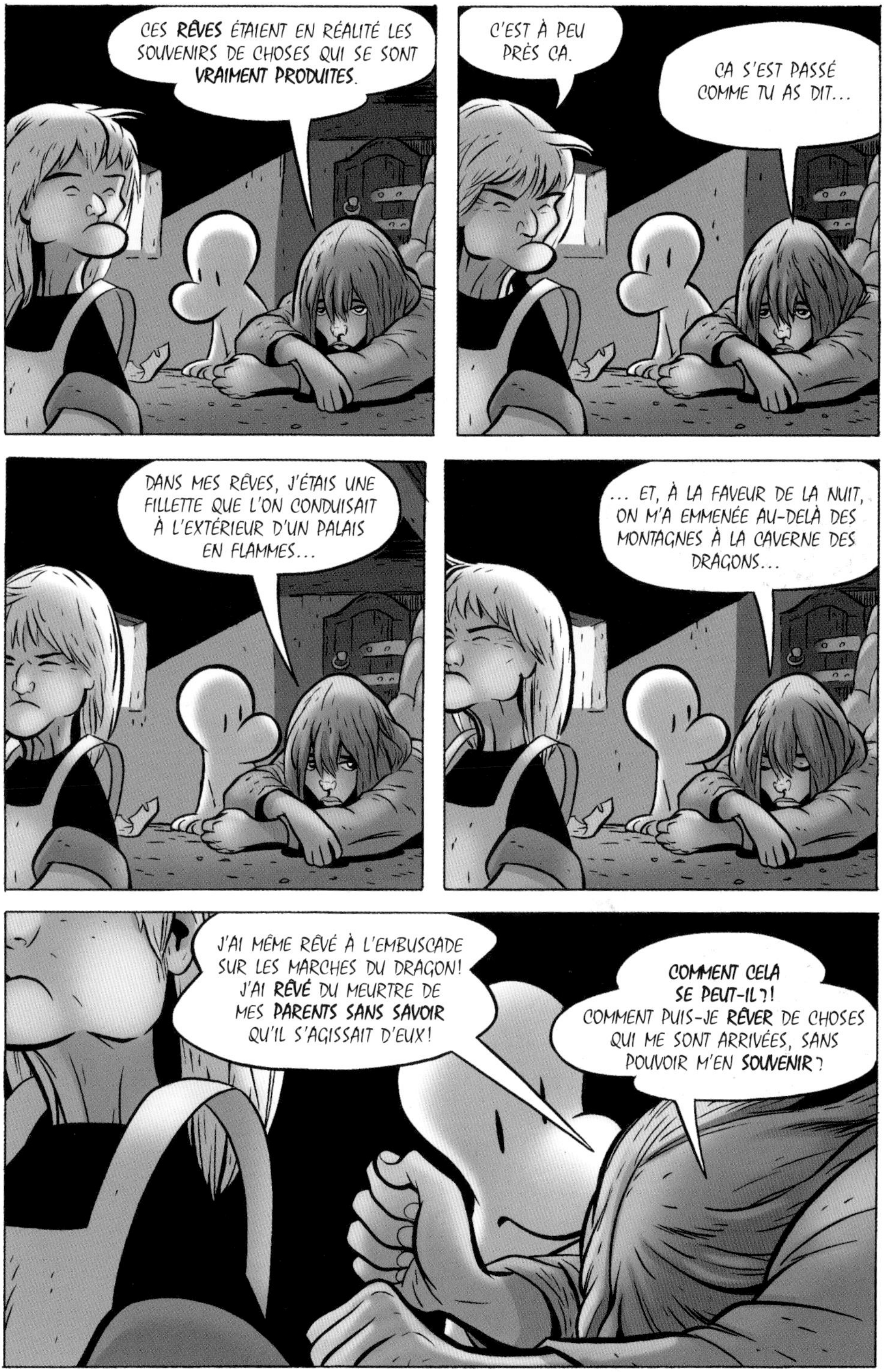
CES **RÊVES** ÉTAIENT EN RÉALITÉ LES SOUVENIRS DE CHOSES QUI SE SONT **VRAIMENT PRODUITES**.
C'EST À PEU PRÈS ÇA.
ÇA S'EST PASSÉ COMME TU AS DIT...
DANS MES RÊVES, J'ÉTAIS UNE FILLETTE QUE L'ON CONDUISAIT À L'EXTÉRIEUR D'UN PALAIS EN FLAMMES...
... ET, À LA FAVEUR DE LA NUIT, ON M'A EMMENÉE AU-DELÀ DES MONTAGNES À LA CAVERNE DES DRAGONS...
J'AI MÊME RÊVÉ À L'EMBUSCADE SUR LES MARCHES DU DRAGON! J'AI **RÊVÉ** DU MEURTRE DE MES **PARENTS SANS SAVOIR** QU'IL S'AGISSAIT D'EUX!
COMMENT CELA SE PEUT-IL?! COMMENT PUIS-JE **RÊVER** DE CHOSES QUI ME SONT ARRIVÉES, SANS POUVOIR M'EN **SOUVENIR**?

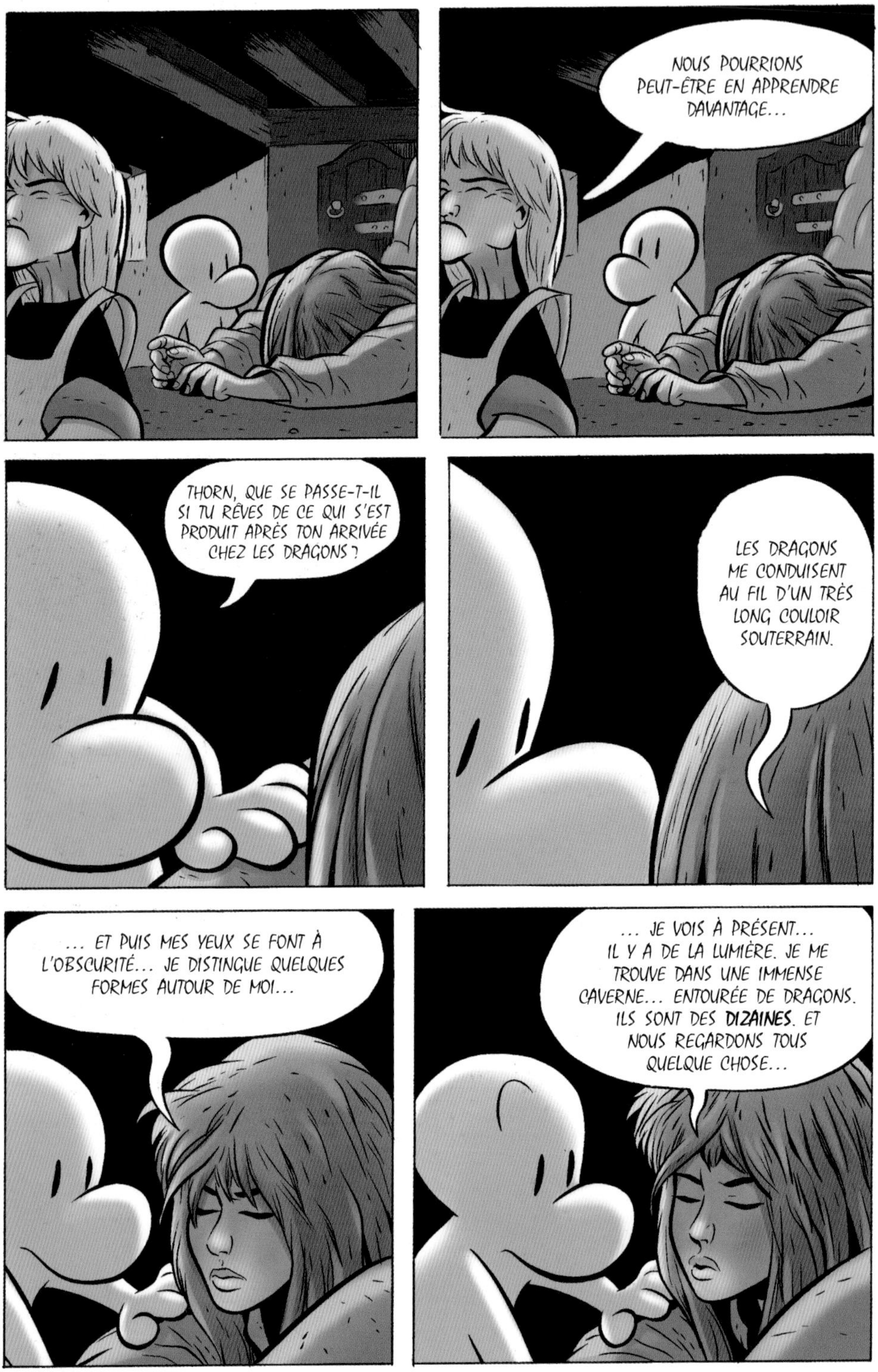
NOUS POURRIONS PEUT-ÊTRE EN APPRENDRE DAVANTAGE...
THORN, QUE SE PASSE-T-IL SI TU RÊVES DE CE QUI S'EST PRODUIT APRÈS TON ARRIVÉE CHEZ LES DRAGONS ?
LES DRAGONS ME CONDUISENT AU FIL D'UN TRÈS LONG COULOIR SOUTERRAIN.
... ET PUIS MES YEUX SE FONT À L'OBSCURITÉ... JE DISTINGUE QUELQUES FORMES AUTOUR DE MOI...
... JE VOIS À PRÉSENT... IL Y A DE LA LUMIÈRE. JE ME TROUVE DANS UNE IMMENSE CAVERNE... ENTOURÉE DE DRAGONS. ILS SONT DES **DIZAINES**. ET NOUS REGARDONS TOUS QUELQUE CHOSE...

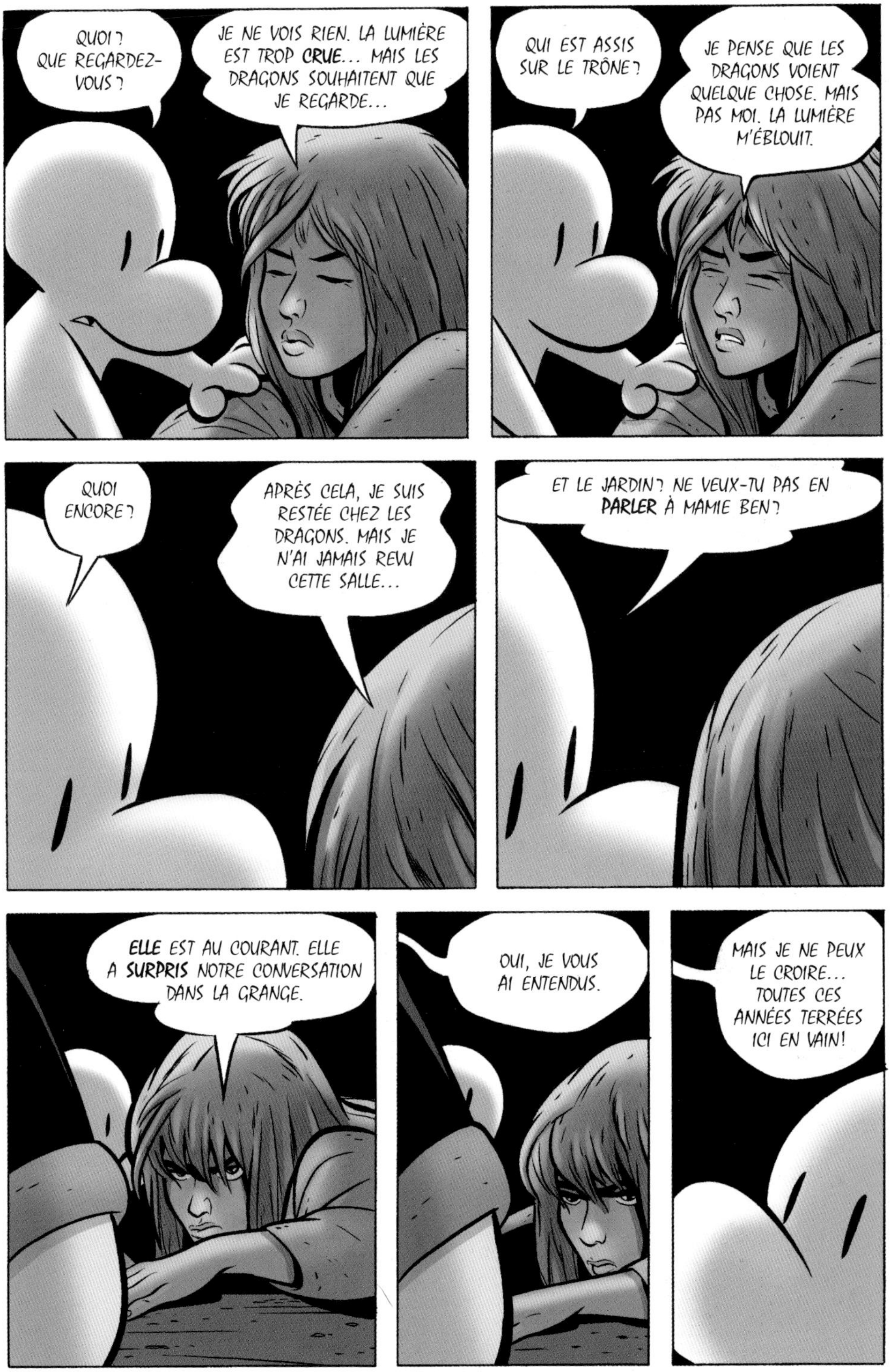
QUOI ? QUE REGARDEZ-VOUS ?
JE NE VOIS RIEN. LA LUMIÈRE EST TROP CRUE... MAIS LES DRAGONS SOUHAITENT QUE JE REGARDE...
QUI EST ASSIS SUR LE TRÔNE ?
JE PENSE QUE LES DRAGONS VOIENT QUELQUE CHOSE. MAIS PAS MOI. LA LUMIÈRE M'ÉBLOUIT.
QUOI ENCORE ?
APRÈS CELA, JE SUIS RESTÉE CHEZ LES DRAGONS. MAIS JE N'AI JAMAIS REVU CETTE SALLE...
ET LE JARDIN ? NE VEUX-TU PAS EN PARLER À MAMIE BEN ?
ELLE EST AU COURANT. ELLE A SURPRIS NOTRE CONVERSATION DANS LA GRANGE.
OUI, JE VOUS AI ENTENDUS.
MAIS JE NE PEUX LE CROIRE... TOUTES CES ANNÉES TERRÉES ICI EN VAIN!

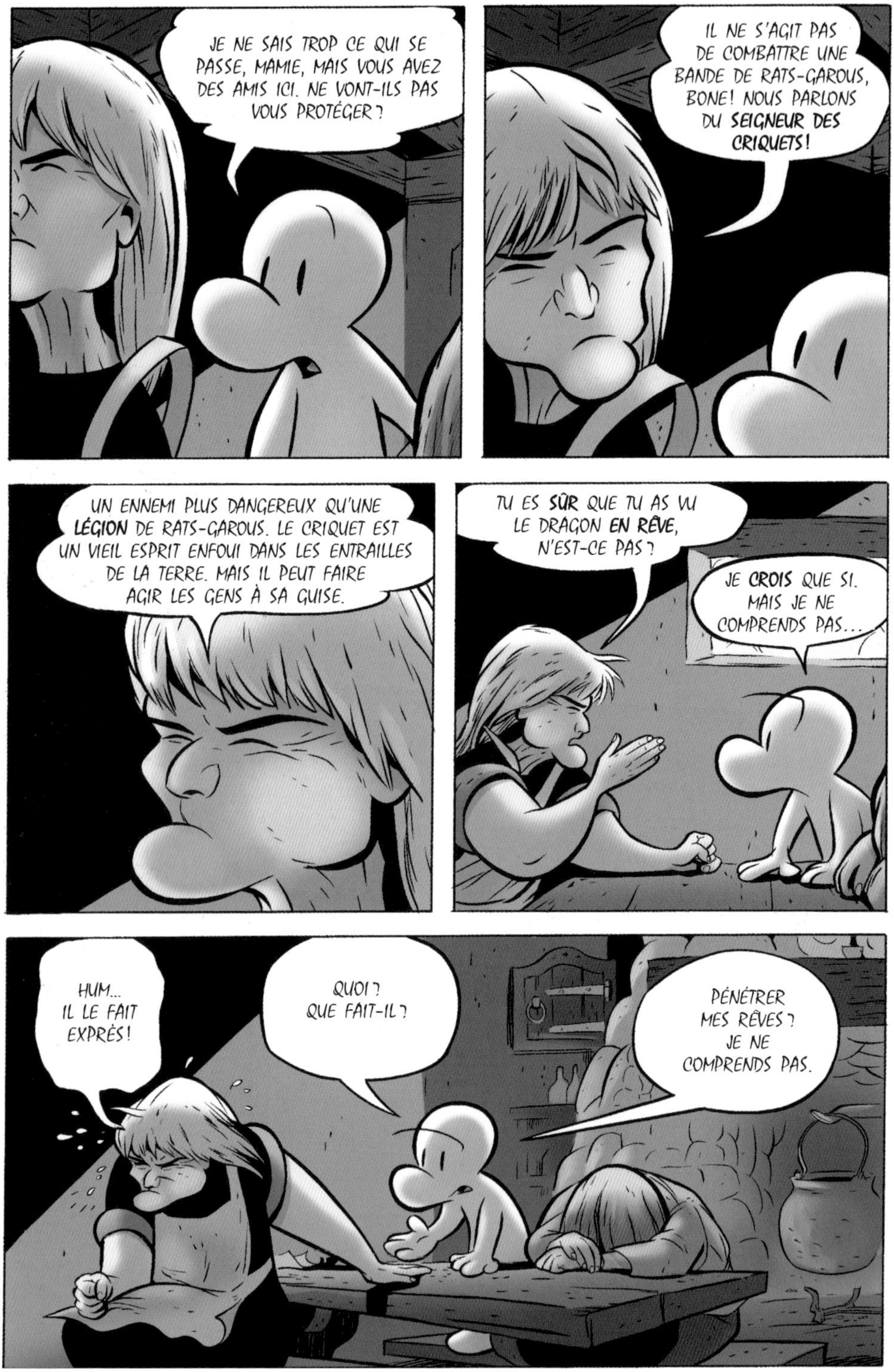
JE NE SAIS TROP CE QUI SE PASSE, MAMIE, MAIS VOUS AVEZ DES AMIS ICI. NE VONT-ILS PAS VOUS PROTÉGER ?
IL NE S'AGIT PAS DE COMBATTRE UNE BANDE DE RATS-GAROUS, BONE! NOUS PARLONS DU **SEIGNEUR DES CRIQUETS**!
UN ENNEMI PLUS DANGEREUX QU'UNE **LÉGION** DE RATS-GAROUS. LE CRIQUET EST UN VIEIL ESPRIT ENFOUI DANS LES ENTRAILLES DE LA TERRE. MAIS IL PEUT FAIRE AGIR LES GENS À SA GUISE.
TU ES **SÛR** QUE TU AS VU LE DRAGON **EN RÊVE**, N'EST-CE PAS ?
JE **CROIS** QUE SI. MAIS JE NE COMPRENDS PAS...
HUM... IL LE FAIT EXPRÈS!
QUOI ? QUE FAIT-IL ?
PÉNÉTRER MES RÊVES ? JE NE COMPRENDS PAS.

ALLEZ, MAMIE! NOUS AVONS DROIT DE SAVOIR! IL Y A UNE CHOSE QUE VOUS NOUS CACHEZ!
THORN?
SLAM!

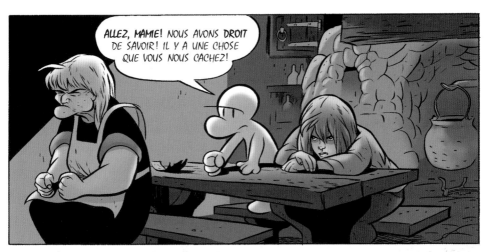

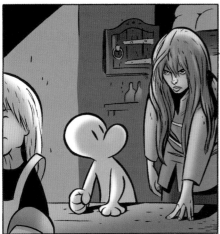

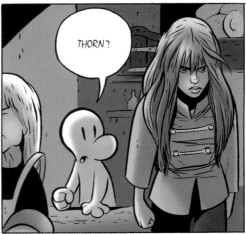

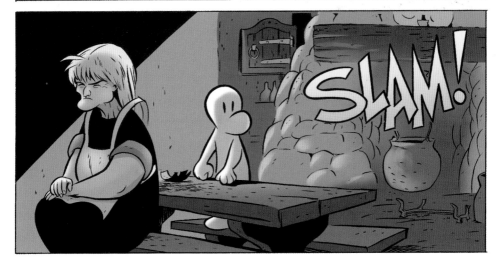

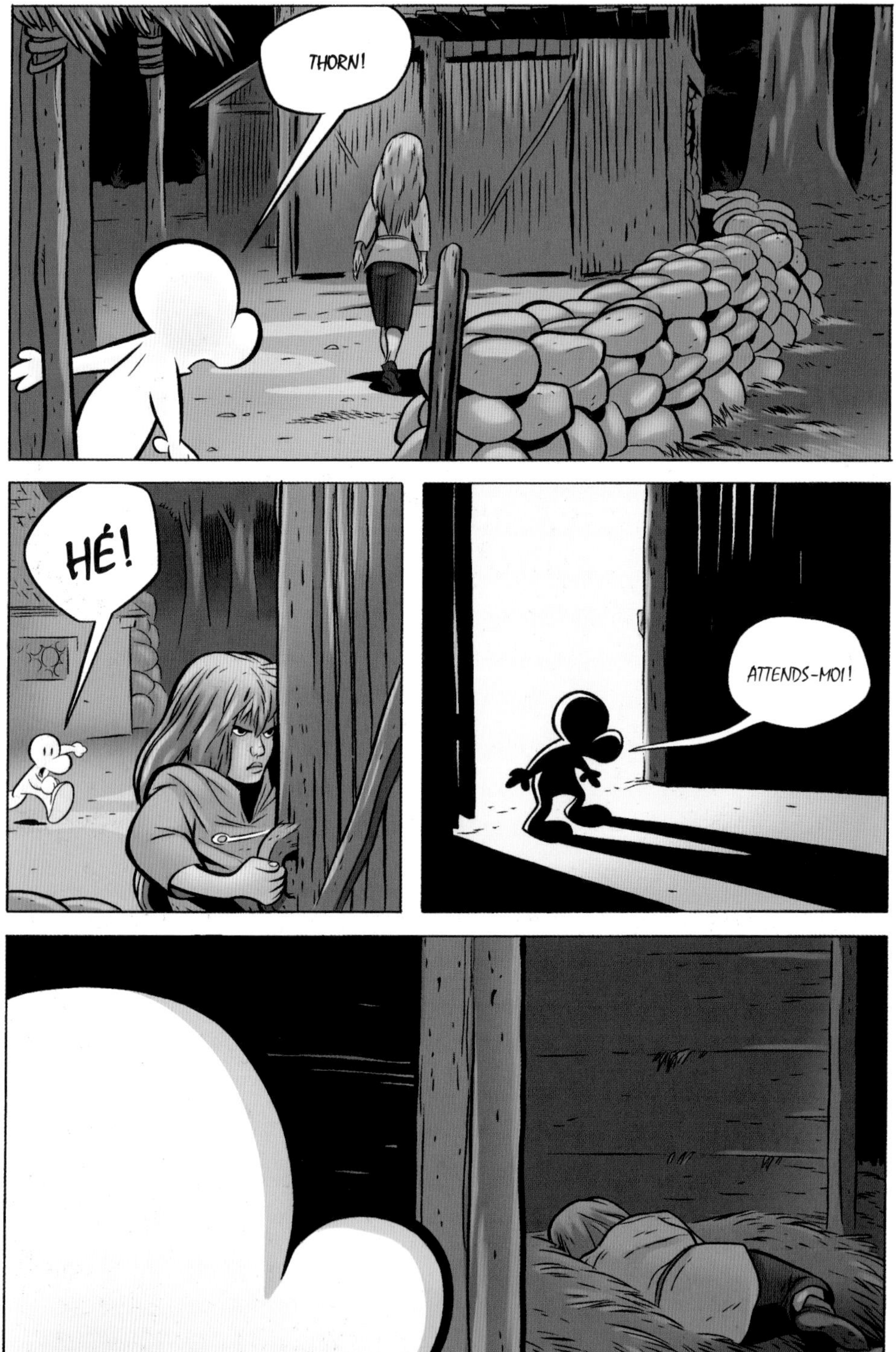
THORN!
HÉ!
ATTENDS-MOI!

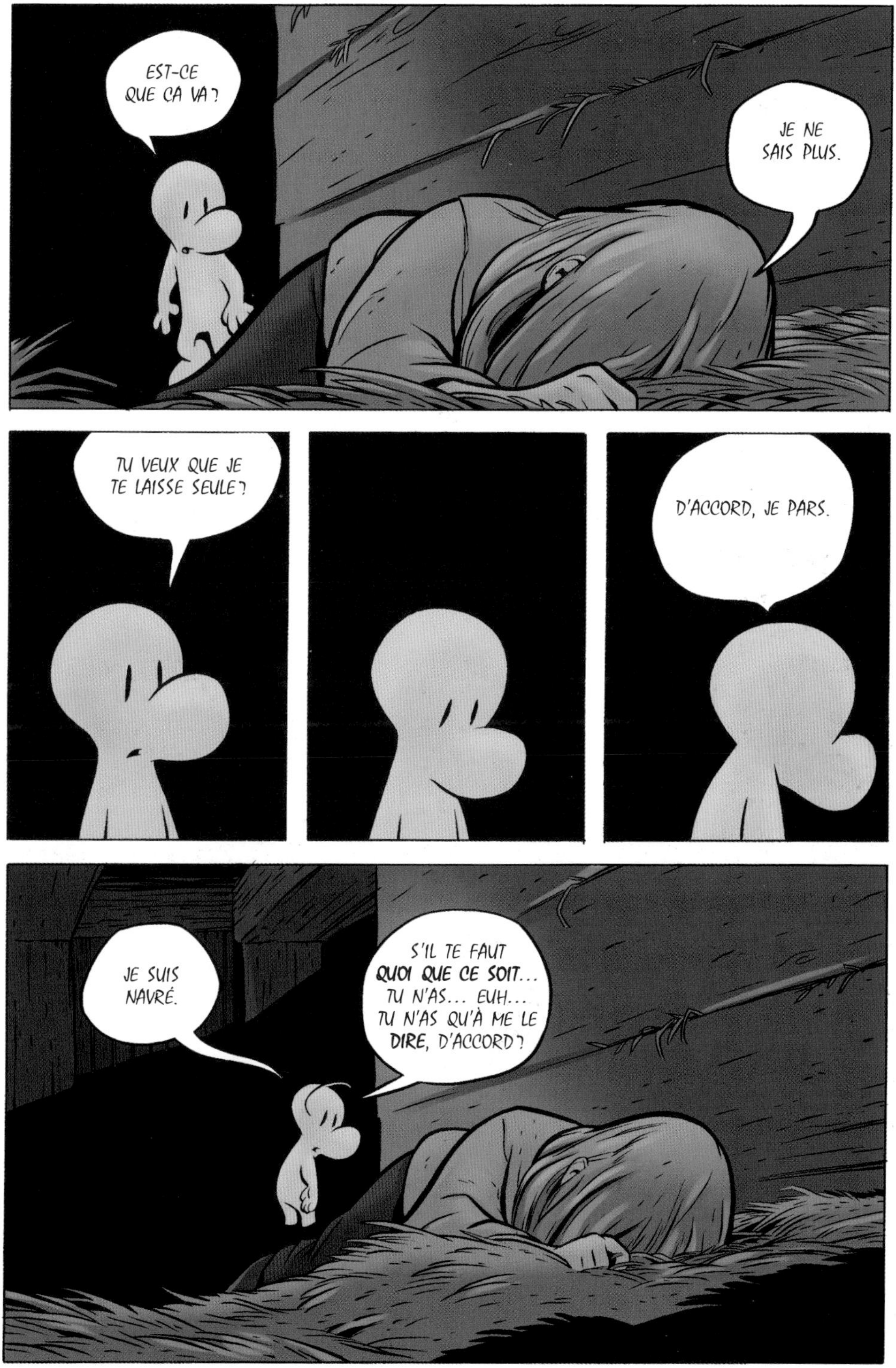
EST-CE QUE ÇA VA?
JE NE SAIS PLUS.
TU VEUX QUE JE TE LAISSE SEULE?
D'ACCORD, JE PARS.
JE SUIS NAVRÉ.
S'IL TE FAUT **QUOI QUE CE SOIT**... TU N'AS... EUH... TU N'AS QU'À ME LE **DIRE**, D'ACCORD?

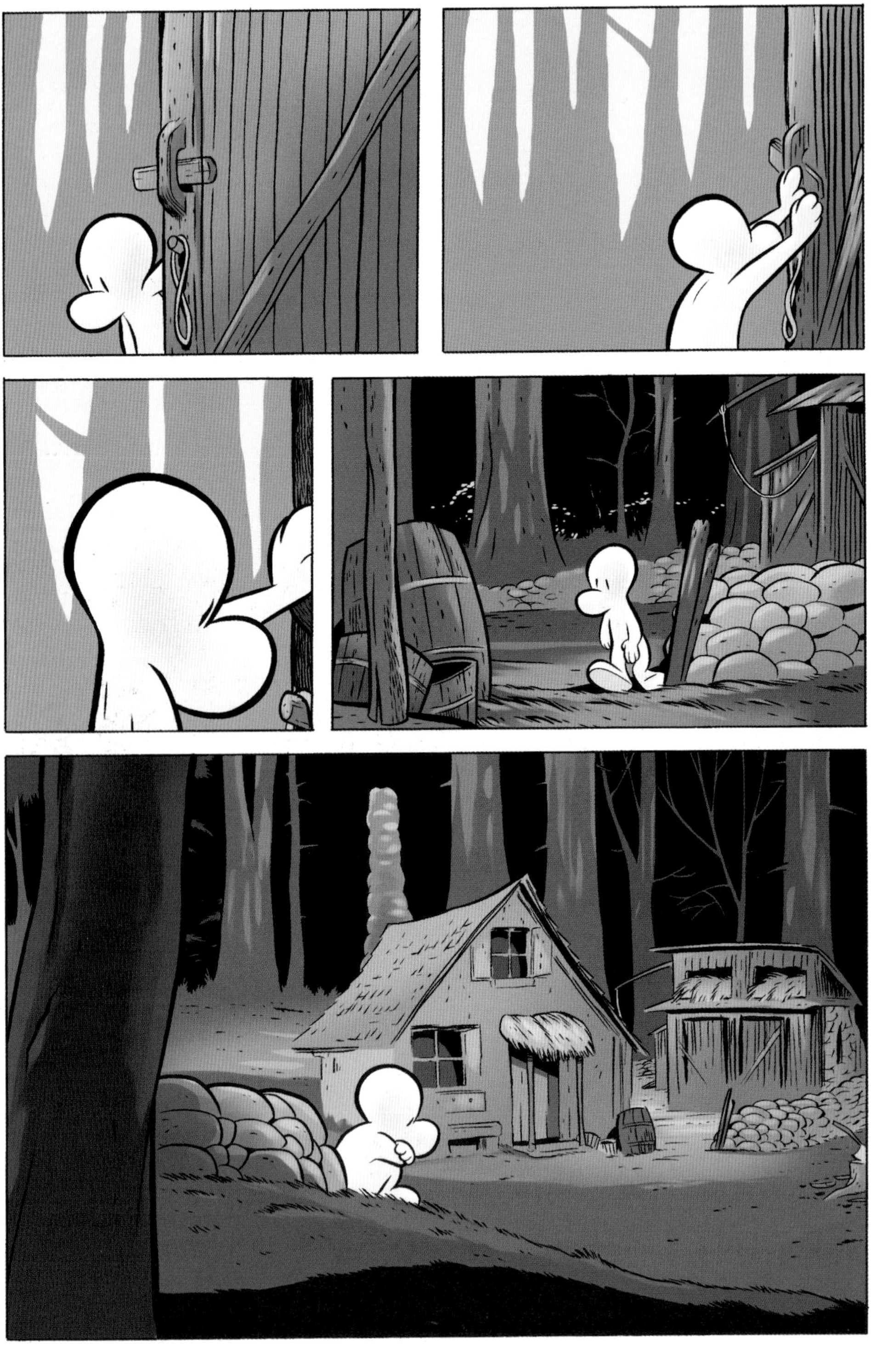

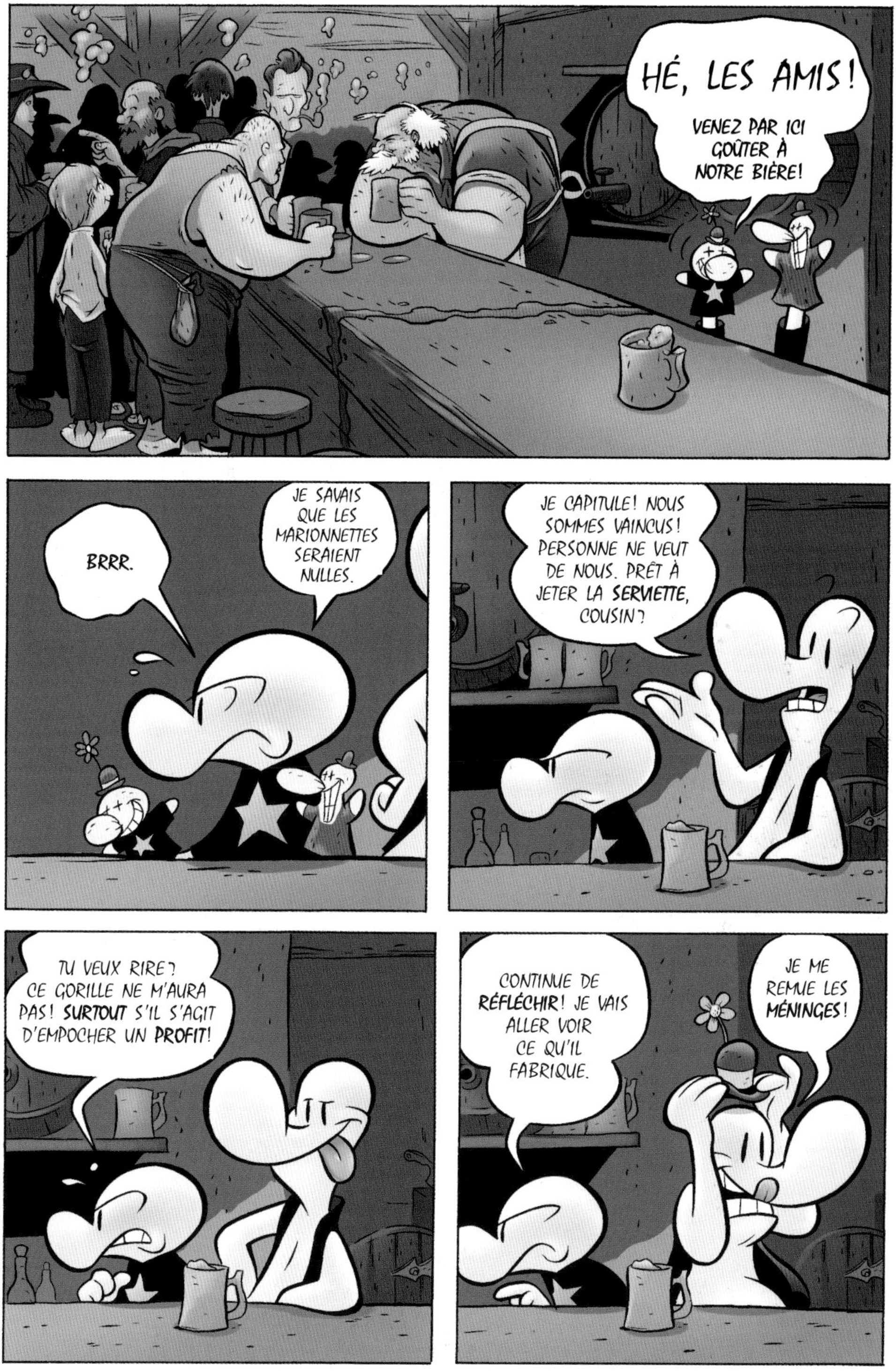
HÉ, LES AMIS!
VENEZ PAR ICI GOÛTER À NOTRE BIÈRE!
BRRR.
JE SAVAIS QUE LES MARIONNETTES SERAIENT NULLES.
JE CAPITULE! NOUS SOMMES VAINCUS! PERSONNE NE VEUT DE NOUS. PRÊT À JETER LA SERVIETTE, COUSIN?
TU VEUX RIRE? CE GORILLE NE M'AURA PAS! SURTOUT S'IL S'AGIT D'EMPOCHER UN PROFIT!
CONTINUE DE RÉFLÉCHIR! JE VAIS ALLER VOIR CE QU'IL FABRIQUE.
JE ME REMUE LES MÉNINGES!

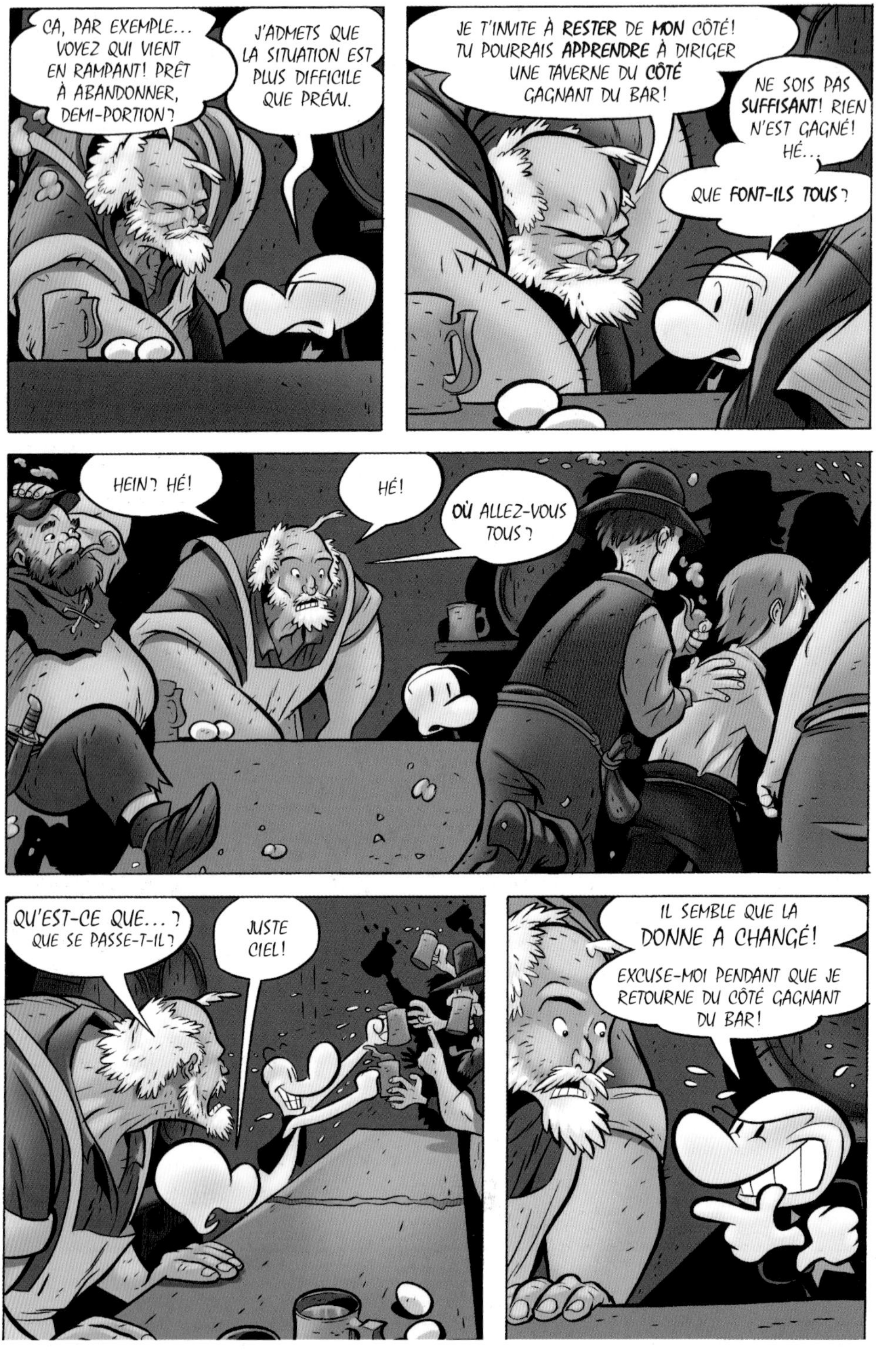
ÇA, PAR EXEMPLE… VOYEZ QUI VIENT EN RAMPANT! PRÊT À ABANDONNER, DEMI-PORTION?
J'ADMETS QUE LA SITUATION EST PLUS DIFFICILE QUE PRÉVU.
JE T'INVITE À RESTER DE MON CÔTÉ! TU POURRAIS APPRENDRE À DIRIGER UNE TAVERNE DU CÔTÉ GAGNANT DU BAR!
NE SOIS PAS SUFFISANT! RIEN N'EST GAGNÉ! HÉ…
QUE FONT-ILS TOUS?
HEIN? HÉ!
HÉ!
OÙ ALLEZ-VOUS TOUS?
QU'EST-CE QUE…? QUE SE PASSE-T-IL?
JUSTE CIEL!
IL SEMBLE QUE LA DONNE A CHANGÉ!
EXCUSE-MOI PENDANT QUE JE RETOURNE DU CÔTÉ GAGNANT DU BAR!

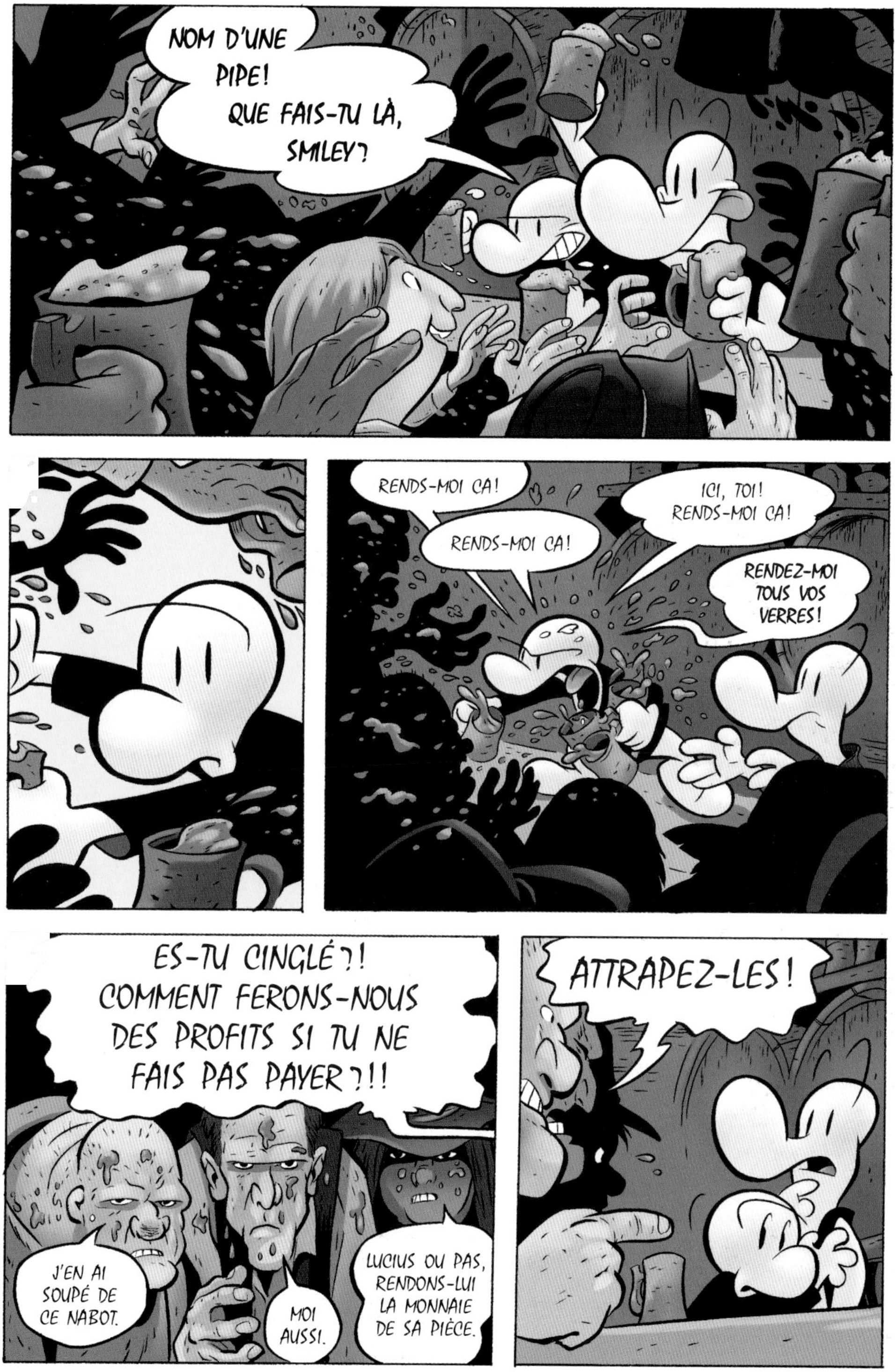
NOM D'UNE PIPE! QUE FAIS-TU LÀ, SMILEY?
RENDS-MOI ÇA!
RENDS-MOI ÇA!
ICI, TOI! RENDS-MOI ÇA!
RENDEZ-MOI TOUS VOS VERRES!
ES-TU CINGLÉ?! COMMENT FERONS-NOUS DES PROFITS SI TU NE FAIS PAS PAYER?!!
J'EN AI SOUPÉ DE CE NABOT.
MOI AUSSI.
LUCIUS OU PAS, RENDONS-LUI LA MONNAIE DE SA PIÈCE.
ATTRAPEZ-LES!

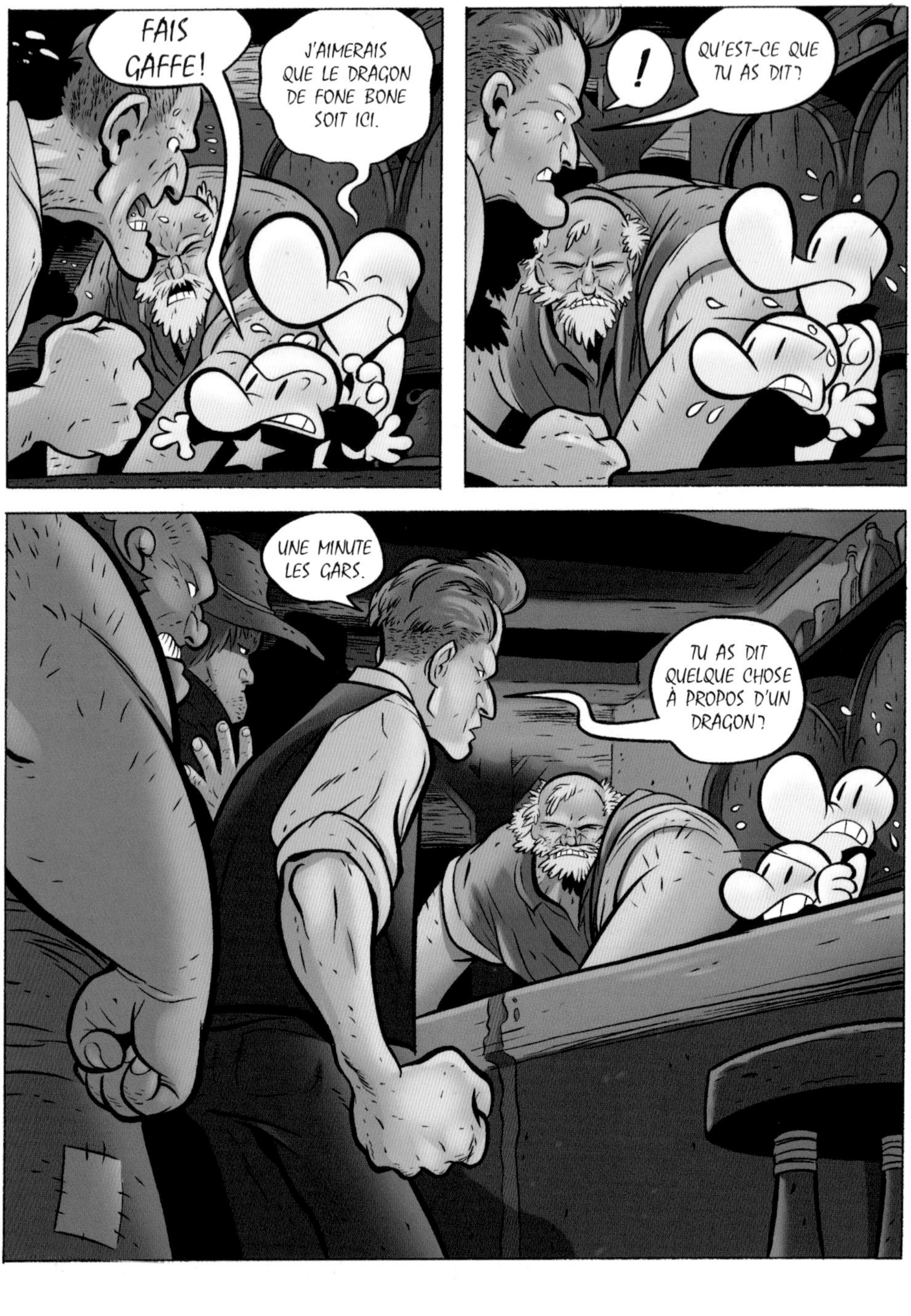
J'AIMERAIS QUE LE DRAGON DE FONE BONE SOIT ICI.
FAIS GAFFE!
!
QU'EST-CE QUE TU AS DIT?
UNE MINUTE LES GARS.
TU AS DIT QUELQUE CHOSE À PROPOS D'UN DRAGON?

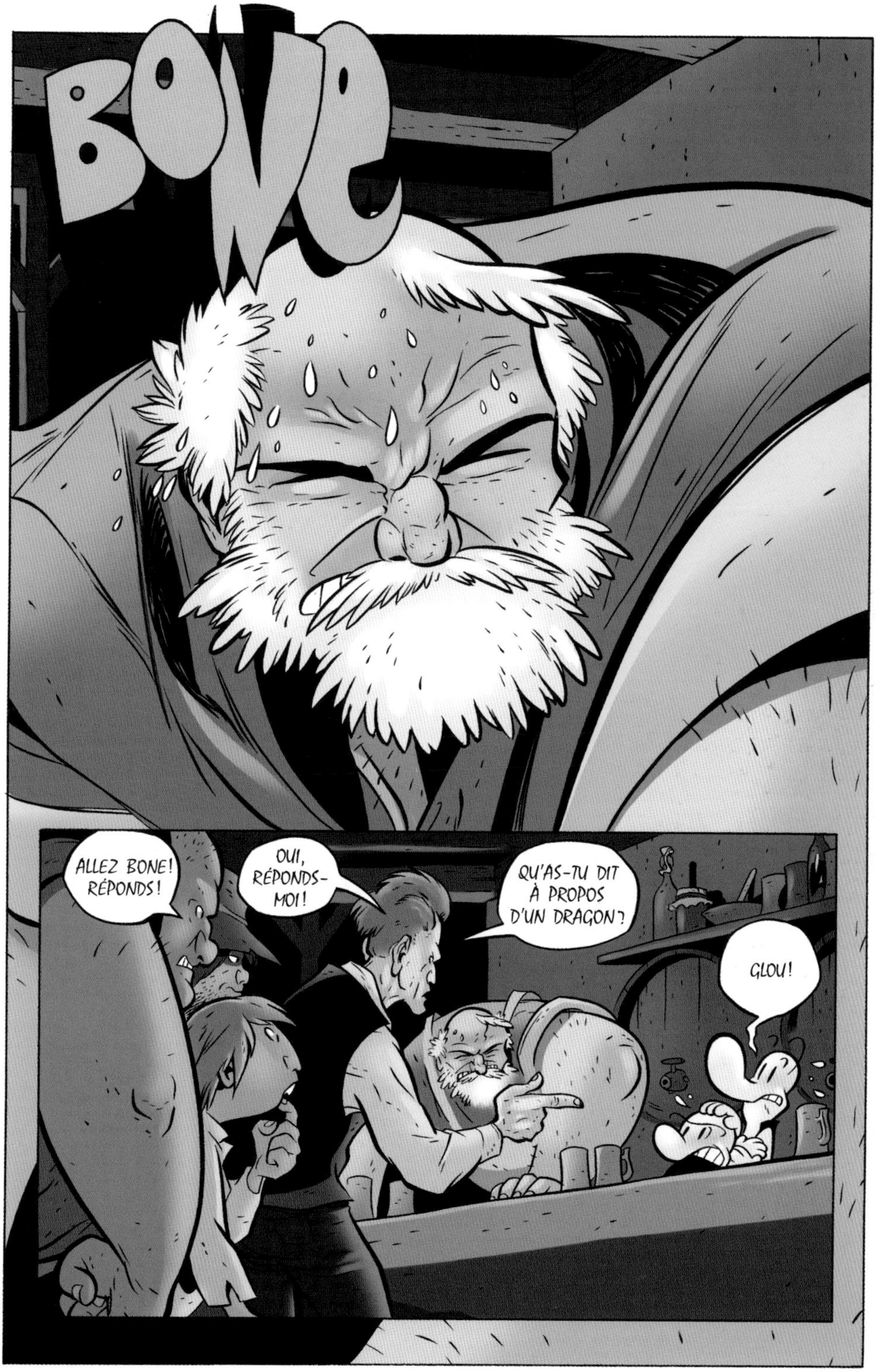
BONG
ALLEZ BONE! RÉPONDS!
OUI, RÉPONDS-MOI!
QU'AS-TU DIT À PROPOS D'UN DRAGON?
GLOU!

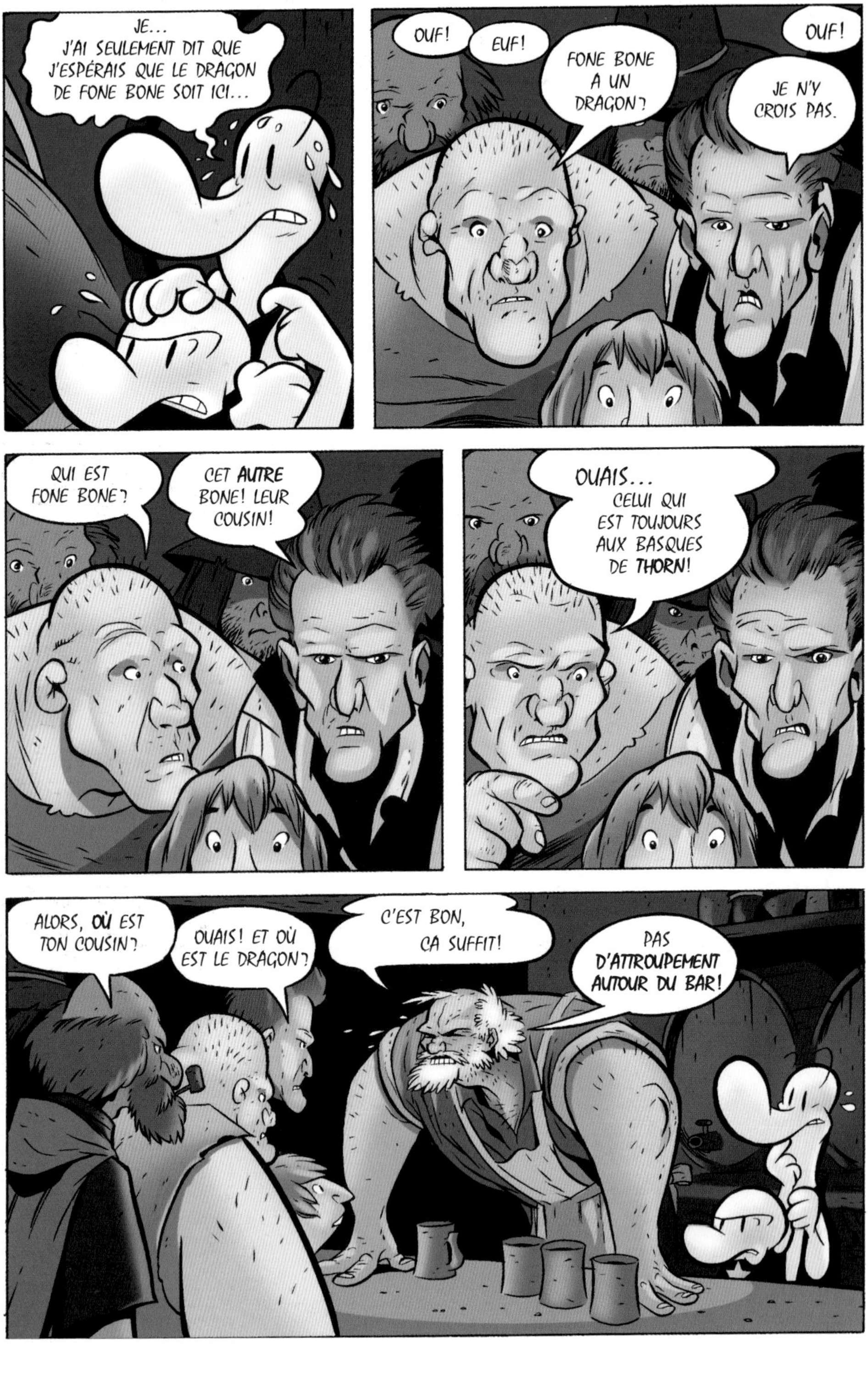
JE...
J'AI SEULEMENT DIT QUE J'ESPÉRAIS QUE LE DRAGON DE FONE BONE SOIT ICI...
OUF!
EUF!
FONE BONE A UN DRAGON?
OUF!
JE N'Y CROIS PAS.
QUI EST FONE BONE?
CET AUTRE BONE! LEUR COUSIN!
OUAIS...
CELUI QUI EST TOUJOURS AUX BASQUES DE THORN!
ALORS, OÙ EST TON COUSIN?
OUAIS! ET OÙ EST LE DRAGON?
C'EST BON, ÇA SUFFIT!
PAS D'ATTROUPEMENT AUTOUR DU BAR!

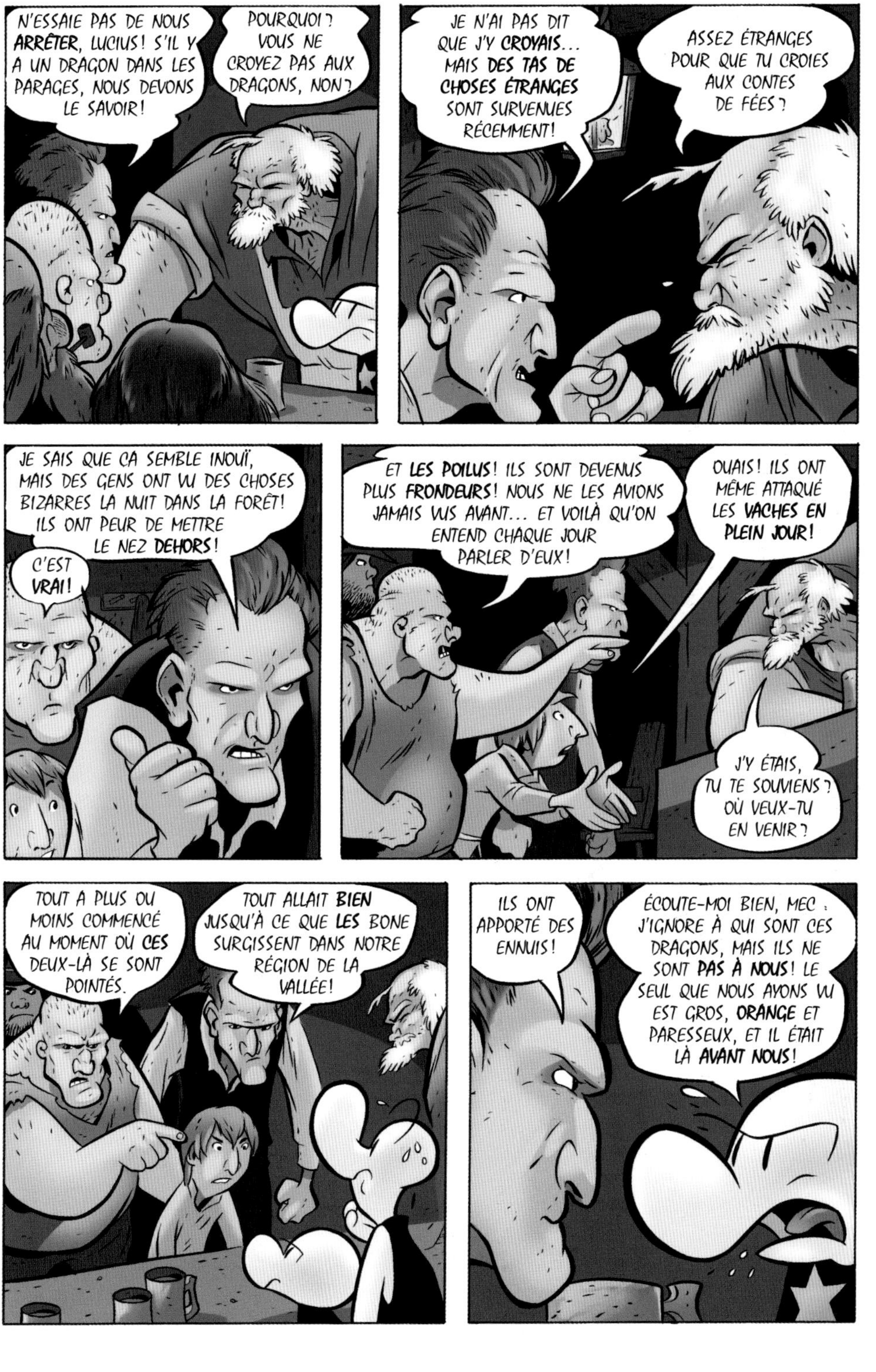
N'ESSAIE PAS DE NOUS ARRÊTER, LUCIUS! S'IL Y A UN DRAGON DANS LES PARAGES, NOUS DEVONS LE SAVOIR!
POURQUOI? VOUS NE CROYEZ PAS AUX DRAGONS, NON?
JE N'AI PAS DIT QUE J'Y CROYAIS... MAIS DES TAS DE CHOSES ÉTRANGES SONT SURVENUES RÉCEMMENT!
ASSEZ ÉTRANGES POUR QUE TU CROIES AUX CONTES DE FÉES?
JE SAIS QUE ÇA SEMBLE INOUÏ, MAIS DES GENS ONT VU DES CHOSES BIZARRES LA NUIT DANS LA FORÊT! ILS ONT PEUR DE METTRE LE NEZ DEHORS!
C'EST VRAI!
ET LES POILUS! ILS SONT DEVENUS PLUS FRONDEURS! NOUS NE LES AVIONS JAMAIS VUS AVANT... ET VOILÀ QU'ON ENTEND CHAQUE JOUR PARLER D'EUX!
OUAIS! ILS ONT MÊME ATTAQUÉ LES VACHES EN PLEIN JOUR!
J'Y ÉTAIS, TU TE SOUVIENS? OÙ VEUX-TU EN VENIR?
TOUT A PLUS OU MOINS COMMENCÉ AU MOMENT OÙ CES DEUX-LÀ SE SONT POINTÉS.
TOUT ALLAIT BIEN JUSQU'À CE QUE LES BONE SURGISSENT DANS NOTRE RÉGION DE LA VALLÉE!
ILS ONT APPORTÉ DES ENNUIS!
ÉCOUTE-MOI BIEN, MEC : J'IGNORE À QUI SONT CES DRAGONS, MAIS ILS NE SONT PAS À NOUS! LE SEUL QUE NOUS AYONS VU EST GROS, ORANGE ET PARESSEUX, ET IL ÉTAIT LÀ AVANT NOUS!

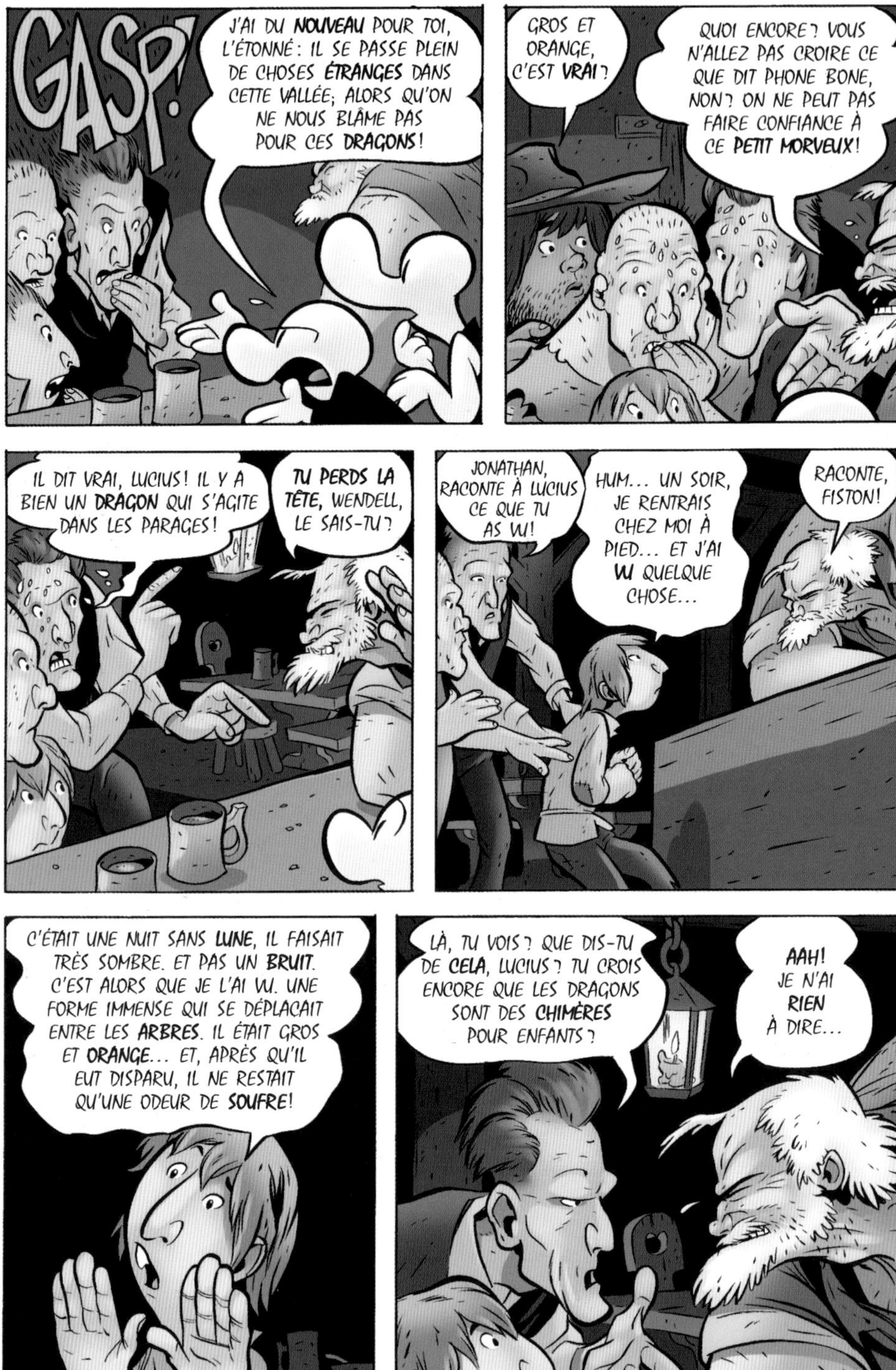
GASP!
J'AI DU NOUVEAU POUR TOI, L'ÉTONNÉ : IL SE PASSE PLEIN DE CHOSES ÉTRANGES DANS CETTE VALLÉE; ALORS QU'ON NE NOUS BLÂME PAS POUR CES DRAGONS!
GROS ET ORANGE, C'EST VRAI?
QUOI ENCORE? VOUS N'ALLEZ PAS CROIRE CE QUE DIT PHONE BONE, NON? ON NE PEUT PAS FAIRE CONFIANCE À CE PETIT MORVEUX!
IL DIT VRAI, LUCIUS! IL Y A BIEN UN DRAGON QUI S'AGITE DANS LES PARAGES!
TU PERDS LA TÊTE, WENDELL, LE SAIS-TU?
JONATHAN, RACONTE À LUCIUS CE QUE TU AS VU!
HUM... UN SOIR, JE RENTRAIS CHEZ MOI À PIED... ET J'AI VU QUELQUE CHOSE...
RACONTE, FISTON!
C'ÉTAIT UNE NUIT SANS LUNE, IL FAISAIT TRÈS SOMBRE. ET PAS UN BRUIT. C'EST ALORS QUE JE L'AI VU. UNE FORME IMMENSE QUI SE DÉPLAÇAIT ENTRE LES ARBRES. IL ÉTAIT GROS ET ORANGE... ET, APRÈS QU'IL EUT DISPARU, IL NE RESTAIT QU'UNE ODEUR DE SOUFRE!
LÀ, TU VOIS? QUE DIS-TU DE CELA, LUCIUS? TU CROIS ENCORE QUE LES DRAGONS SONT DES CHIMÈRES POUR ENFANTS?
AAH! JE N'AI RIEN À DIRE...

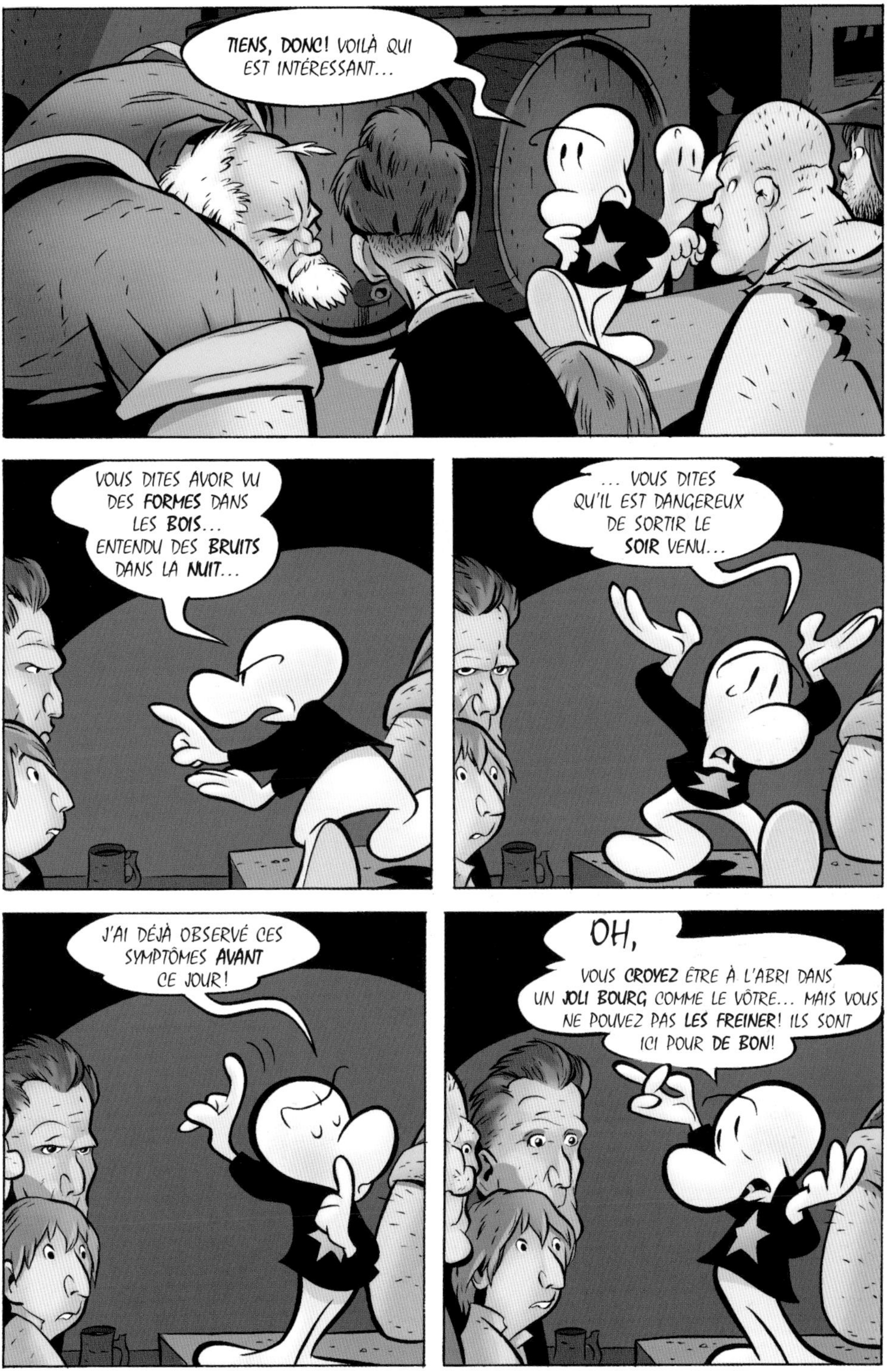
TIENS, DONC! VOILÀ QUI EST INTÉRESSANT...
VOUS DITES AVOIR VU DES FORMES DANS LES BOIS... ENTENDU DES BRUITS DANS LA NUIT...
... VOUS DITES QU'IL EST DANGEREUX DE SORTIR LE SOIR VENU...
J'AI DÉJÀ OBSERVÉ CES SYMPTÔMES AVANT CE JOUR!
OH,
VOUS CROYEZ ÊTRE À L'ABRI DANS UN JOLI BOURG COMME LE VÔTRE... MAIS VOUS NE POUVEZ PAS LES FREINER! ILS SONT ICI POUR DE BON!

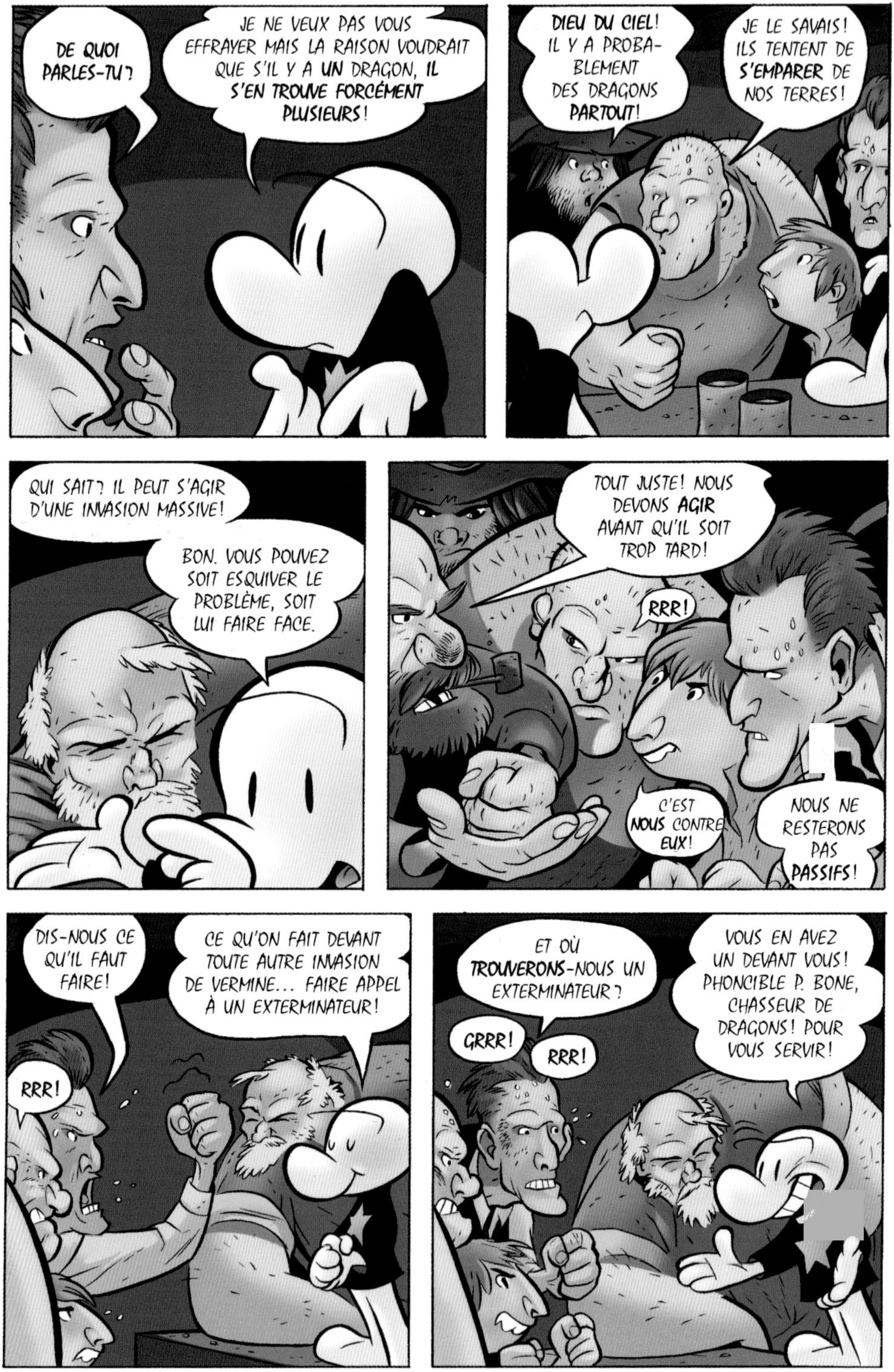
DE QUOI PARLES-TU?
JE NE VEUX PAS VOUS EFFRAYER MAIS LA RAISON VOUDRAIT QUE S'IL Y A UN DRAGON, IL S'EN TROUVE FORCÉMENT PLUSIEURS!
DIEU DU CIEL! IL Y A PROBABLEMENT DES DRAGONS PARTOUT!
JE LE SAVAIS! ILS TENTENT DE S'EMPARER DE NOS TERRES!
QUI SAIT? IL PEUT S'AGIR D'UNE INVASION MASSIVE!
BON. VOUS POUVEZ SOIT ESQUIVER LE PROBLÈME, SOIT LUI FAIRE FACE.
TOUT JUSTE! NOUS DEVONS AGIR AVANT QU'IL SOIT TROP TARD!
RRR!
C'EST NOUS CONTRE EUX!
NOUS NE RESTERONS PAS PASSIFS!
DIS-NOUS CE QU'IL FAUT FAIRE!
CE QU'ON FAIT DEVANT TOUTE AUTRE INVASION DE VERMINE... FAIRE APPEL À UN EXTERMINATEUR!
RRR!
ET OÙ TROUVERONS-NOUS UN EXTERMINATEUR?
GRRR!
RRR!
VOUS EN AVEZ UN DEVANT VOUS! PHONCIBLE P. BONE, CHASSEUR DE DRAGONS! POUR VOUS SERVIR!

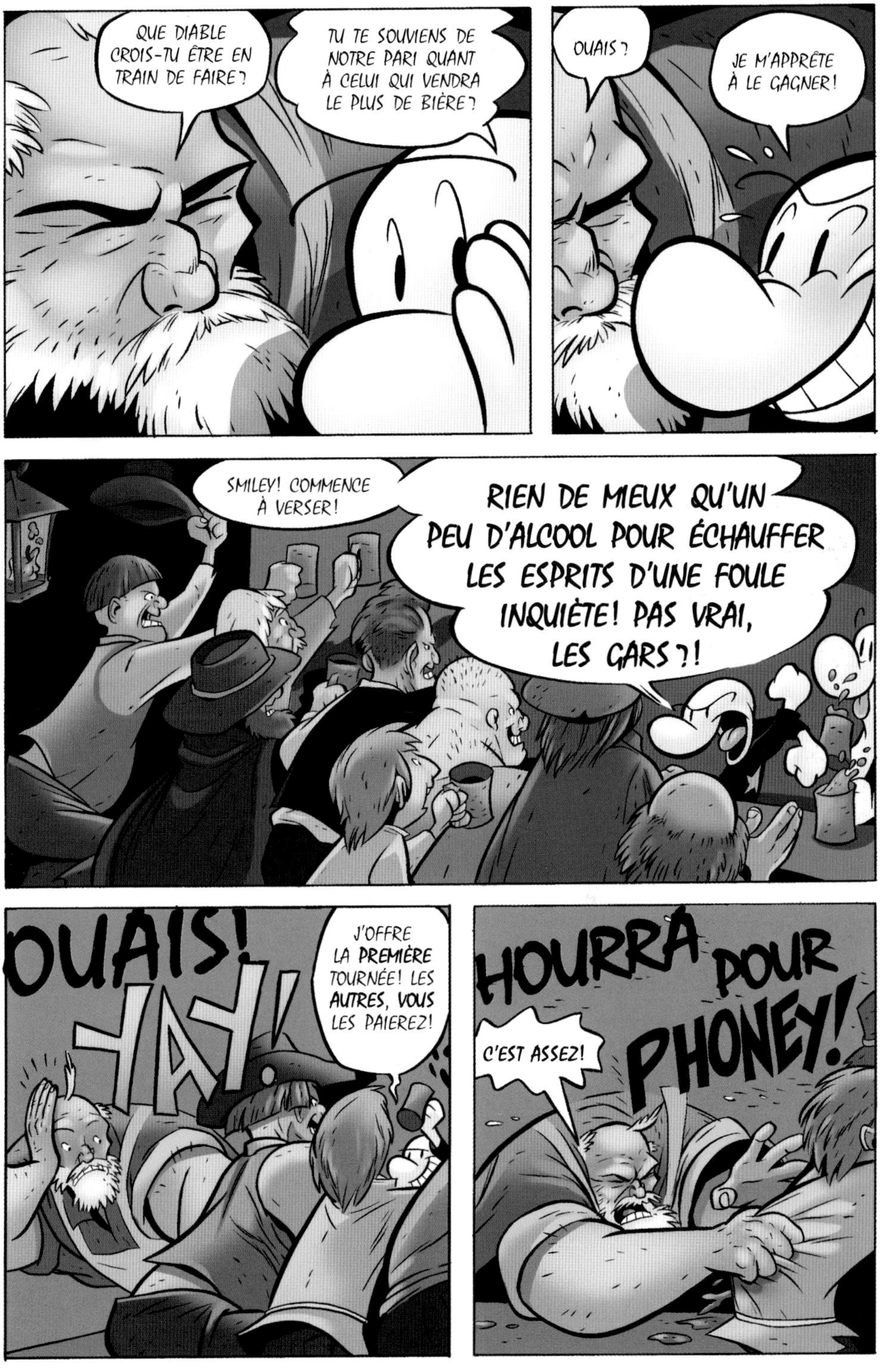
QUE DIABLE CROIS-TU ÊTRE EN TRAIN DE FAIRE ?
TU TE SOUVIENS DE NOTRE PARI QUANT À CELUI QUI VENDRA LE PLUS DE BIÈRE ?
OUAIS ?
JE M'APPRÊTE À LE GAGNER!
SMILEY! COMMENCE À VERSER!
RIEN DE MIEUX QU'UN PEU D'ALCOOL POUR ÉCHAUFFER LES ESPRITS D'UNE FOULE INQUIÈTE! PAS VRAI, LES GARS ?!
OUAIS!
YAY!
J'OFFRE LA **PREMIÈRE** TOURNÉE! LES **AUTRES, VOUS** LES PAIEREZ!
HOURRA POUR PHONEY!
C'EST ASSEZ!

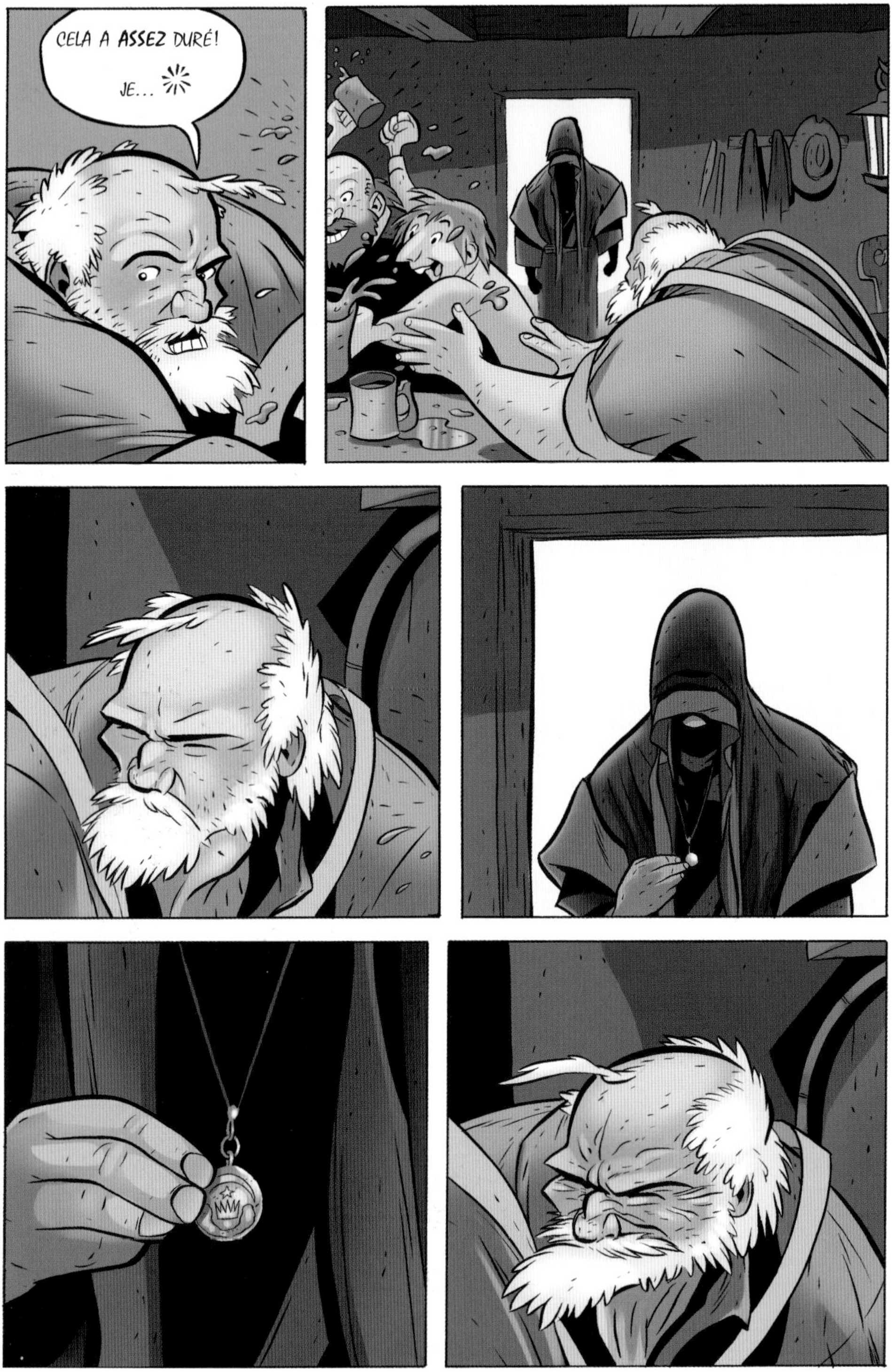
CELA A ASSEZ DURÉ!
JE...

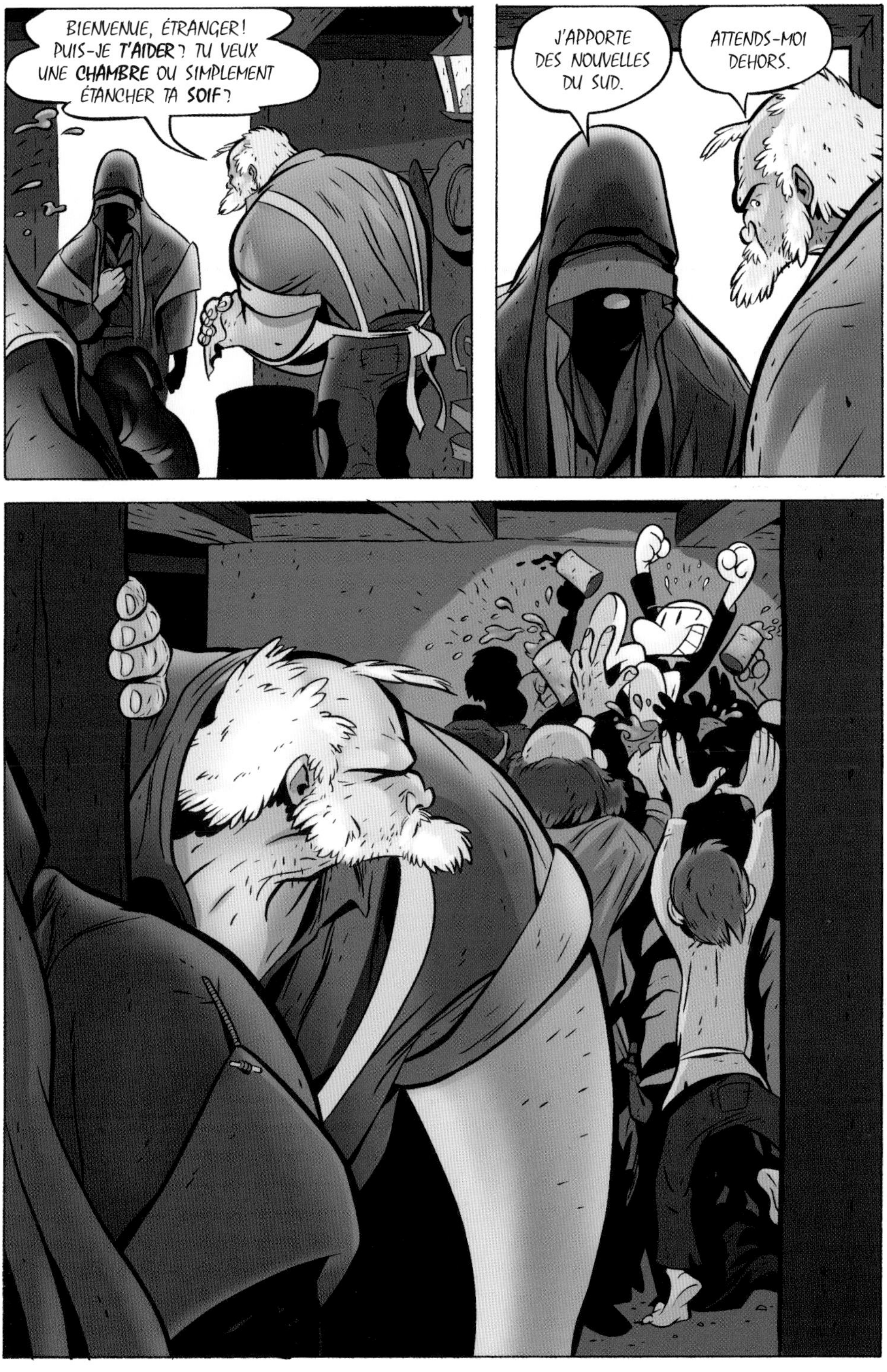
BIENVENUE, ÉTRANGER! PUIS-JE T'AIDER? TU VEUX UNE CHAMBRE OU SIMPLEMENT ÉTANCHER TA SOIF?
J'APPORTE DES NOUVELLES DU SUD.
ATTENDS-MOI DEHORS.

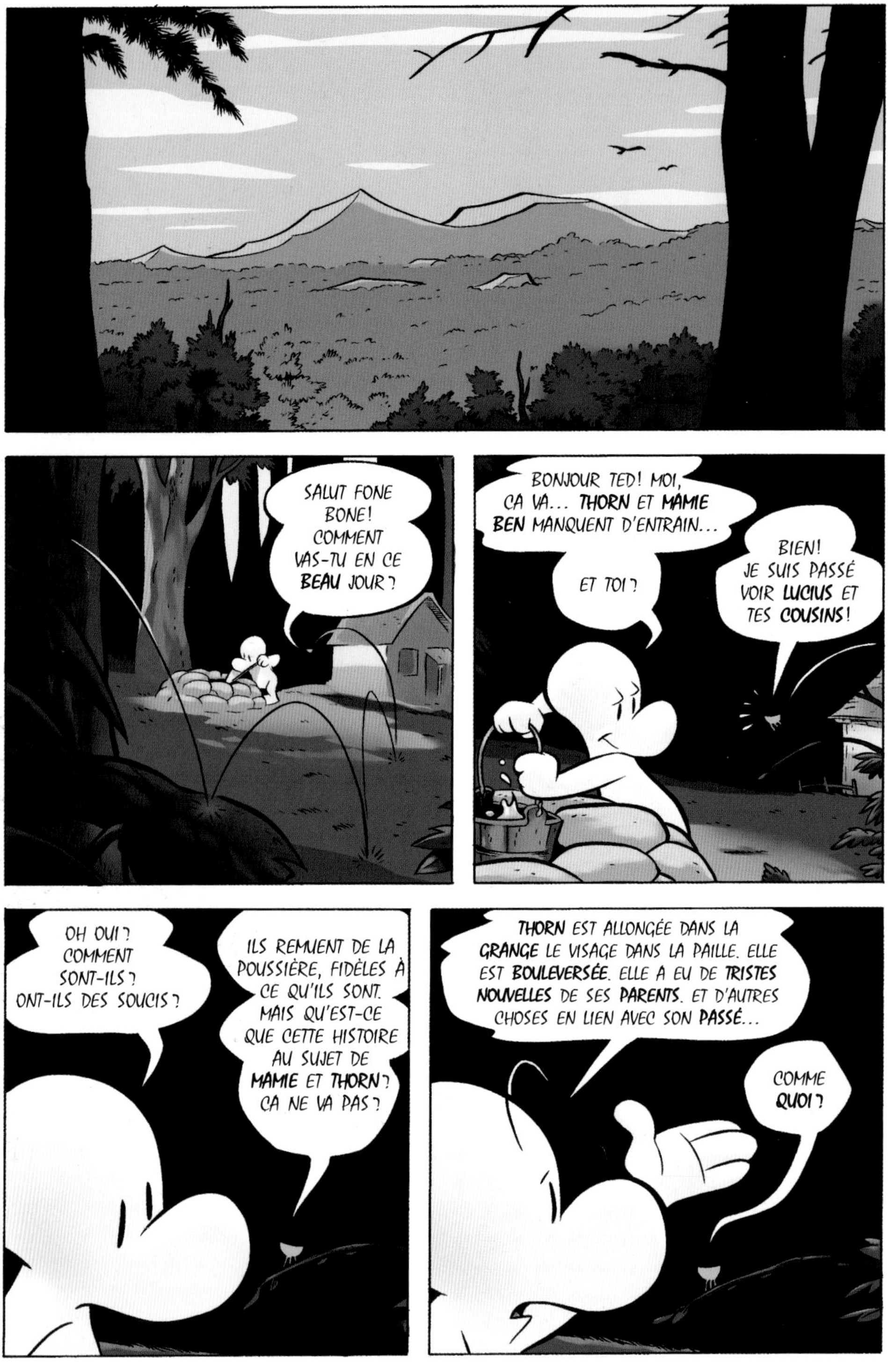
SALUT FONE BONE! COMMENT VAS-TU EN CE BEAU JOUR ?
BONJOUR TED! MOI, ÇA VA... THORN ET MAMIE BEN MANQUENT D'ENTRAIN...
ET TOI ?
BIEN! JE SUIS PASSÉ VOIR LUCIUS ET TES COUSINS!
OH OUI ? COMMENT SONT-ILS ? ONT-ILS DES SOUCIS ?
ILS REMUENT DE LA POUSSIÈRE, FIDÈLES À CE QU'ILS SONT. MAIS QU'EST-CE QUE CETTE HISTOIRE AU SUJET DE MAMIE ET THORN ? ÇA NE VA PAS ?
THORN EST ALLONGÉE DANS LA GRANGE LE VISAGE DANS LA PAILLE. ELLE EST BOULEVERSÉE. ELLE A EU DE TRISTES NOUVELLES DE SES PARENTS. ET D'AUTRES CHOSES EN LIEN AVEC SON PASSÉ...
COMME QUOI ?

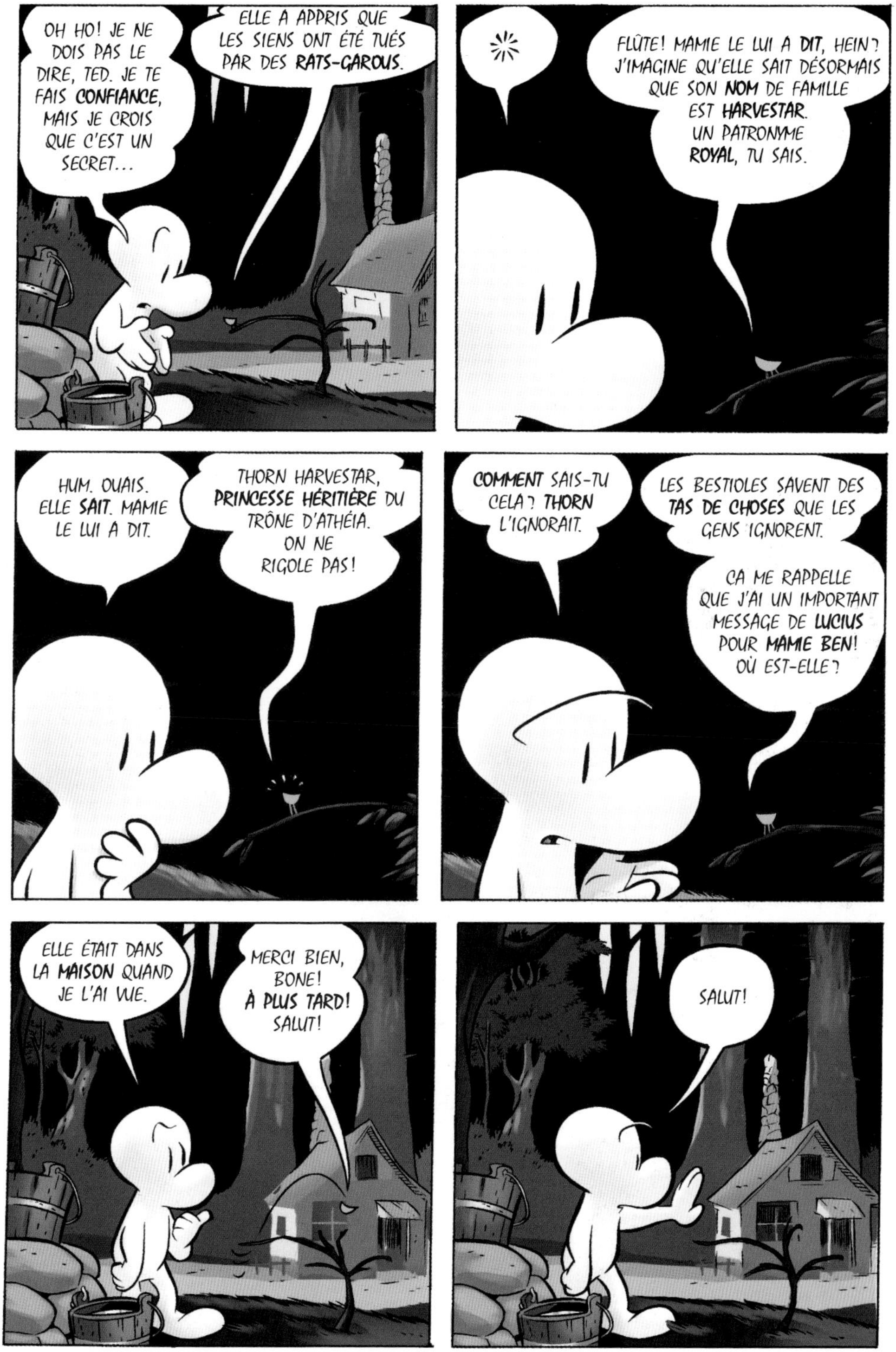
OH HO! JE NE DOIS PAS LE DIRE, TED. JE TE FAIS CONFIANCE, MAIS JE CROIS QUE C'EST UN SECRET...
ELLE A APPRIS QUE LES SIENS ONT ÉTÉ TUÉS PAR DES RATS-GAROUS.
FLÛTE! MAMIE LE LUI A DIT, HEIN? J'IMAGINE QU'ELLE SAIT DÉSORMAIS QUE SON NOM DE FAMILLE EST HARVESTAR. UN PATRONYME ROYAL, TU SAIS.
HUM. OUAIS. ELLE SAIT. MAMIE LE LUI A DIT.
THORN HARVESTAR, PRINCESSE HÉRITIÈRE DU TRÔNE D'ATHÉIA. ON NE RIGOLE PAS!
COMMENT SAIS-TU CELA? THORN L'IGNORAIT.
LES BESTIOLES SAVENT DES TAS DE CHOSES QUE LES GENS IGNORENT.
ÇA ME RAPPELLE QUE J'AI UN IMPORTANT MESSAGE DE LUCIUS POUR MAMIE BEN! OÙ EST-ELLE?
ELLE ÉTAIT DANS LA MAISON QUAND JE L'AI VUE.
MERCI BIEN, BONE! À PLUS TARD! SALUT!
SALUT!

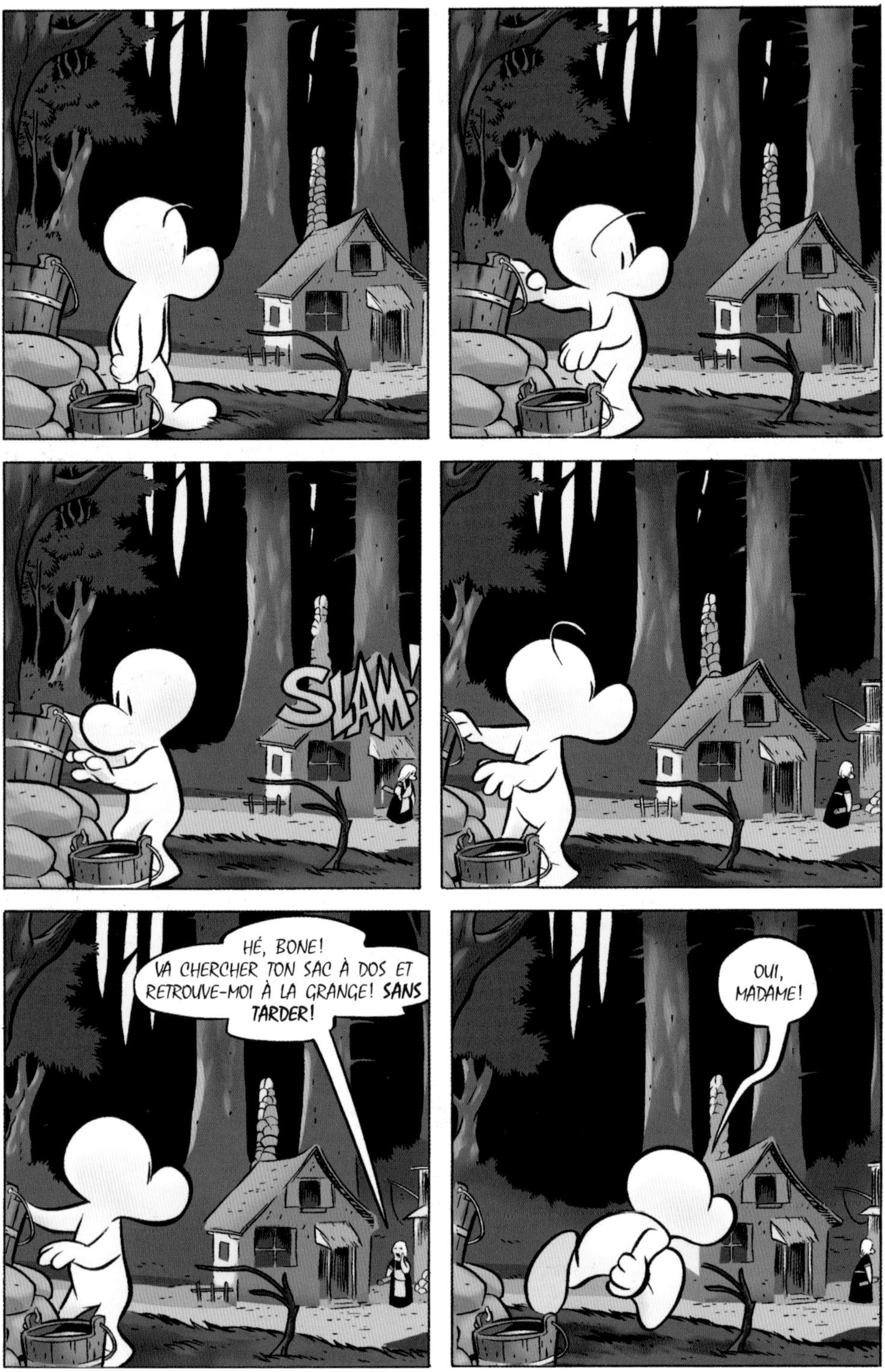
SLAM!
HÉ, BONE!
VA CHERCHER TON SAC À DOS ET RETROUVE-MOI À LA GRANGE! SANS TARDER!
OUI, MADAME!

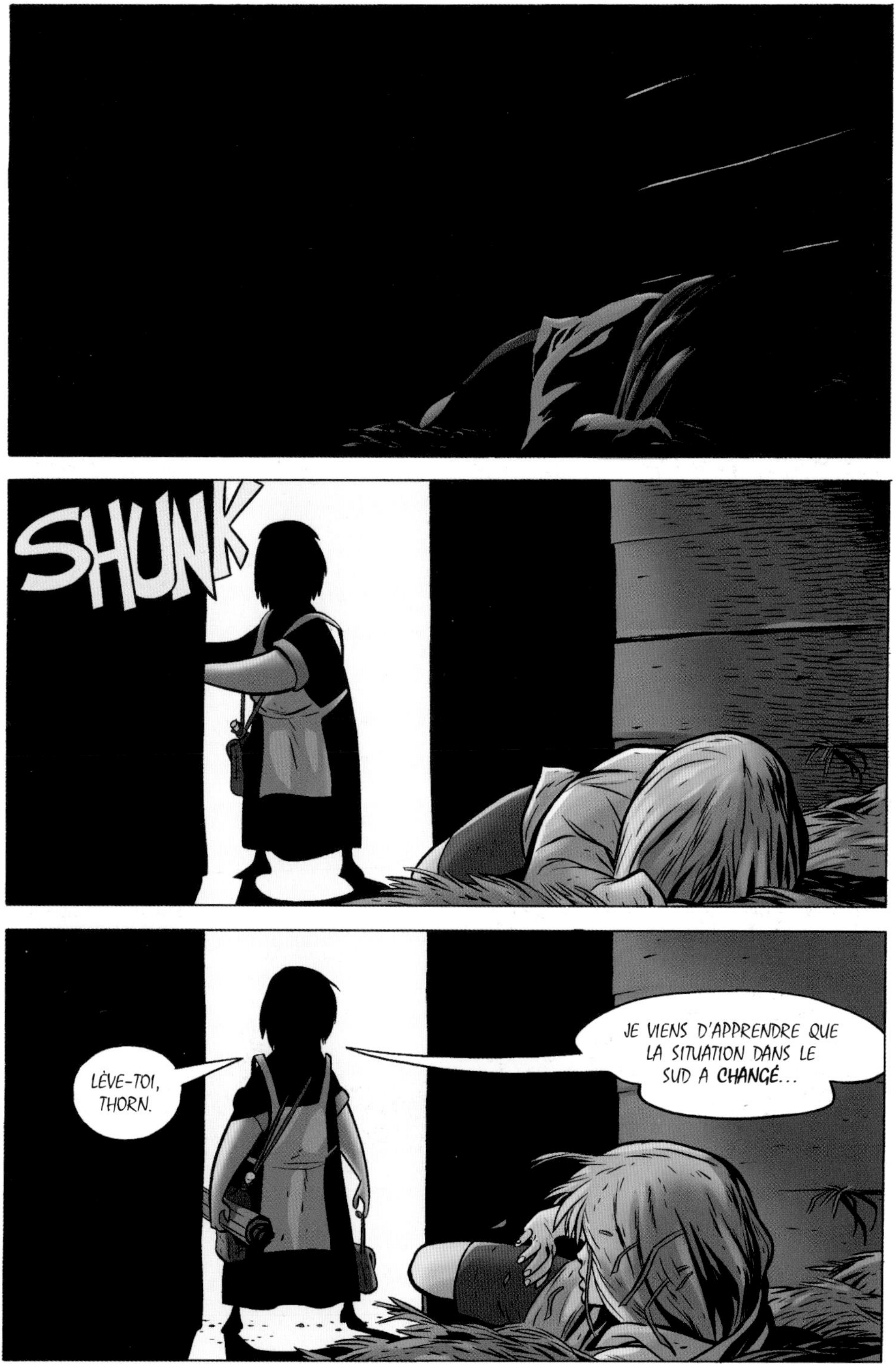
SHUNK
LÈVE-TOI, THORN.
JE VIENS D'APPRENDRE QUE LA SITUATION DANS LE SUD A CHANGÉ...

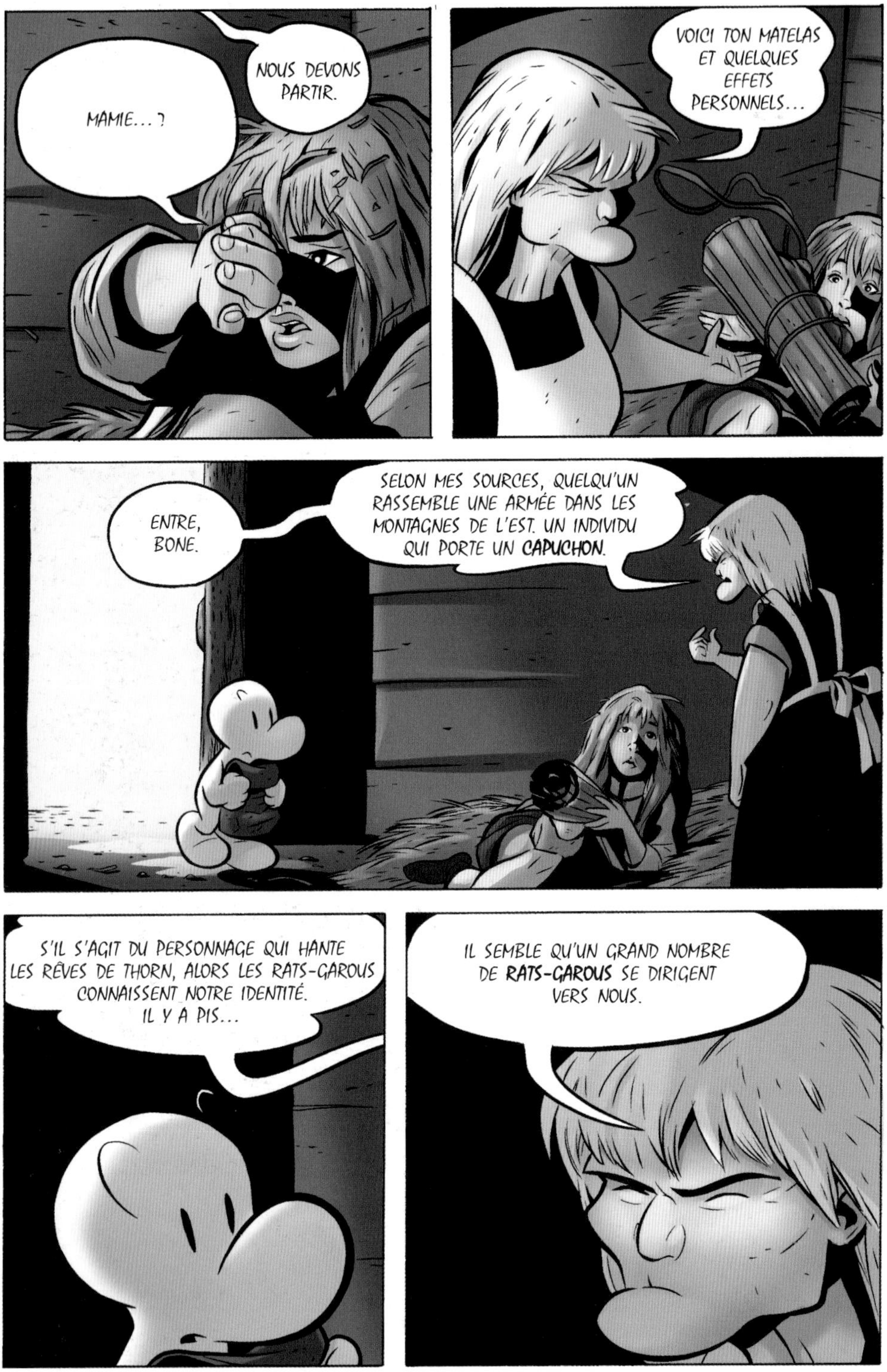
MAMIE... ?
NOUS DEVONS PARTIR.
VOICI TON MATELAS ET QUELQUES EFFETS PERSONNELS...
ENTRE, BONE.
SELON MES SOURCES, QUELQU'UN RASSEMBLE UNE ARMÉE DANS LES MONTAGNES DE L'EST. UN INDIVIDU QUI PORTE UN **CAPUCHON**.
S'IL S'AGIT DU PERSONNAGE QUI HANTE LES RÊVES DE THORN, ALORS LES RATS-GAROUS CONNAISSENT NOTRE IDENTITÉ. IL Y A PIS...
IL SEMBLE QU'UN GRAND NOMBRE DE **RATS-GAROUS** SE DIRIGENT VERS NOUS.

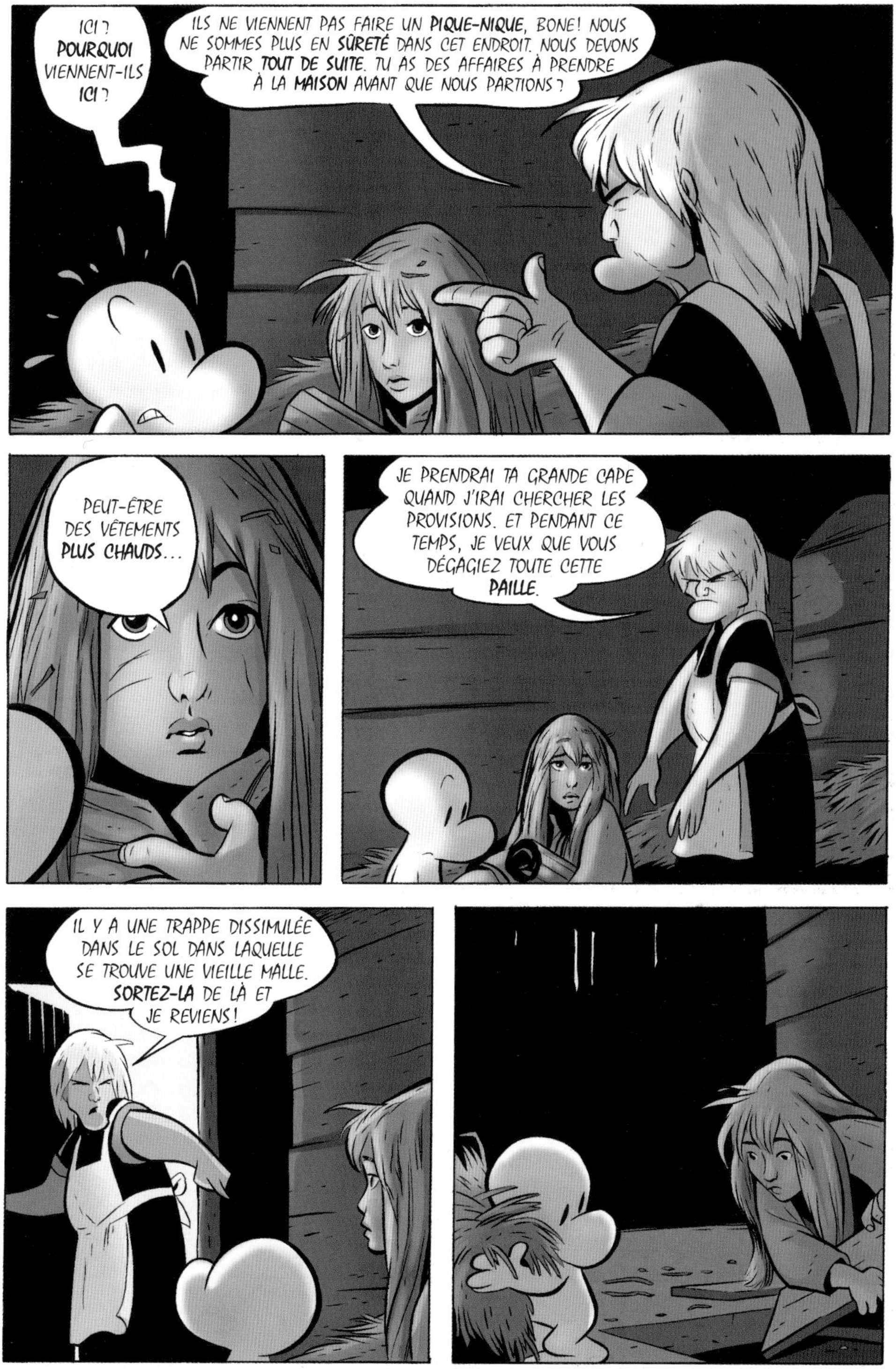
ICI ? POURQUOI VIENNENT-ILS ICI ?
ILS NE VIENNENT PAS FAIRE UN PIQUE-NIQUE, BONE! NOUS NE SOMMES PLUS EN SÛRETÉ DANS CET ENDROIT. NOUS DEVONS PARTIR TOUT DE SUITE. TU AS DES AFFAIRES À PRENDRE À LA MAISON AVANT QUE NOUS PARTIONS ?
PEUT-ÊTRE DES VÊTEMENTS PLUS CHAUDS...
JE PRENDRAI TA GRANDE CAPE QUAND J'IRAI CHERCHER LES PROVISIONS. ET PENDANT CE TEMPS, JE VEUX QUE VOUS DÉGAGIEZ TOUTE CETTE PAILLE.
IL Y A UNE TRAPPE DISSIMULÉE DANS LE SOL DANS LAQUELLE SE TROUVE UNE VIEILLE MALLE. SORTEZ-LA DE LÀ ET JE REVIENS!

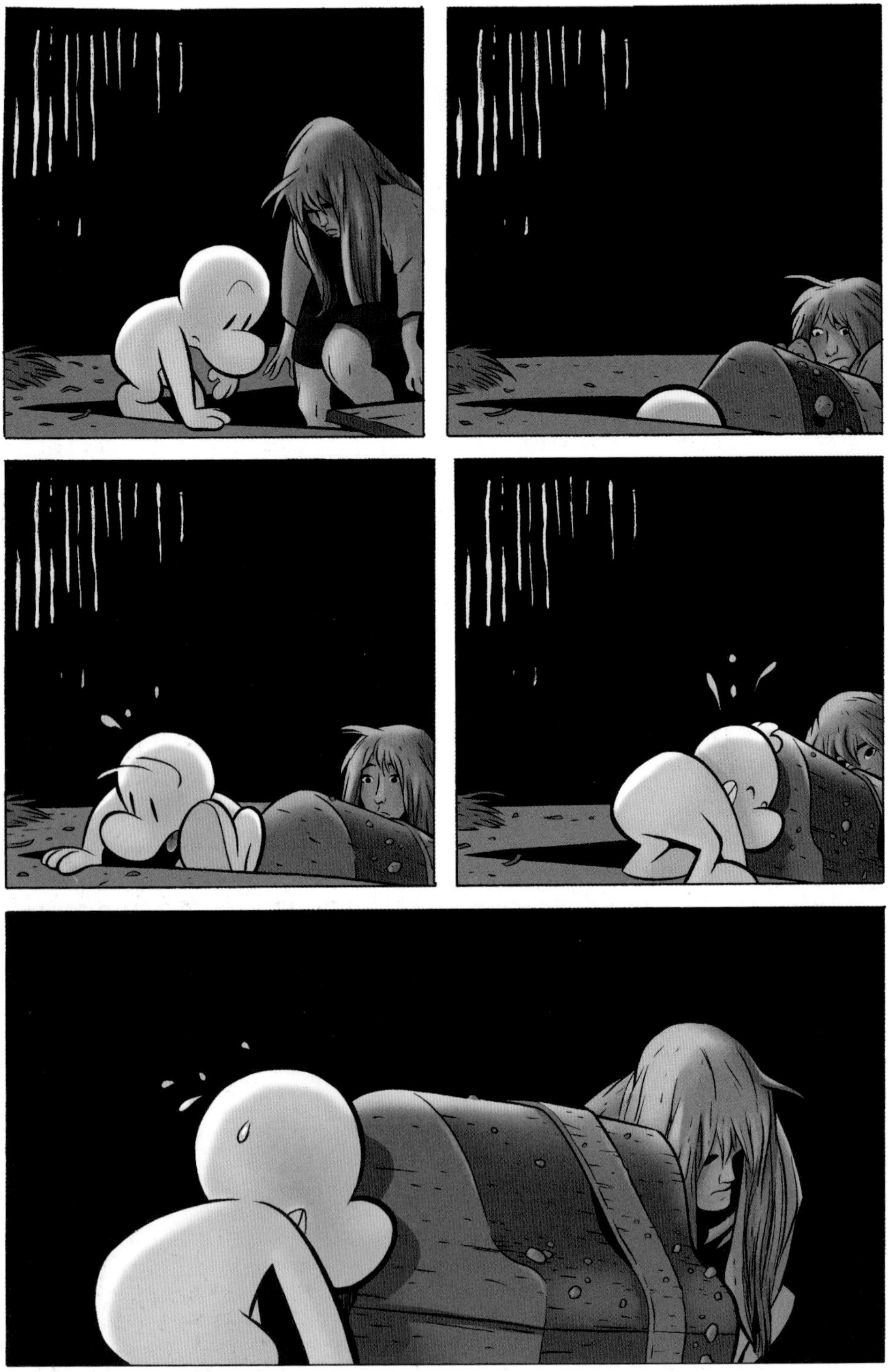

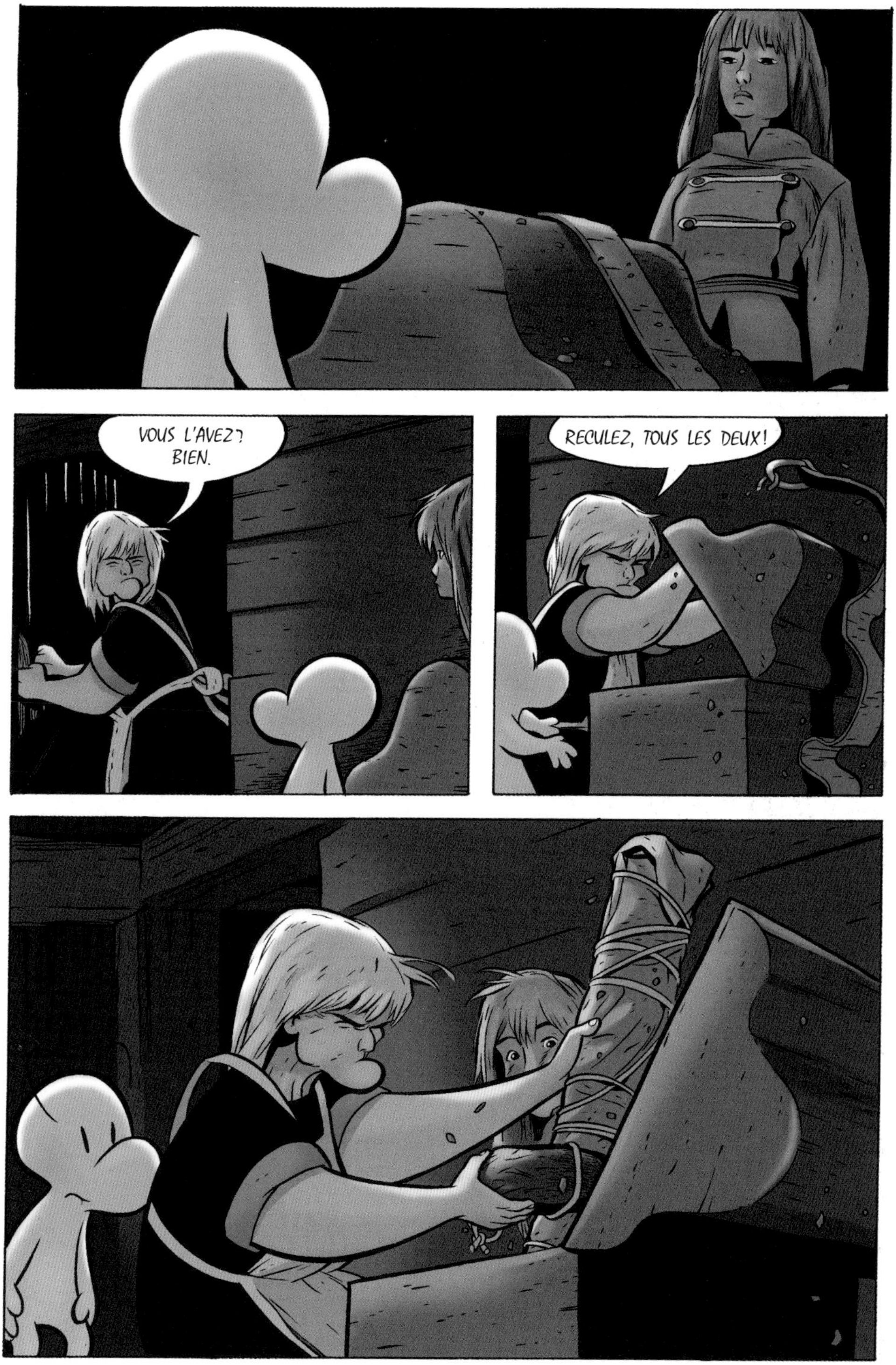
VOUS L'AVEZ? BIEN.
RECULEZ, TOUS LES DEUX!

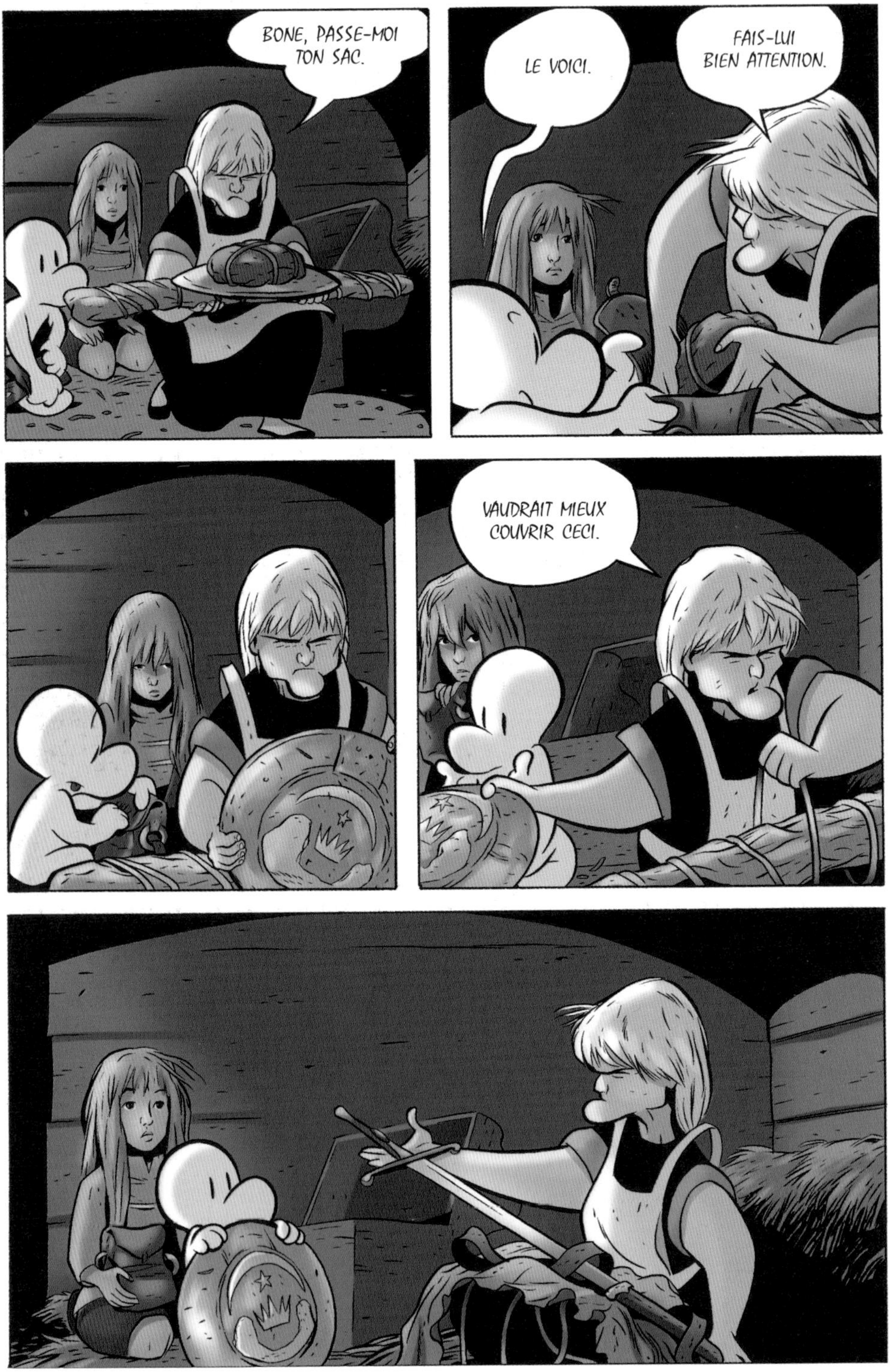
BONE, PASSE-MOI TON SAC.
LE VOICI.
FAIS-LUI BIEN ATTENTION.
VAUDRAIT MIEUX COUVRIR CECI.

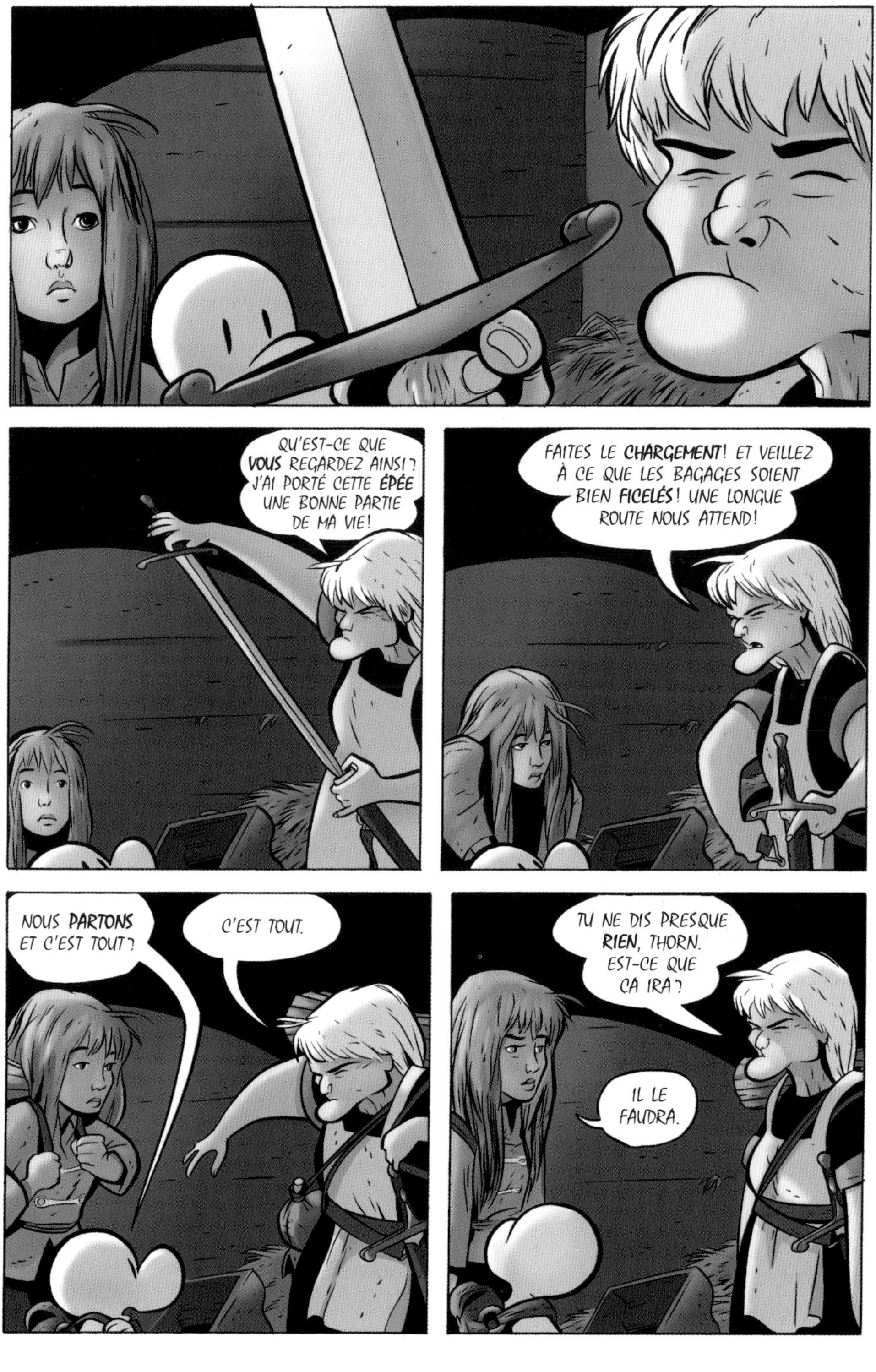
QU'EST-CE QUE **VOUS** REGARDEZ AINSI? J'AI PORTÉ CETTE **ÉPÉE** UNE BONNE PARTIE DE MA VIE!
FAITES LE **CHARGEMENT**! ET VEILLEZ À CE QUE LES BAGAGES SOIENT BIEN **FICELÉS**! UNE LONGUE ROUTE NOUS ATTEND!
NOUS **PARTONS** ET C'EST TOUT?
C'EST TOUT.
TU NE DIS PRESQUE **RIEN**, THORN. EST-CE QUE ÇA IRA?
IL LE FAUDRA.

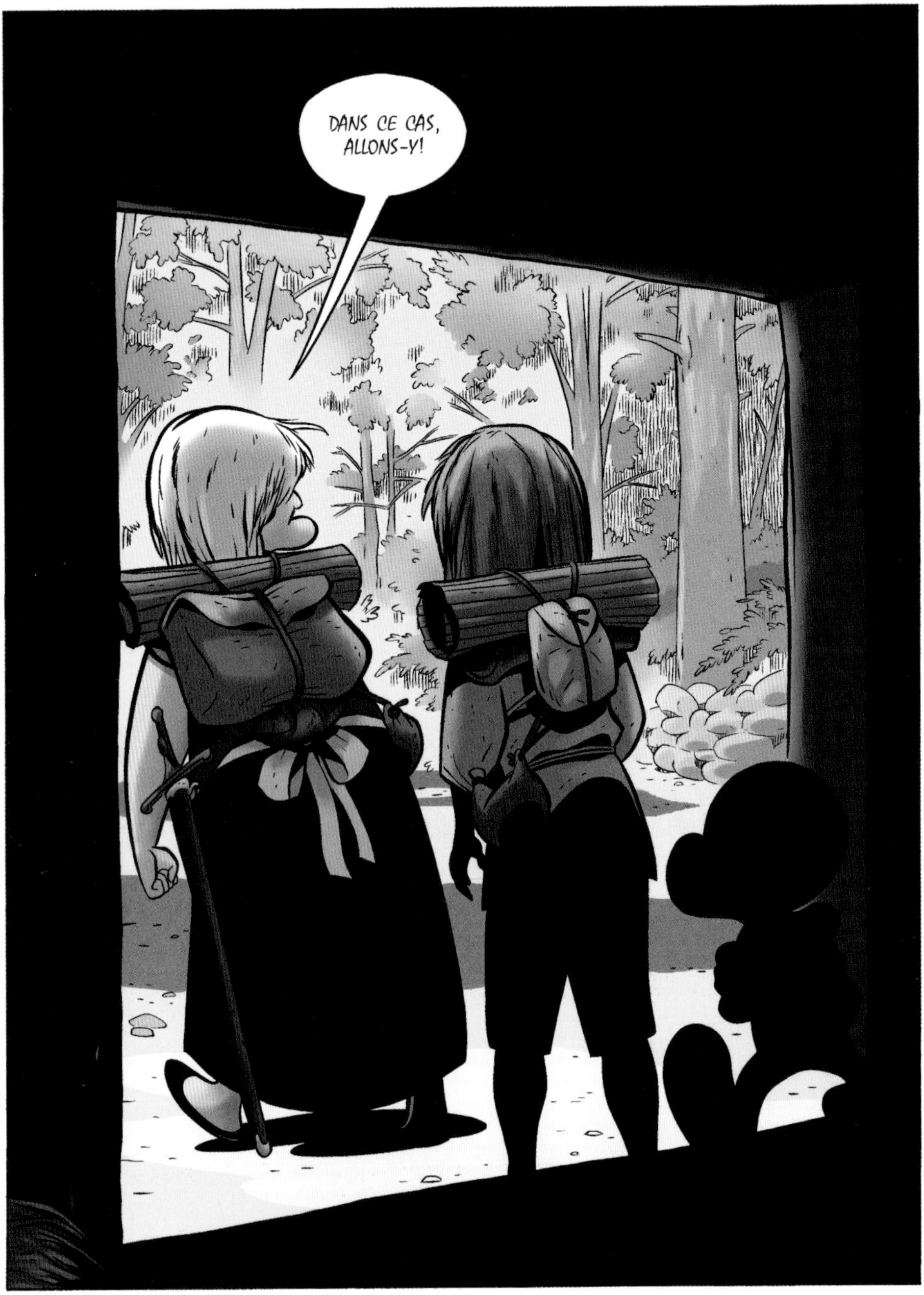
DANS CE CAS,
ALLONS-Y!

...À SUIVRE.

L'AUTEUR

Jeff Smith est né et a grandi dans le Midwest américain. Il a appris l'art du dessin humoristique en s'inspirant de bandes dessinées, de livres de contes illustrés et de dessins animés présentés à la télévision. Pendant quatre ans, il a créé des bandes dessinées pour le journal étudiant de l'université de l'Ohio. En 1986, il a été cofondateur du studio d'animation **Character Builders**. C'est en 1991 qu'il a publié le premier numéro de la bande dessinée **BONE**. Tout en travaillant à la production de **BONE** et à la réalisation d'autres projets d'animation, Jeff Smith a consacré beaucoup d'énergie à la promotion de la bande dessinée et du roman graphique à l'échelle internationale.

À PROPOS DE BONE

BONE, une bande dessinée qui sort des sentiers battus, est devenue un classique instantané dès la parution du premier numéro en 1991. Depuis, BONE a reçu 38 prix internationaux et a été traduit en quinze langues. Il est vendu à des millions d'exemplaires. Les neuf numéros de BONE sont actuellement imprimés en couleurs par Presses Aventure.

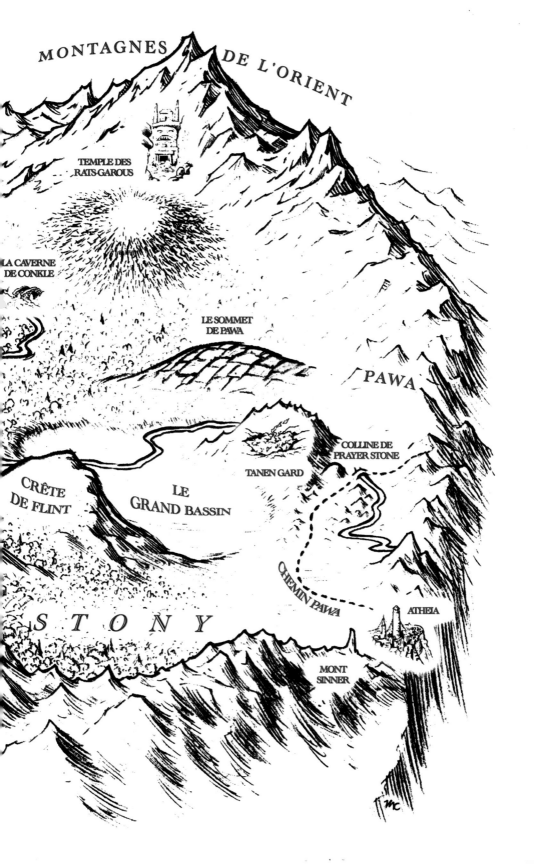